数字经济与元宇宙知识体系丛书

元宇宙通论

徐　亭　高文宇　潘志庚
刘志毅　夏庆华　曹三省　编　著

电子工业出版社·

Publishing House of Electronics Industry

北京·BEIJING

内 容 简 介

本书致力于深入探讨和系统构建元宇宙这一新兴概念及其背后的理论与技术框架。全书内容详尽且前沿,不仅涵盖了元宇宙的基本定义、起源与发展脉络,更深度剖析了其关键技术支柱,包括但不限于扩展现实(XR)、人工智能、物联网、区块链、5G 通信、大数据和云计算等。

本书针对元宇宙的生态系统建设进行了全方位解读,探讨了元宇宙如何打破现实与虚拟之间的界限,创建一个高度沉浸、实时互动并具有完整经济系统的新型网络空间。同时,前瞻性地描绘了元宇宙对未来生活方式、商业模式、社会治理乃至全球科技格局的影响与变革。

本书适合的读者群体广泛,特别针对以下几类人群:行业决策者、科技从业者、教育工作者、科研工作者、对未来生活充满好奇的普通读者。

整体而言,本书旨在用通俗易懂的语言,结合实例和专业见解,引导各类读者把握元宇宙的发展大势,预见并准备应对即将到来的虚实交融的新时代挑战与机遇。

图书在版编目(CIP)数据

元宇宙通论 / 徐亭等编著. -- 北京 : 电子工业出

版社,2024. 6. -- (数字经济与元宇宙知识体系丛书).

ISBN 978-7-121-48083-6

Ⅰ. F49

中国国家版本馆 CIP 数据核字第 2024BH2869 号

责任编辑:徐蔷薇　　　　　　文字编辑:张御

印　　刷:北京市大天乐投资管理有限公司

装　　订:北京市大天乐投资管理有限公司

出版发行:电子工业出版社

　　　　　北京市海淀区万寿路 173 信箱　　邮编:100036

开　　本:720×1 000　1/16　印张:19.75　字数:314 千字

版　　次:2024 年 6 月第 1 版

印　　次:2024 年 6 月第 1 次印刷

定　　价:99.00 元

推 荐 语

    作为 SXR 科技智库上袭公司和电子工业出版社共同推出的"数字经济与元宇宙知识体系丛书"总顾问，非常高兴看到丛书的首本力作《元宇宙通论》的正式出版。这是一本在概念和科普的基础上，全面涉及理念、技术、产业和应用场景的元宇宙通论书籍，必将推动元宇宙从概念到产业，引起科技巨头、资本方、创业者与科技工作者的高度关注，成为一本较好的通论类元宇宙论著。

——李伯虎，《元宇宙通论》总顾问、中国工程院院士

    《元宇宙通论》是一本充满智慧和洞见的书籍，它让我们重新审视现实世界和虚拟世界的关系。这本书将引导我们思考未来的发展方向，激发我们的创新精神和探索欲望。通过阅读《元宇宙通论》，你将更加深入地了解元宇宙的历史、现状和未来趋势。这本书将带你走进一个充满奇幻和惊喜的世界，让你感受到元宇宙的魅力和潜力。

——黄维，《元宇宙通论》总顾问、中国科学院院士

    《元宇宙通论》的作者在书中分享了他们对元宇宙的独到见解和深刻思考，让我们对元宇宙有了更加全面和深入的认识。这本书将启发我们的思维，拓宽我们的视野，让我们更好地适应未来的变化和挑战。如果你想了解元宇宙的最新发展和前沿技术，《元宇宙通论》是你的首选之作。这本书将带你走进元宇宙的殿堂，让你领略到科技的力量和魅力。无论你是科技爱好者，还是专业人士，这本书都将为你带来全新的体验和启示。

——柴天佑，中国工程院院士

《元宇宙通论》是 SXR 科技智库上袭公司与电子工业出版社共同推出的一部深度探讨元宇宙理论和实践的力作。本书全面阐述了元宇宙的起源、发展、技术架构和未来趋势，为读者提供了一个全新的认知视角。本书深入浅出地介绍了元宇宙的内涵和外延，帮助读者理解元宇宙的实质和价值。无论是科技从业者，还是普通读者，都能从本书中获得丰富的知识和启示。

——张宏科，中国工程院院士

《元宇宙通论》不仅是一本介绍元宇宙的书籍，更是一本启迪思维的著作。它让我们重新审视现实世界和虚拟世界的界限，思考未来社会的发展方向。这本书值得每一个追求创新和进步的人阅读。通过阅读《元宇宙通论》，你将更加深入地了解元宇宙的概念、技术和应用。这本书将带你走进一个充满无限可能的新世界，让你对未来充满期待。

——张勤，第十三届全国政协常委，中国科协原党组副书记、副主席

《元宇宙通论》的作者是元宇宙领域的专家，他们在书中分享了丰富的经验和见解，让我们更加深入地了解元宇宙的奥秘。这本书不仅适合专业人士阅读，也适合对元宇宙感兴趣的普通读者。如果你想了解元宇宙的前沿技术、最新应用和未来发展方向，《元宇宙通论》是你的不二之选。这本书将带你走进元宇宙的世界，感受科技的力量和魅力。

——李正茂，中国电信原总经理，WBBA 全球云网宽带产业协会首届董事会主席

作为一本权威的元宇宙著作，《元宇宙通论》汇聚了众多专家的智慧和见解。它为我们提供了一个全面了解元宇宙的平台，让我们能够更好地把握未来的机遇和挑战。《元宇宙通论》不仅介绍了元宇宙的基本概念和技术原理，还深入探讨了元宇宙在教育、娱乐、医疗等领域的应用前景。这本书将激发你的想象力和创造力，让你对元宇宙的未来发展充满期待。阅读《元宇宙通论》将让你对元宇宙有更深入的认识和理解。这本书将带你探索元宇宙的无限可能，让你感受到科技改变世界的力量。无论你是专业人士，还是普通读者，这本书都将给你带来全新的视角和启示。

——倪健中，中国移动通信联合会执行会长，全球元宇宙大会主席

　　《元宇宙通论》以其严谨的论述和生动的案例，为读者提供了一个深入了解元宇宙的窗口。它将帮助你把握元宇宙的发展脉搏，抢占未来先机。本书不仅关注元宇宙的技术创新，更关注元宇宙对社会、经济、文化等多方面的影响。它是一部跨学科、全景式的元宇宙研究著作。

　　　　　　　　　　——袁昱，IEEE 最高董事会董事、IEEE 标准协会主席

　　通过阅读《元宇宙通论》，你将更加深入地了解元宇宙的核心理念和价值。这本书将带你走进元宇宙的世界观和价值观，让你对元宇宙有更加深刻和全面的认识。这本书将成为你的元宇宙启蒙之作，让你在探索未来的道路上更加坚定和自信。

　　　　　　　　　　——杨军，加拿大工程院院士、深思实验室主任

　　作为一本全面介绍元宇宙的书籍，《元宇宙通论》不仅探讨了元宇宙的技术基础，还深入剖析了元宇宙对社会、经济和文化的影响。对于对元宇宙感兴趣的读者来说，这本书绝对不容错过。

　　　　　　　　　　——郝志峰，汕头大学党委副书记、校长

　　《元宇宙通论》为我们揭示了元宇宙的神秘面纱，深入浅出地解读了元宇宙的起源、发展和未来趋势。本书内容全面，语言通俗易懂，是了解元宇宙不可多得的佳作。

　　　　　　　　　　——沈阳，清华大学新闻与传播学院教授

　　作者以其丰富的行业经验和专业知识，为读者呈现了一个生动的元宇宙画卷。通过阅读本书，你将更加了解元宇宙如何影响我们的生活、工作和娱乐。本书系统地梳理了元宇宙的技术基础，包括虚拟现实、增强现实、区块链等技术，为读者展示了一场前沿科技的盛宴。

　　　　　　　　　　——吴东方，世界生产力科学院院士、俄罗斯工程院院士

数字经济与元宇宙知识体系丛书
出 版 说 明

　　元宇宙是加快形成发展新质生产力的关键力量，是数字与物理世界融通作用的沉浸式互联空间，是新一代信息技术集成创新和应用的未来产业，是数字经济与实体经济融合的高级形态，有望通过虚实互促引领下一代互联网发展，加速制造业高端化、智能化、绿色化升级，支撑建设现代化产业体系。

　　当前，全球元宇宙产业加速演进，为抢抓机遇，引导元宇宙产业健康、安全、高质量发展，有力支撑制造强国、网络强国和文化强国建设，2023年9月，工业和信息化部办公厅、教育部办公厅、文化和旅游部办公厅、国务院国资委办公厅、国家广播电视总局办公厅联合印发《元宇宙产业创新发展三年行动计划（2023—2025年）》，提出"以构建工业元宇宙、赋能制造业为主要目标，以新一代信息技术融合创新为驱动，以虚实相生的应用需求为牵引，以培育元宇宙新技术、新产品、新模式为抓手，发挥有为政府和有效市场合力，统筹发展和安全，系统性谋划、工程化推进、产业化落地，推动元宇宙产业高质量发展"。

　　在此背景下，SXR科技智库上袭公司牵头并由SXRI上袭研究院负责执行，联合电子工业出版社以及WDTA（世界数字技术院）、WFAE（世界院士专家联合会）、中国移动通信联合会、中国民营科技实业家协会、中国民营科技促进会、全球元宇宙人工智能产城联盟，共同推出了本套"数字经济与元宇宙知识体系丛书"。本丛书将从三个层面规划并陆续启动编写：一是元宇宙知识系列，包括《元宇宙通论》《元宇宙简史：从中国到世界》《元宇宙概论：未来互联网与星际空间》《元宇宙新论：从科技哲学角度洞察元宇宙》《元宇宙与Web3.0》；二是元宇宙与产业融合系列，包括《工业制造元宇宙》《文旅消费元宇宙》《智慧城市元宇宙》《医疗健康元宇宙》《产业元宇宙：关键核心技术与产业生态体系》；三是数实融合系列，包括《元宇宙：数实融合的高级形态》《元宇宙：未来产业与生态群落》《大模型赋能元宇宙：技术突破与伦理安全》《Web3.0：人网融合改变世界》《Web3.0与数实融合》《元宇宙创新之路：案例、路径与方法》《新质生产力：未来产业与创新驱动》《元宇宙与新质生产力》等。

　　本丛书在策划立项与组织编写过程中，得到了丛书编委会高级顾问李伯虎院士（中国工程院院士、中国民营科技实业家协会元宇宙工作委员会首席顾问）、黄维院士（中国科学院院士、俄罗斯科学院外籍院士、美国工程院外籍院士、西北工业大学学术委员会主任）、赵沁平院士（中国工程院院士、教育部原副部长）、褚君浩院士（中国科学院院士、复旦大学教授）、唐本忠院士（中国科学院院士、香港中文大学深圳理工学院院长）、谭建荣院士（中国工程院院士、浙江大学教授）、陈纯院士（中国工程院院士、浙江大学教授）、潘毅院士（乌克兰国家工程院外籍院士、中国民营科技实业家协会元宇宙工作委员会会长）、杨军院士（加拿大工程院院士、电子科技大学深思实验室主任）等多位院士，以及郝志峰（汕头大学校长）、黄运成（中国上市公司协会学术委员会主任）、刘常青（青岛黄海学院董事长）联袂推荐。本丛书还得到了 CSTD（联合国科学和技术促进发展委员会）主席、WDTA（世界数字技术院）理事长彼特·梅杰，WDTA（世界数字技术院）执行理事长、联合国数字安全联盟理事长李雨航院士，第十三届全国政协常委、国际核能院院士、中国科协原党组副书记、副主席张勤，国家科技部原党组成员、十一届全国人大教科文卫委员会委员吴忠泽，海尔集团董事局主席、首席执行官周云杰，全国工商联副主席、中国民营科技实业家协会理事长、奇安信董事长齐向东等的大力支持，在此一并表示感谢。

徐亭

SXR 科技智库理事长

世界数字技术院副理事长

中国民营科技实业家协会副理事长

数字经济与元宇宙知识体系丛书
编委会名单（排名不分先后）

丛书序一

在这个数字化浪潮汹涌的时代，我们见证了信息技术的突飞猛进和经济社会结构的深刻变迁。数字经济作为新时代的增长引擎，正在重塑我们的生产、生活乃至思维方式。而"元宇宙"，这个诞生于科幻小说，却迅速在现实世界中引发广泛讨论和探索的概念，被许多业内专家视为数字经济发展的新阶段——新质生产力发展的一个重要方向。

元宇宙与新质生产力的关系可能体现在以下五个方面：一是技术革命的重要载体，元宇宙产业的发展被视为新科技革命时代基础设施建设的重要内容，它承载了新一轮技术革命的可能性，包括虚拟现实、增强现实、人工智能等前沿技术的应用和发展；二是产业变革的推动者，元宇宙在办公、城市、工业等企业服务领域的广泛应用，预计将带动生产力的提升和产业的变革，它被看作下一代生产力工具，有潜力改变传统的生产和工作方式；三是数字经济增长的催化剂，元宇宙的发展对于加速制造业的高端化、智能化、绿色化进程具有十分重要的意义，同时也是推动数字经济发展的关键因素；四是新质生产力的基本要素，有观点认为，元宇宙理论已经揭示出新质生产力的基本要素，这意味着元宇宙不仅是技术进步的产物，也是新质生产力发展的体现；五是相互促进发展的关系，新质生产力为元宇宙提供了技术和理念上的支持，而元宇宙则是新质生产力发展和应用的一个重要领域。这种相互促进的关系使得元宇宙有望成为推动社会经济高质量可持续发展的新引擎。

基于此，由 SXR 科技智库上袭公司牵头组织编写的"数字经济与元宇宙知识体系丛书"及其首本力作《元宇宙通论》的出版，与时俱进、正当其时。我也非常高兴受徐亭理事长邀请为丛书作序。"数字经济与元宇宙知识体系丛书"不仅系统地梳理了数字经济的发展脉络，更指明了元宇宙作为数字经济新形态的发展方向。《元宇宙通论》一书从元宇宙的概念界定入手，逐步深入技术架构、应用场景、社会影响及未来展望等多个维度，构建了一个全面而立体的元宇宙理论框架，为读者提供了一个全面的了解和认识元宇宙的视角。

作为中国移动通信联合会执行会长、全球元宇宙大会主席，我认为：东西方元宇宙的发展不论是在哲学和文化上，还是在具体应用上，都有着很大的不同，但是正如一个很朴素的道理，鞋子合脚才是生活的硬道理，元宇宙的发展也是如此。

我们已经进入一个和社会各方面多维度结合集成的时代，即元宇宙时代。一两年前，元宇宙呈现出轰轰烈烈、疾风暴雨式的迅猛状态，但是为什么现在却如此平静？因为暴风骤雨过后，就要进入和风细雨、精耕细作的阶段，这是对元宇宙产业发展的最新判断！也提示我们对元宇宙的支撑领域究竟要如何夯实基础、提高能力。元宇宙，作为一个与现实世界平行、互动，并且更加开放，融合了多种技术和创新的虚拟空间，将会对人们的生产、生活、文化、娱乐等方面产生深刻的影响。这个全新的交流、创造和体验的平台，将会推动科技、经济、社会等多个领域的变革和发展。

我相信，这套丛书的出版对数字经济与元宇宙领域的研究者、爱好者及相关领域的专业人士都具有重要的参考价值。同时，我也希望读者能够通过这套丛书，更加深入地了解和认识数字经济与元宇宙，探索和思考数字经济与元宇宙创新发展过程中所带来的各种可能性和挑战。我相信，这套丛书，特别是首本力作《元宇宙通论》，将成为元宇宙领域的重要著作，吸引更多的读者去阅读、思考和探索。

倪健中

中国移动通信联合会执行会长

全球元宇宙大会主席

丛书序二

随着科技的飞速发展和互联网的深度普及，数字经济已经渗透到我们生活的方方面面，而元宇宙作为数字经济的重要分支，更是引领着新一轮的技术革新和社会变革。数字经济，作为一种全新的经济形态，正在深刻改变着世界的发展格局。它以数字技术和信息网络为载体，通过数据资源的有效配置和创新应用，推动了经济的快速增长和社会的持续进步。数字经济的崛起，不仅重塑了传统产业的价值链，也催生了众多新兴产业，给社会带来了巨大的经济效益和社会价值。而元宇宙，作为数字经济的重要组成部分，更是引领着新一轮的技术革新和社会变革。元宇宙是一个由虚拟世界和现实世界相互融合形成的新型社会空间，它通过运用虚拟现实、区块链、人工智能等先进技术，打破了传统物理空间的限制，实现了信息、资源、服务的全球共享和高效利用。元宇宙的发展，不仅将推动数字经济向更高层次、更广领域迈进，也将为人类社会的未来发展开辟新的路径。

我很高兴受徐亭理事长邀请，为 SXR 科技智库上袭公司牵头策划、组织编写的"数字经济与元宇宙知识体系丛书"撰写序言。这套丛书旨在系统梳理和深入解析数字经济与元宇宙领域的核心知识和前沿技术，帮助读者全面认识数字经济与元宇宙的内涵、特点和发展趋势，掌握相关领域的基础理论和实践技能，为未来产业的研究和应用打下坚实的基础。

作为这套丛书的开篇之作，《元宇宙通论》全面介绍了元宇宙的基本概念、发展历程、技术体系和应用场景。该书从元宇宙的起源和发展谈起，深入探讨虚拟现实、区块链、人工智能等核心技术在元宇宙中的应用和融合，同时还分析了元宇宙对经济社会、文化教育、娱乐产业等领域的影响和挑战。

（1）元宇宙的定义与发展现状：概述元宇宙作为平行于现实世界且深度融合数字技术的虚拟空间，是如何随着互联网、人工智能、区块链、VR、AR 等前沿技术的发展而逐渐从科幻概念走向实际应用的。

（2）数字经济与元宇宙的融合：分析元宇宙作为数字经济的新载体，

如何通过数据流动、价值交换及创新模式重塑全球经济格局，并提出未来可能出现的经济社会影响及挑战。

（3）知识体系的重要性和紧迫性：强调构建全面深入的数字经济与元宇宙知识体系在学术研究、技术创新、人才培养及政策制定等方面的必要性和紧迫性。

（4）全面深入的分析与洞察：围绕元宇宙的核心内容进行系统梳理，包括但不限于其技术架构、应用场景、法律伦理、安全隐私等方面，以帮助读者建立对元宇宙的全局认知，并在此基础上探寻潜在的商业和社会机遇。

在未来的篇章中，我们还将逐步展开介绍数字经济与元宇宙的细分领域，包括数字货币、智能合约、数字孪生、虚拟现实社交等多个方面。我们希望通过这套丛书，为读者呈现一个全面、深入、系统的数字经济与元宇宙知识体系，为相关领域的研究和实践提供有力的支持与指导。最后，我希望这套丛书能够引起广大读者对数字经济与元宇宙领域的关注和兴趣，激发大家的研究热情和创新精神。让我们共同期待数字经济与元宇宙的美好未来！

杨军

加拿大工程院院士

电子科技大学深思实验室主任

序言一

元宇宙是数字技术的主力军，是数字经济的新引擎

在日新月异的科技浪潮中，我们正见证着一场前所未有的数字革命——元宇宙时代的悄然降临。《元宇宙通论》作为"数字经济与元宇宙知识体系丛书"中的一颗璀璨明珠，不仅承载了对前沿科技理念的深度解读，更肩负着引领时代认知、构建未来数字文明框架的重要使命。

我受徐亭理事长邀请担任本书总顾问，并于 2022 年 6 月 1 日出席了由 SXR 科技智库上袭公司和电子工业出版社共同主办的《元宇宙通论》编委会首次会议，阐述了我对元宇宙创新应用和发展趋势的看法。回顾历史，人类文明进程与科技发展休戚相关，每一次科技革命与产业变革都对产业的形态、分工和组织方式产生了重大影响，重构了人们的生活、学习和思维方式，对世界发展格局产生了深远影响。第一代互联网通过网络连接整个世界，使地球变成了地球村。第二代互联网是移动互联网和物联网，使万物处处相连，使得互联网技术进入新的时代。而现在面临第三代互联网，就是元宇宙互联网，应该说，元宇宙开创了互联网新局面。元宇宙虽然基于互联网而生，但其并不是一个简单的虚拟网络。随着各种数字技术的成熟和商用的普及，元宇宙所要构建的是囊括用户、网络和各种终端的一个永续的、广覆盖的虚拟现实系统。

《元宇宙通论》不拘泥于理论阐述，更注重将抽象的科技理论转化为可感知、可操作的实际应用策略。全书通过翔实的研究案例与丰富的技术解析，深入探讨了元宇宙对数字经济的影响，以及它带来的社会经济变革，旨在帮助广大读者洞悉其中蕴藏的商业机遇与挑战，并启发各界人士积极参与到这场塑造人类未来生活的伟大实践中。元宇宙并非单纯的技术堆砌，它是人工智能、大数据、区块链、物联网等新一代信息技术的高度集成与创新应用，是人机交互界面的重大突破，更是人类对未来生活形态和工作方式的理想化重构。

《"十四五"数字经济发展规划》提道：到 2025 年，数字经济核心产业增加值占国内生产总值比重达到 10%。数字中国建设从量的增长向质的提升趋势愈加明显，以数字化赋能产业的科技企业必将大有可为。元宇宙作为基于互联网、大数据、云计算、人工智能、区块链及虚拟现实（VR）、增强现实（AR）等技术的集成创新与融合应用，有望将数字经济发展带到新的高度。这一虚拟现实系统与现实世界相互映射、平行存在。在这个如同真实宇宙一般的数字宇宙中，个体不仅可以借助虚拟身份进行娱乐、社交等活动，还可以借助平台的资源进行创作，并将作品转化为虚拟资产，真正获得沉浸式交互体验。不过，从另一个角度来看，现实世界与虚拟世界之间的界限越来越模糊以后，个体的真实身份与虚拟身份是否能自如地进行转换？元宇宙中的社会关系是否会影响个体的现实生活？元宇宙中的经济系统如何与现实世界中的经济系统并行存在？虚拟空间与现实世界的制度如何兼容？个体存在的形态是"人"还是其他，存在的意义又是什么？元宇宙虽然因技术而生，但此类问题引发的探讨已经不仅局限于技术范畴，更涉及元宇宙的商业模式及文明生态。

当前，世界正面临百年未有之大变局，新一轮科技革命和产业变革加速推进，正以新理念、新业态、新模式，全面融入人类经济、政治、文化、社会、生态文明建设各领域和全过程，并带来广泛而深刻的影响。其中，元宇宙、柔性电子等颠覆性技术加速创新，正在成为重组全球要素资源、重塑全球经济结构、改变全球竞争格局的关键力量。我们认为，在"硅基材料+电子过程"基础上孕育形成的"微（纳）电子时代"，已进入较低附加值的夕阳产业发展阶段，而以"碳基材料+光电过程"为基础，形成的元宇宙、柔性电子等关键根部技术引领的时代，将孕育具有超高产业附加值特征的巨型朝阳产业。美国 50 多年前开始建设的"硅谷"，巩固了其世界超级大国的地位。因此，我们倡议要聚力数字产业布局，打造"中国碳谷"，未来，我们要打造世界级的元宇宙，引领科学技术和新产业的发展。

各位读者，提升科技自主创新能力，尽快突破关键核心技术，既是关系我国发展全局的重大问题，也是形成以国内大循环为主体的关键所在。眼下，我们要于危机中育先机、于变局中开新局。实现格局重塑、优势再造，比拼的是眼光、能力与智慧，考验的是信心、韧劲与追求。我们必须聚焦未来可能产生变革性技术的基础科学领域，强化重大原创性研究和前沿交叉研究，把提升原始创新能力摆在更加突出的位置，创造更多科技自立自强的中国经典。鉴于以上问题，希望本书在启发和鼓励青年人重视元宇宙技术应用的同时，更要重视从思想源头认识和理解元宇宙的本质。同时，我也希望以这本书的编撰为基础，通过学术界、产业界和媒体的充分互动，以更加开放的思维和更加多元的合作，积极开展政策性的研究，推动地区数字化转型，强化重点领域的合作推进，打造具有较强竞争力的数字产业集群，使数字技术和应用更好地赋能经济社会发展。

　　元宇宙将是一个长期演进的过程，至今，我们还无法给出准确的定义，但我们相信，元宇宙是数字技术的主力军，是数字经济的新引擎。元宇宙会孕育出新的数字场景和生态系统，一个全新的虚拟数字空间将吸引人类去穿越时空，探索宇宙和未来，真正助力中华民族伟大复兴和中国梦的顺利实现！

黄维

中国有机电子学科、塑料电子学科和柔性电子学科的奠基人与开拓者

中国科学院院士、俄罗斯科学院外籍院士、美国工程院外籍院士

西北工业大学学术委员会主任

序言二

在人类科技与文明的交汇点上，我们正见证着一个崭新时代的到来——元宇宙时代的启幕。2021 年，元宇宙概念已引起很多科技巨头、资本方、创业者与科技工作者的关注，可谓引爆全球科技圈。元宇宙正以推动人、虚拟空间和现实空间深度融合为主要手段，成为一种国民经济、国计民生、国家安全等领域的新模式、新技术和新业态，发展元宇宙的理念、技术、产业及应用必将积极推动人类社会的新发展。然而，目前市面上常见的介绍元宇宙的书，主要还是以概念和科普为主，很少有全面涉及理念、技术、产业和应用场景的通论书籍。《元宇宙通论》作为"数字经济与元宇宙知识体系丛书"的第一部力作，作为一本较好的通论类元宇宙论著，不仅是我们深入理解元宇宙这一未来技术形态的关键指南，更是我国乃至全球探索数字世界新边疆的一把智慧钥匙。

我非常高兴受邀担任"数字经济与元宇宙知识体系丛书"的顾问，并以本书总顾问名义出席了 SXR 科技智库上袭公司和电子工业出版社共同主办的《元宇宙通论》编委会首次会议，会上我做了简短发言，我认为在元宇宙概念引爆全球科技圈之时，编写《元宇宙通论》适逢其时。我读了《元宇宙通论》的目录，本书共 12 章，从元宇宙概念和基础、元宇宙学科和技术、元宇宙产业链及应用三个方面，介绍元宇宙的历史演变、哲学基础、伦理基础、学科基础、技术基础、产业链，全面、系统、整体理解元宇宙的内涵、方法、体系及其应用。对于任何想较全面了解与参与研究实践元宇宙的读者来说，这本书会是一个很好的起点。同时，随着元宇宙的不断创新与发展，我建议要及早计划编写《元宇宙通论》的第二版，同时建议将《元宇宙通论》中的每章拓展为一本书，即将《元宇宙通论》拓展为一套丛书。

经过一年多的努力，《元宇宙通论》得以正式出版，本书深入浅出地阐述了元宇宙核心技术，如人工智能、虚拟现实、区块链、物联网等如何相互融合，并以此为基础催生出全新的工业生产模式与商业模式，期待每一位关注科技创新、关心国家产业升级与未来发展走向的读者，可以洞见元宇宙给我国经济社会发展所带来的深刻变革和无限机遇，以"产学研"协同方式加快新信息通信技术、新人工智能技术与应用领域新技术的跨界学科深度融合，推进中国高质量完成"万物智联、智能引领、数模驱动、共享服务、跨界融合、万众创新"的智能时代新征程。

李伯虎

中国工程院院士

前 言

当前，随着科技的不断发展，人类社会进入了一个全新的时代——元宇宙时代。元宇宙是虚拟现实和现实世界的结合体，是一个全新的数字世界，是人类社会数字化转型的必然趋势。元宇宙从概念到产业，正在创新发展的路上飞奔向前。2022 年 11 月，ChatGPT 横空出世。2023 年以来，随着 GPT 模型与 AIGC 火爆出圈，热卷全球，一场数字技术与实体经济深度融合，数字经济与绿色经济深度融合，数字经济与实体经济深度融合的数实融合创新实践与思想革命正在重构世界、改变世界、创造世界。

数实融合正在改变世界，推动世界可持续、高质量发展，数字经济发展正在加速，技术研发方式正在颠覆，数字世界格局正在重构，数字文明时代正在到来。ChatGPT 引发的 AI 新浪潮正在加速"数字＋产业链"叠加共振效应，从产业集群到产业链群、生态群落，数字技术赋能的产业变革正在加速升级、裂变，正在催生全新的商业模式与产业生态，正在创造一个全新的数实交叉融合、深度融合、互动融合的未来世界，正在迎接第六次世界科技中心转移的到来，全人类正在拥抱一个全新的以数字技术与人工智能为基座的元宇宙时代。

元宇宙是人类对虚拟现实和增强现实技术的进一步拓展与应用，它超越了传统的虚拟世界，将现实世界与虚拟世界融合在一起，给人类带来了前所未有的体验和可能性。《元宇宙通论》旨在探讨和解读这个全新的时代，并对元宇宙的概念、发展及对人类社会的影响进行深入研究。元宇宙是一个虚拟的、与现实世界相互联系的多维度空间，它不仅是一个数字化的虚拟环境，更是一个拥有自己规则和秩序的独立世界。人们可以通过虚拟现实设备进入元宇宙，与其他人进行互动、创造、学习、娱乐等活动。元宇宙不仅是一个游戏或娱乐平台，它还具有广泛的实用价值，涉及教育、医疗、商业等各个领域。

元宇宙的发展离不开科技的进步和创新。虚拟现实技术、增强现实技术、人工智能等的不断突破和应用，为元宇宙的实现提供了坚实的基础。本书将探讨这些关键技术的发展历程，以及它们对元宇宙的推动作用。同时，本书还将研究元宇宙的商业模式和可持续发展策略，探索如何在元宇宙时代创造商业价值和社会效益。元宇宙将是人类社会发展的新起点，它将为人们提供更广阔的发展空间和更多的可能性。在元宇宙中，人们可以超越现实的限制，实现自己的梦想和愿望。同时，元宇宙也带来了一些挑战和问题，如隐私安全、伦理道德等。我们需要积极探索和解决这些问题，确保元宇宙的健康发展。

在此背景下，由 SXR 科技智库上袭公司和中国民营科技实业家协会元宇宙工作委员会牵头，在世界院士专家联合会、联合国数字安全联盟、IHETT（智能+产业融合高端智库）、百城市长公益论坛理事会、全球元宇宙大会产城联盟以及电子工业出版社的大力支持下，由 SXR 上袭研究院执行，我们启动了"数实融合与元宇宙知识体系丛书"的编写，并筹备成立《元宇宙通论》编委会，于 2022 年 6 月 1 日召开了首次编委会会议，中国科学院院士黄维、中国工程院院士李伯虎、IEEE 董事及标准委主席袁昱等应邀出席并致辞，为本书编写提供了很好的开端。但由于作者变更及元宇宙投资趋冷、热度下降等诸多原因，本书在编写的过程中遇到了难以想象的困难，即便如此，本着对元宇宙发展趋势的整体把握和预判，以及对元宇宙产业创新的信心和热爱，通过一年多的努力，本书编委会联合多位作者数易初稿、反复修改，在电子工业出版社的理解和支持下，终于完成统稿并形成本书。

本书将对元宇宙进行全面而深入的研究，探讨其概念、发展、技术、设计、应用和社会影响。我们希望通过本书为读者提供一个全面了解元宇宙的视角，激发人们对元宇宙的兴趣和思考，并介绍元宇宙的发展历程，解释其基本原理和运作方式，并探讨其在教育、医疗、艺术等领域的应用。我们还将讨论元宇宙对社会、经济和文化的影响，以及可能出现的挑战和解决方案。通过本书，我们希望读者能够更好地理解和把握元宇宙的本质与潜力。元宇宙是一个全新的领域，它将改变我们的生活方式和思维方式。

本书共 12 章，从元宇宙概念和基础、元宇宙学科和技术、元宇宙产业链及应用三个方面，介绍元宇宙的历史演变、哲学基础、伦理基础、学科基础、技术基础、产业链；全面、系统、整体理解元宇宙内涵、方法、体系及其应用。本书是"数字经济与元宇宙知识体系丛书"的通论，试图从哲学思想、历史演变、学科基础、技术基础、伦理法律、元宇宙产业链、行业应用等方面来总结梳理元宇宙知识体系。本书有五个特色：一是从历史角度认识元宇宙。从原初思想、孕育史、当代史等多方面、多角度理解元宇宙的思想起源。二是从哲学角度思考元宇宙，从本体论、方法论、人工认识论三方面探讨元宇宙的本质与内涵。三是完整、详细地阐述了元宇宙新知识体系的具体内容，包括学科基础、技术基础、伦理法律、产业链、行业应用。四是完整、详细地阐述了元宇宙伦理、元宇宙伦理学概念及体系。五是从应用角度介绍了元宇宙技术在制造、游戏、教育、媒体、旅游等多个行业和领域的作用。

本书各章编写人员如下：高文宇（SXR 上袭研究院副院长、国际合作研究中心主任）编写了第 1 章；刘志毅（数字经济学家）编写了第 2 章～第 4 章；潘志庚（南京信息工程大学人工智能学院院长、江苏省元宇宙工程研究中心主任）、李昌利（南京信息工程大学人工智能学院院长助理，江苏省元宇宙工程研究中心副主任）编写了第 5 章和第 12 章；闫继辉（青岛黄海学院大数据学院元宇宙技术应用中心主任）、尹成波（青岛黄海学院大数据学院常务副院长）、姜永春（青岛黄海学院大数据学院数据科学教研室主任）、于青（青岛黄海学院大数据学院实验室管理中心主任）编写了第 6 章；余宇新（上海外国语大学国际金融贸易学院副教授）、张明倩（上海外国语大学国际金融贸易学院教授）编写了第 7 章和第 8 章；夏庆华（乌克兰国家工程院外籍院士、优泰科技有限公司董事长）、闫凯波（浙江大学信息与电子工程学院计算机专业硕士研究生）编写了第 9 章～第 11 章；曹三省（中国传媒大学信息科学与技术学部专职副学部长）对第 5 章和第 12 章进行了修改补充。

本书整体上结构清晰，内容新颖，既有思想启迪，也有技术应用，使读者能够完整、清晰、系统地理解什么是元宇宙。本书的目的是启发和鼓励读者在重视元宇宙技术应用的同时，更要重视从思想源头认识和理解元宇宙的本质，鼓励所有专业学生都重视和学习元宇宙，而不仅仅是理工科学生。因而，本书适合所有专业、方向和领域的学习者、爱好者、从业者学习和参考。本书内容引发深度思考，激发学习兴趣，更有助于加深学习者对元宇宙的认识和理解，从而更好地应用和发展元宇宙技术。

本书可供管理、医学、农业、经济、社会、人文、法律等所有专业学生、元宇宙爱好者、元宇宙学习者学习使用，元宇宙初级研究人员及从业人员学习、培训和研究参考。

我们相信，只有深入了解和积极应对元宇宙的发展，我们才能在这个数字化时代中保持竞争力和创新力。让我们一起踏入元宇宙的大门，探索无限的可能性和未来的可能。《元宇宙通论》将为您提供一个全面而深入的指南，帮助您了解和适应这个新的数字化世界。祝您阅读愉快！

徐亭　高文宇
2024 年 2 月

第7章 区块链技术

第 10 章　平台及分发

第 11 章　元宇宙的应用及服务

作为从 1992 年出版的科幻小说《雪崩》中衍生而来的概念,"元宇宙"(Metaverse)指代一个由计算机生成、超脱现实时空法则且拥有独立经济和社会系统的虚拟空间。借助数字设备并使用虚拟化身进入元宇宙,人们可以在其中自由交互并完成许多现实中无法完成的事情。

面对急剧变化的当今世界,30 多年前的表述显然已不足以解释今天的元宇宙概念,现阶段人们对元宇宙的看法也不尽相同。有人从技术发展的角度指出,元宇宙是以 3D 立体形式呈现的下一代互联网,即全真互联网,是互联网发展的终极形态;也有人从文明演变的角度指出,元宇宙是基于现实搭建、与物理世界融通的大型平台,其将承载后人类时代人们的学习、社交和娱乐等一系列活动,其在促进生产力发展的同时将带来人类文明的整体跃迁。维基百科将元宇宙定义为一个人造的"持久化和去中心化的在线三维虚拟环境"。尽管当前关于元宇宙的概念众说纷纭,尚未有一个明确定义,但可以预见的是,作为一个全新的数字化平台,元宇宙将与人类数字化生存的下一阶段密切相关。

1.1 元宇宙概念及其理解

Meta 在计算机领域被称为元,verse 是 Universe(宇宙)的缩写,Metaverse(元宇宙)意为互联网的下一个阶段,是一种持续的能被分享的虚拟空间,由 AR、VR、3D 等技术支持。美国科幻作家 Neal Stevenson 在 1992 年发布的科幻小说《雪崩》中最先提到元宇宙,小说里,所有现实世界的人,在元宇宙中都有一个网络分身。元宇宙象征着一个平行于现实世界的、人造的虚拟维度,参与者能做的事和经历只会受到想象力的限制。美国 Meta 公司(原 Facebook 公司)将元宇宙定义为"你可以与其他人共同构建和探索的虚拟空间"。我们认为,斯皮尔伯格的电影《头号玩家》中的"绿洲"世界应该是元宇宙的终极形态。

元宇宙具有七个特征:实时真实、社交性、心流、可互操作性、平台性、拥有经济系统、开放性。元宇宙源于游戏但超越游戏,游戏作为元宇宙的主体,与现实的边界逐渐消融,其创建者仅仅是最早的玩家而非所有者,其规则由社区群众自主决定。元宇宙不等同于虚拟空间、虚拟经济、游戏平台。元宇宙等于创造+娱乐+展示+社交+交易。

另外,不同学者对元宇宙也给出了不同的定义。

北京大学陈刚教授、董浩宇博士提出:"元宇宙是利用科技手段进行链接与创造的,与现实世界映射与交互的虚拟世界,具备新型社会体系的数字生活空间。"

清华大学新闻学院沈阳教授提出:"元宇宙是整合多种新技术而产生的新型虚实相融的互联网应用和社会形态。它基于扩展现实技术提供沉浸式体验,以及数字孪生技术生成现实世界的镜像,通过区块链技术搭建经济体系,将虚拟世界与现实世界在经济系统、社交系统、身份系统上密切融合,并且允许每个用户进行内容生产和编辑。"

也有学者认为,可以从时空性、真实性、独立性、连接性四个方面交叉定义元宇宙:从时空性来看,元宇宙是一个空间维度上虚拟而时间维度上真实的数字世界;从真实性来看,元宇宙中既有现实世界的数字化复制物,也有虚拟世界的创造物;从独立性来看,元宇宙是一个与外部真实世界既紧密相连,又高度独立的平行空间;从连接性来看,元宇宙是一个把网络、硬件终端和用户囊括进来的永续的、广覆盖的虚拟现实系统。

1.2 元宇宙的支撑要素

从元宇宙的概念可以看出,元宇宙的发展首先得益于底层技术支撑,随着芯片、算法、虚拟现实等高新技术的不断发展。硬件技术和软件技术构成了实现元宇宙的底层技术。另外,硬件技术和软件技术互相影响,硬件技术为人们提供打开元宇宙大门的钥匙,让人们可以实实在在地感受到元宇宙，软件技术则规定并完善了元宇宙的运行逻辑和规则。这些底层技术是元宇宙的支撑要素，没有它们人们就无法到达元宇宙，元宇宙也无法出现。

大数据、人工智能、区块链、游戏引擎已经很大程度上实现了现实世界和虚拟世界的融合，从社会层面来看，网络购物、在线教育、互联网游戏、远程办公、视频会议成为人们日常生活的一部分。

1.2.1 大数据

大数据是人类提升对整个世界洞察力的核心手段，用数据量化来认知世界、描述世界、洞察世界与改造世界。大数据通过数据与语言符号来尽可能准确地描述世界，语言可以理解为通俗化的符号集合，数据主要解决客观描述问题，而语言主要解决主观共鸣问题。

在大数据生态圈逐渐成熟的演化过程中，数据本身的开采深度与应用层次也在不断深化。数据层次可分为五层：表一层是通用公开大数据，表二层是需要登录才能获取的垂直领域大数据，里一层是产业私有数据，里二层是用户个体画像数据，最里层是个体基因与生物数据。其中，表层数据是机器可以公开采集的数据，且数据应用企业可以通过技术手段对数据进行整合；里层数据则是需要个人授权才能合法获取与分析的数据。

五层数据关联模型由表及里、从通用到垂直、从企业机构到个体用户、从全局图景到基因画像，不断延伸数据触角。在强化公有数据采集整合基础设施的同时，需要引导更多产业领域私有数据的聚合，通过构建多层次数据闭环与通用化、一站式数据平台，不断驱动行业领域的应用创新。

大数据包括结构化数据、半结构化数据和非结构化数据，非结构化数据逐渐成为大数据的主要部分。IDC（国际数据公司）的调查报告显示：企业中 80%的数据都是非结构化数据，这些数据每年都按指数增长 60%。大数据是互联网发展到现今阶段的一种表象或特征，没有必要神话它或对它保持敬畏之心，在以云计算为代表的技术创新背景下，这些原本看起来很难收集和使用的数据开始易于被利用，通过各行各业的不断创新，大数据会逐步为人类创造更多的价值。

想要系统地认知大数据，必须全面而细致地分解它，着手从三个层面来展开。

第一层面是理论，理论是认知的必经途径，也是被广泛认同和传播的基线，在这里从大数据的特征定义理解行业对大数据的整体描绘和定性；从对大数据价值的探讨来深入解析大数据的珍贵所在；洞悉大数据的发展趋势；从大数据隐私这个特别而重要的视角审视人和数据之间的长久博弈。

第二层面是技术，技术是大数据价值体现的手段和前进的基石。在这里分别从云计算、分布式处理技术、存储技术和感知技术的发展来说明大数据从采集、处理、存储到形成结果的整个过程。

第三层面是实践，实践是大数据的最终价值体现。在这里分别从互联网的大数据、政府的大数据、企业的大数据和个人的大数据四个方面来描绘大数据已经展现的美好景象及即将实现的蓝图。

1.2.2　人工智能

人工智能（Artificial Intelligence，AI）技术在元宇宙的各个层面、各种应用、各个场景下都无处不在，为元宇宙的其他技术提供了强大驱动力，包括智能语音、自然语言处理、机器学习和计算机视觉等技术。元宇宙中人与人、人与机器的交互要求机器能够听懂人类的语言并给出相应的反馈，智能语音技术赋予机器以人类的听、说能力，实现便捷的人机交互。另外，元宇宙中不同人群使用不同语言，这要求机器不仅要能够识别语言，还要能够精准识别语义。自然语言处理技术能够理解语言包含的精准信息，实现无障碍交流。机器学习技术能够不断优化算法，根据数据和经验信息不断提高运行效率与智慧化程度。计算机视觉技术能够识别和构建虚拟世界与现实世界的人和物，进一步增强元宇宙的视觉沉浸感。

首先，人工智能是元宇宙内容生成的强赋能者。

人工智能能够大幅提高内容创作效率。一方面，利用 AI 自动化生成内容或进行内容增强。譬如，从简单的随机物体摆放，到全自动生成场景、建筑、物品、外形等，或者通过 AI 算法增强内容呈现质量，扩展人们的视觉边界。另一方面，利用 AI 辅助内容创作，例如，一种基于生成式对抗网络（GAN）的智能画笔，可以将只有一些轮廓和颜色的草图转化为照片级精度的图片。用户只需要画出一些有颜色的线条，然后指定特定部分为内容元素，如"天空""水""岩石"等，AI 就可以自动"脑补"进行细节填充。此外，AI 配音、2D 快转 3D，以及由 AI 代替人类测试员对元宇宙世界进行安全漏洞检测等，都是 AI 赋能内容生成的具体表现。

其次，人工智能是真实世界和虚拟世界的连接器。

正如上文所述，元宇宙既可以是完全独立于现实的平行空间，又可以是虚实融合，可与现实交互的虚拟世界。随着数字化转型的深入，现实世界的各种要素都可以"搬到"虚拟世界中，同时在虚拟世界中创造的内容，又可以通过不同的载体投射到现实世界里，进而对现实世界产生影响。在这个过程中，人工智能扮演的角色就是真实世界和虚拟世界的连接器。

通常来说，建立虚实融合的元宇宙世界需要三个步骤：第一步是场景的数字化，即我们熟悉的像素化、3D 化。第二步是要素的结构化，将第一步数字化得到的大量非结构化数据，结合智能感知和分析，抽取对人类有意义的元要素，即转化为结构化数据。在真实世界的各种场景中，超过 80% 的结构化数据都属于低频、长尾数据，因此需要大规模 AI 赋能。第三步是流程的可交互化，只有基于可交互的流程，才能实现业务流程的重塑和自动化。第三步基于第二步得到的结构化数据，进一步实现应用端的决策智能。

最后，人工智能提升人机交互体验。

人工智能为元宇宙中的"原住民们"植入"AI 大脑"，使它们拥有独立的沟通和决策能力，"原住民们"可以通过判断用户意图和需求，适时准确地给予回应，使得人机交互更加智能，并可以通过不断学习和自我强化，升级成为数字世界的 AI 代理人，为用户提供各类咨询和服务。未来，这些 AI 代理人将成为用户在元宇宙中获取服务和信息的超级 AI 助手。

1.2.3 区块链

区块链，即由一个又一个区块组成的链条。每个区块中保存了一定的信息，它们按照各自产生的时间顺序连接成链条。这个链条被保存在所有的服务器中，只要整个系统中有一台服务器可以工作，整条区块链就是安全的。这些服务器在区块链系统中被称为节点，它们为整个区块链系统提供存储空间和算力支持。如果要修改区块链中的信息，必须征得半数以上节点的同意并修改所有节点中的信息，而这些节点通常掌握在不同的主体手中，因此篡改区块链中的信息是一件极其困难的事。相比于传统的网络，区块链具有两大核心特点：一是数据难以篡改；二是去中心化。基于这两个特点，区块链记录的信息更加真实可靠，可以帮助解决人们互不信任的问题。

大数据和人工智能等技术为元宇宙提供了更丰富、更逼真的内容和体验，但元宇宙内部的交易流通需要可信媒介，元宇宙要想进一步实现虚拟世界与现实世界的融合，更是必须解决信任危机。区块链凭借其去中心化、开放性和透明性等特点，不仅能够为元宇宙解决信任问题，还奠定了独立的元宇宙经济体系、社会体系的技术基础。建立信任关系是在元宇宙进行交易的前提，区块链的去中心化架构可以解决信任问题。首先，高度公开透明的机制解决了信息不对称问题。其次，分布式计算和储存可以在没有第三方的情况下实现信息的自我验证、传递和管理，能够快速形成共识机制。再次，不可篡改性确保数据能够受到监督，保证了信息的有效性。最后，数字加密技术能够防止人为的数据篡改和隐私泄露，有效解决了用户的隐私顾虑。

在元宇宙中所有内容生产与交换已被数字化，但是如果所生产的数字产品能够被轻易复制，那么交换也就没有意义。以区块链为基础的 NFT（Non-Fungible Token）技术可以用来标识数字产品，进行有效的身份认证和确定产权，这样数字产品资产化才能有相应的价格和价值。去中心化的数字货币能够更好地满足元宇宙中大数据量、低确认延迟的交易需求。

1.2.4　游戏引擎

游戏是元宇宙最直观的呈现方式，也是催生和构建元宇宙的重要媒介和路径。游戏引擎是指一些已编写好的、可编辑的计算机游戏系统或者一些交互式实时图像应用程序的核心组件，是一个为运行某一类游戏的机器设计的能够被机器识别的代码（指令）集合。这些系统为游戏设计者提供编写游戏所需的各种工具，让游戏设计者能方便和快速地做出游戏程序，而不用由零开始开发。经过不断地改进，游戏引擎已经发展为一套由多个子系统共同构成的复杂系统，从游戏建模到光影特效、场景动画，从物理碰撞检测到游戏联网，基本上包含了游戏开发中所有的重要环节。

1.3　元宇宙重点方向及研究领域

元宇宙有两大发展方向：一是以实现产业应用价值、加快数字化转型为目的的产业元宇宙，二是以社交和娱乐为导向、注重内容创造性的消费元宇宙。阿里研究院副院长安筱鹏认为，元宇宙在生产端的应用空间可能远远大于消费端。中国移动通信联合会元宇宙产业委员会执行主任于佳宁也指出，元宇宙最关键的应用场景是产业场景。借助元宇宙，身处世界各地的人们可以高效地沟通协作，全面联网的智能设备将有效联动，产业链协作将变得更加透明高效。因此，元宇宙发展的重点并非"脱实向虚"，而是要实现数字经济与实体经济深度融合，切实赋能实体经济全面升级，让各行各业都能找到新发展空间。

1.3.1　传统方向与研究领域

Meta 公司认为元宇宙将首先对创造技术和基础设施的行业产生直接带动作用，如图形处理器、AR/VR 头戴显示设备、虚拟社交平台、区块链等行业，可能会对游戏、社交、在线零售、教育、医疗等行业造成间接影响，为这些行业提供技术支持和业务空间，创造新的就业机会，进一步"催化"经济，提高生产力。

元宇宙游戏产业是当前较为活跃的元宇宙产业，元宇宙游戏有着交互灵活、内容丰富、自由度高、传播范围广的特点。元宇宙是人以数字身份参与的数字世界，在广义的元宇宙中，存在各式各样的子宇宙，用户可以拥有多个数字身份，在不同的元宇宙之中拥有不同的生活。在元宇宙游戏产业中，游戏拥有了去中心化的特点，在演化发展中元宇宙游戏产业产生重塑效应。元宇宙游戏没有固定的剧本，没有必须按照剧情完成的任务，也没有设定好的角色，更不存在大结局式的终章。从早期的开拓地图，到后期的各种玩法，都由用户自己主导。元宇宙游戏给予用户充分的自由度。

相较于传统社交，元宇宙社交具有"立体化""沉浸式体验"的特点，用户在元宇宙社交中可以拥有比现实世界社交更丰富的体验，在演化发展中元宇宙社交产业产生重塑效应，元宇宙社交产业被认为是社交网络产业发展 3.0 时代。

从政府和企业的行为可以看出，虽然现如今外部对于元宇宙概念和属性的看法仍在不断变化，但是对于元宇宙未来的良好前景已基本达成共识。展望未来，元宇宙的三种前景在当下已经较为显著。

首先，从市场规模的前景来看，现如今已有多个国际知名咨询机构公开表示看好元宇宙的未来市场规模。例如，普华永道预计，2030 年元宇宙市场规模将达到 1.5 万亿美元；彭博行业研究报告则估计届时元宇宙市场规模可以达到 2.5 万亿美元；摩根士丹利预计，未来元宇宙潜在市场空间将超 8 万亿美元。不仅如此，元宇宙在其发展过程中，还将拉动壮大其他领域的市场规模。

其次，从产业创新的前景来看，元宇宙带来的产业创新前景包含两方面：一方面，元宇宙将打破我们所习惯的现实世界物理规则，以全新方式激发产业技术创新；另一方面，元宇宙将与不同产业深度融合，以新模式、新业态带动相关产业跃迁升级。

最后，从应用范围的前景来看，当前元宇宙主要应用于游戏、娱乐等领域，其他领域应用相对较少。

未来，伴随元宇宙技术和产业成熟度的持续提高，其应用范围将逐步扩大，并不断深入。例如，元宇宙将在社会治理、公共服务等领域具有巨大的应用前景。

1.3.2　重点方向与研究领域

随着时间推移，元宇宙热度不断减退，产业更加趋于冷静，元宇宙需要长时间发展也基本成为相关方的共识。扎克伯格表示元宇宙是一个时间概念，是一个"奇点时刻"，只有各方面条件全部具备后，才能够将人类带入虚实交互的世界。在此之前，更多是各项软硬件能力、行业应用与产品的孵化。产业动态和资本市场分析表明元宇宙大赛场已成规模，一些短期内具备应用场景，远期内又具备想象空间的赛道将快速成长，未来可能会孕育出一批"小巨人"企业，而巨头们的持续转型以及政府和资本的有力加持，也将提升消费元宇宙、工业元宇宙等特殊业态的发展信心，推动元宇宙更加健康地发展。

在长期虚实融合的愿景牵引下，各种元宇宙能力也将快速发展。一是图形处理器的迭代演进、3D建模、图形渲染、虚拟物品制作生成、数字仿真模拟、体积视频等领域有望迎来黄金发展期，特别是物理实体数字化和数字模型物理化，涵盖领域多、应用领域广，未来数字仿真技术将会在强调专业性的同时兼顾能力的易用化发展。二是XR（Extended Reality）设备作为事实上的"元宇宙入口"，也将迎来快速发展期，消费级XR设备的成长将带动产业链茁壮成长，设备本身需要芯片、显示、光学器件、眼球捕捉等基础产业发展，全方位的交互体验则需要视觉、动作、手势、语音、听觉等的全方位配合，带动空间音频、触觉手套、肢体捕捉等更多软硬件技术的发展，可以预见的是，XR设备技术突破造就的价值空间将不逊于智能手机带来的市场价值，相当于再造一个移动互联网时代。三是各类元宇宙需求必将带动网络、算力、AI等技术的发展，如算力网络、AIGC（人工智能生成内容）、AI芯片，这些领域的发展将助力元宇宙的规模化突破。

在众多消费元宇宙应用中，数字人和3D空间是当前最符合企业与个人期待的两个领域。数字人应用领域将逐步从影视、动漫、游戏等泛文娱领域向教育、医疗、金融等方向发展，强化内容、融合IP，带动"元宇宙+"行业赋能加速。3D空间在交互性、参与感、沉浸感等方面都强于2D平面，特别是在会议培训、商务接待、大型活动等领域，3D空间能够突破空间束缚、最大限度地还原一部分线下体验。

在产业元宇宙方向，工业元宇宙整合既有数字化转型、工业互联网发展基础，在系统性、可视性等方面都得到较强提升，效果已在航空、制造、能源领域得到验证。在宏观经济低迷、消费需求等的冲击下，企业对数字技术提质增效的需求更加旺盛，各类行业元宇宙应用也必将崛起。

腾讯、微软、Meta 等互联网巨头发展，基本都会延续从单体工具到应用再到生态的演变过程，在元宇宙"奇点"临近前，元宇宙赛场上将呈现单赛道发展、多轨并行的状态。

回顾元宇宙的发展历程，参与者已不局限于传统 ICT 行业企业，内容制作、消费品、金融等行业的企业纷纷布局元宇宙赛道。这些企业围绕自身需求，打造数字空间、发布数字藏品、聘用虚拟员工，期望通过元宇宙实现新一轮的营销与产业升级。早期主导推进元宇宙发展的 Meta、高通等公司在占据先发优势的同时，受到既有业务的牵制，均放缓了布局元宇宙业务的脚步，选择聚焦个别领域，往往在新赛道的创新与开拓不足，相比之下，创业公司一直全身心投入新赛道中，更加有望成长为专精特新"小巨人"企业。

1.4 元宇宙的技术基础

1.4.1　Web3.0 是元宇宙的基础

如今，在全球范围内，互联网正在向着 Web3.0 阶段演化。在这种不可逆的大趋势下，人类活动将前所未有地更加线上化，通过 Web3.0，人类全面进入元宇宙时代成为可能。另外，相较 Web1.0 时代的信息互联网和 Web2.0 时代的人际关系互联网，Web3.0 时代产生了本质的差别，有望大幅改善现有的互联网生态系统，有效解决 Web2.0 时代存在的诸多问题，使互联网更加平等、开放和安全，这也恰恰构成了元宇宙的独特基础。

Web3.0 的本质是构建一个分布式网络生态系统，实现不同区块链之间的互联和交互。这种网络生态系统被设计成一个可信任的环境，信息和价值可以自由交流，而不受中心化机构控制。这种去中心化的方式为身份验证、智能合约、数据存储、支付等领域提供了更高的安全性、可靠性和透明度。Web3.0 旨在通过去中心化的方式实现更加开放、自由、平等和透明的互联网。

Web3.0 的另一个本质是让人类拥有自己的数字身份。Web2.0 时代，人们在互联网上的身份是由集中式机构掌控的，这是一种被动的身份认证方式。而在 Web3.0 时代，人们可以通过区块链技术创建自己的数字身份，拥有自己的数字身份认证。这种去中心化的方式可以实现更高的安全性和可信度，避免了任何集中化机构的"单点故障"。

Web3.0 的本质还在于实现智能合约。智能合约是一种基于区块链技术的自动化合约，可以自动执行合约条款。这种去中心化的方式可以消除中间商的需求，节省了成本和时间。智能合约可以应用于各种领域，如物流、金融、电子商务等。

Web3.0 的本质还在于实现人工智能应用。区块链和人工智能技术可以相互融合，使得人工智能应用可以在去中心化的环境中运行。人工智能技术可以应用于各种领域，如医疗、城市管理、交通等。

Web3.0 的本质还在于实现社会信任机制。社会信任机制是通过区块链技术实现的信任机制，可以消除信任危机，实现信任的建立和传递。社会信任机制可以应用于各种领域，如金融、保险、电子商务等。

Web3.0 的本质还在于实现数据所有权和共享。在 Web3.0 时代，任何数据都将成为个人所有的资产。区块链技术可以通过去中心化的方式实现数据所有权和共享。数据所有权和共享可以应用于各种领域，如工业制造、物流、政务等。

1.4.2 3D 技术

3D 建模技术主要使用计算机创建数字化模型，模型可以还原现实事物，也可以创造设计出现实世界没有的新事物，并且跟随社会不断发展。3D 建模技术、VR 技术和元宇宙技术有着密切的关系，可以说 3D 建模技术是 VR 技术的基础，VR 技术是元宇宙技术的基础。同时，元宇宙技术是集合了虚拟现实、区块链、物联网等多项高科技的综合性技术，而虚拟现实技术主要包含了两大项：3D 建模技术和虚拟引擎技术。综合来讲，3D 建模技术就是 VR 技术和元宇宙的最基础技术，如元宇宙中的虚拟人物形象、生活的虚拟场景等，都需要先通过 3D 建模技术搭建，再加入更多的大数据、物联网、智能交互等技术，实现人物与虚拟世界的互动，从而模拟出另一个人类意识可以进入的时空。

3D 可视化开发的特点和应用如下。

1. 直观模拟

3D 可视化开发通过建模，能够让观众得到更加真实细致的体验。它具有非常强大的 3D 模拟准确性，让人们可以更加直观地感受到产品或场景的情况，如建筑物的内部和外部、产品的结构和功能等。

2. 可视化展示

3D 可视化开发能够将各种场景、画面、图像等真正地展示出来，使观众能够真实地感受到产品或场景的细致情况，达到更好的视觉效果，如建筑场景展示、产品体验、医疗设备使用操作等。

3. 实用性强

3D 可视化开发可以实现非常实用的产品展示、教育培训、设计预览等功能，方便用户更加全面地了解产品的特性和优势。同时，它能够为用户提供更佳的产品设计、仿真测试等解决方案。

4. 开发高效

3D 可视化开发的特点是简单方便，基于 3D 建模软件可以实现 3D 对话框、场景和事件处理等，因此可以让方案和工程的开发更加高效与快速。

5. 可定制性

3D 可视化开发可以进行个性化定制，可以根据客户需求进行设计，适应各种复杂的构建，针对不同场景设计不同的技术实现方案，满足客户的需求。

3D 可视化开发适用于各种场合，如科技馆、博物馆、建筑设计、展览预览、产品展示等领域。3D 建模和渲染技术让展示更加逼真、生动，提高展品的质量和吸引力，让观众能够更加直观地感受产品或场景，提高参观体验的趣味性和真实感。

1.4.3　虚拟现实技术

虚拟现实技术，包含 VR（Virtual Reality，虚拟现实）、AR（Augmented Reality，增强现实）、MR（Mixed Reality，融合现实）、XR（Extended Reality，扩展现实）等一系列技术，可以建立连接现实世界与虚拟世界的通道，帮助用户在两个世界中随意切换。VR 指通过生成一种模拟环境，强调用户与虚拟世界的实时交互，带来封闭式、沉浸式的虚拟世界体验。VR 技术提供视觉、听觉、触觉甚至嗅觉的感官体验，给用户以身临其境的感受。AR 是指利用计算机图形技术和可视化技术，产生真实世界中不存在的虚拟对象，实现真实环境和虚拟物体之间的重叠。AR 技术将虚拟影像叠加在真实世界之上，可以基于现实世界创造出全新的图景。MR 融合了 VR 技术和 AR 技术，在现实场景呈现虚拟场景信息，并在现实世界、虚拟世界和用户之间搭建起一个交互反馈的信息回路。MR 技术可通过对现实扫描，把现实场景以 3D 的形式虚拟化并复制在虚拟世界中。XR 技术更像是 AR 技术和 VR 技术的集成体，它可以被认为是包含虚拟和现实世界的集成系统。当前，游戏玩家的操作受到键盘、鼠标、手柄等硬件外设的限制，在沉浸式体验感上还达不到元宇宙的要求。未来，随着虚拟现实技术的发展，在声音、气味、温度、触感等虚拟感官技术的支持下，更加逼真、便捷的人机交互方式可以大幅提升用户的沉浸式体验感，虚拟现实技术将成为打造元宇宙的一根技术支柱。

虚拟现实技术是一项让人眼前一亮的科技，它能够将用户带入一个完全虚拟的世界，让用户在虚拟现实中感受到真实的体验。比如，你可以在一个虚拟的海底世界中游泳，在一个虚拟的游戏中和其他玩家一起冒险，或者在 VR 里模拟另一种人生。

韩国首尔电子与电信研究所（ETRI）的研究人员发表了一篇论文，介绍了他们在"远程触觉"领域取得的重大进展。触觉是虚拟现实技术的一大瓶颈，如今的虚拟现实技术虽然可以让人在视觉上身临其境，但缺乏真实的触感体验。那么这个"远程触觉"究竟是什么呢？

简单来说，触觉模拟是指依靠触摸来获取信息和操纵对象的技术，而"远程触觉"是通过网络传输计算机生成的触觉。这项技术的目标是实现设备与设备之间发送和接收触觉信息，以实现共享触感和创建虚拟交互的效果。

1.4.4 物联网技术

物联网指的是将物品与互联网相连接的一种技术架构，通过传感器、无线模块等技术手段实现对物品的远程监测、控制、数据收集等功能。物联网的核心思想是让所有的物品都具备网络连接和智能化能力，从而实现物品间的互联互通、信息共享、智能决策和自动化控制等目标。

物联网是一种通过互联网连接、传输和交换信息的物理设备、传感器、软件和服务等组成的网络系统，这些设备能够实时感知、控制和交互，从而实现物与物、物与人、人与人之间的智能化互联和交流。

物联网技术的迅猛发展加速实现了网络空间和真实空间的连接，为人类跨越现实空间进入元宇宙奠定了基础，想要布局元宇宙就要先布局物联网。

传感器是物联网中重要的基础设施，元宇宙提供了各种各样的基础设施，如感知设备、连接设备、传输设备等。目前，物联网技术在世界上呈现出了高速发展态势，欧、美、日、韩等地区和国家都把物联网作为重要的战略性新兴产业。元宇宙最大的特点就是能够提供快捷的信息访问途径，人类进行通信的手段不再局限于移动手机或个人计算机，各种穿戴设备、车辆、房屋等都将连接到互联网上。另外，物联网的各类传感器将成为人类五官的重要延伸，人类可以通过多类传感器捕获各类数据。

物联网技术的不断发展，为元宇宙的虚拟世界提供了实时、精准、持续的数据供给，同时满足了随时随地以各种方式多元化接入元宇宙的需要。元宇宙物联网的体系结构主要分为四层：感知层、网络层、平台层及应用层，整个架构贯穿物联网业务全生命周期，涵盖了物联网的主要组件，如传感器、控制器、数据采集、数据转换、数据处理、数据分析、边缘智能处理、传输通信连接、管理服务、平台建设、业务对接等。元宇宙物联网的体系结构框架可以根据实现方式而变化，例如，在更看重边缘处理的场景中，为了提升边缘计算能力，可以在感知层和网络层中增强在网络边缘的信息处理能力及 AI 运算能力。

物联网与传统互联网有以下几个区别。

（1）数据类型不同：传统互联网主要传输的是文字、图片、视频等信息，而物联网涵盖了各种传感器采集的各种类型的实时数据，如温度、湿度、光照、气压等环境数据，以及运动、姿态、心率等生物特征数据。

（2）传输方式不同：物联网的通信方式也与传统互联网不同。传统互联网主要使用的是 TCP/IP 协议，而物联网需要使用各种不同的通信协议，如 ZigBee、BLE、NFC 等，以适应不同物品之间的通信需求。

（3）范围和规模不同：传统互联网是连接计算机和手机等人类设备的网络，而物联网是连接各种智能设备和物品的网络。这些设备可以是传感器、摄像头、智能家居设备、医疗设备、机器人等，规模更加庞大。

（4）互联性不同：传统互联网的设备通常是可编程的，而物联网的设备可以是可编程或不可编程的，这些设备可能没有用户界面或者不需要用户干预就可以工作。这些设备需要相互通信并交换数据，以实现智能化控制和管理。

（5）连接对象不同：传统互联网主要连接的是人与人之间的通信，而物联网连接的是物品、智能终端设备、传感器等物体之间的通信，实现了物与物之间的互联互通。同时，传统互联网主要依靠计算机和移动设备进行数据的传输与处理，而物联网需要使用各种嵌入式设备和传感器来实现对物品的监测与控制。

1.4.5 云计算

云计算是一种分布式计算，依靠网络云将巨大的数据处理程序分解为无数小程序，并利用分散在网络中的服务器处理和分析这些小程序数据。云计算的分布式特性，使其能够为元宇宙提供海量的低成本基础资源，它对数据的高速处理，使得元宇宙中来自世界各地的用户能够流畅地进行交互。另外，云计算还能有效避免由于使用本地计算而出现的机器故障、宕机等现象，利用云端的数据处理能力，实现元宇宙全天候稳定运行。目前在元宇宙中，计算技术发展主要集中在算力、储存和渲染三个方面。在算力方面，元宇宙的高数据量、高沉浸感、低延时的技术要求导致算力需求激增，这使得元宇宙更依赖高性能云计算能力；在存储方面，基于云的分布式计算集群更适合区块链的去中心化特性，同时分布式存储可有效保护数据完整性和一致性，提高数据丢失容错率，扩大数据恢复操作空间；在渲染方面，云渲染可动态分配算力，实现用户终端和计算端相分离，在云端完成画面渲染并以低延时推送画面到用户终端，这是未来云计算在元宇宙的技术发展方向。

云计算的核心概念就是以互联网为中心，在网站上提供快速且安全的云计算服务与数据存储，让每个使用互联网的人都可以使用网络上庞大的计算资源和数据存储资源。云计算具备以下优势。

1. 低成本

无须承担硬件、软件及全天候供电和冷却电力的资本支出，企业只需要为使用的计算资源付费，云计算使企业能够以较低的资金门槛快速将应用程序推向市场。

2. 适应性强

云平台提供分时共享功能来支撑不同场景的用户业务流量高峰。当业务流量增大时，可通过程序自动或手动操作来扩展资源容量；当业务流量减小时，也可进行类似调整。

3. 多站点存储

数据可以在云计算供应商的多个站点进行存储，无须浪费时间配置专用服务器和网络。通过云计算架构，企业可以在很短的时间内部署应用程序。

1.4.6 脑机接口技术

要想实现元宇宙身临其境的虚拟体验，关键是解决大脑输入和输出信号问题。在元宇宙的相关技术底座中，解决信息输入和输出问题的核心技术就是脑机接口技术。

1973 年，美国加利福尼亚大学洛杉矶分校的雅克·维达尔（Jacques Vidal）首次提出脑机接口概念，他也是第一次对这个概念加以界定的学者。雅克·维达尔认为，脑机接口是大脑与外界之间的直接信息传输通路，是使用脑信号控制外部设备（如义肢、轮椅等）的工具，或者是利用大脑信号来进行人机对话的一种具有可行性和实用性的技术，这无疑从技术的目的或功能上为人们展示了脑机接口的技术性质。

从字面的组成上看，脑机接口中的"脑"不仅是指人脑，还泛指生命体的脑或神经系统，它在系统中行使提供生物信号的功能；脑机接口中的"机"指的是进行信息处理的计算机，负责外部执行设备的控制输出，在脑机接口的含义中还包括执行计算机输出指令的机器设备；脑机接口中的"接口"指的是将"脑"和"机"这两个系统连接起来的中介，传感器就是起这种连接作用的中介，它的一端与"脑"连接，另一端与"机"连接，进而提供了人脑和计算机之间的直接连接。对于脑机接口系统来说，"脑"是意图，"机"是表达，"接口"则是实现意图表达的关键环节。"接口"不是对"脑"和"机"进行简单的连接，而是包括不同任务、不同策略下对脑信号的有效刺激与采集，对脑信号特征的分析与提取，以及对控制命令的可靠输出。总而言之，由"脑"＋"机" ＋"接口"组成的脑机接口是在人或动物脑与外部设备之间人工构建的信息传输通道。

脑机接口技术是一种人脑和设备相互融合的新方式，电极记录人脑活动的电信号，这种电信号被转换为数字信号，计算机将逐步提取相关信号特征，对其进行处理，转化为可控制的外部设备命令，这些命令可以用来控制义肢、轮椅或计算机软件。脑机接口技术可以读取脑电信号，实现对大脑信息的读取和复制，同时可以反方向地输入信息，甚至可以改变人们的大脑记忆。脑机接口技术可以分为四个环节：信号采集、信号处理、设备控制、信息反馈。在信号处理环节中，对脑电信号的解码过程，以及外界对大脑信息反馈的实现过程是脑机接口技术的两个难点。脑机接口技术在实际应用时，通过对脑电信号的监控、解码、再编码及输出等来实现对外部设备的控制。

1.5　元宇宙产业链

元宇宙作为下一代互联网，是人们工作生活的虚实融合空间，是数字经济发展的重要载体。把握元宇宙产业主要赛道，已成为各大科技公司抢占发展机遇的重要手段。元宇宙产业的细分赛道大致包括元宇宙新型信息基础设施、虚拟世界建设及内容、虚拟数字人、元宇宙价值体系。

1.5.1　元宇宙新型信息基础设施

网络的主要任务是实现计算机之间的信息传输、接收和共享。通信技术和网络是元宇宙形成与现实世界连接的虚拟世界的基础，其发展和局限性影响元宇宙中的产品与服务。用于衡量网络性能的主要指标是带宽、延时和可靠性。

首先，带宽是指给定时间条件下流经特定区域数据的最大比特数，理论上可以是网络中传输数据的最大速率。元宇宙中真实世界的完整重建不是一次性的，而是通过数据同步，实时与真实世界进行交互。虚拟仿真的复杂性增加，需要通过网络传输的数据量急剧增加。元宇宙需要网络来提供大规模连接、高性能端到端传输延时、网络计算缓存和灵活的处理能力，因此，我们需要对现有网络架构进行改进。目前，通信技术的代表是 5G，根据元宇宙场景构建匹配的基础设施是必然的选择，如建设 5G 基站和其他网络设施。无线（局域）网（Wireless Fidelity，WiFi）、6G 通信等技术能够满足元宇宙中大规模信息交换和及时响应的需求。

其次，作为一个超大型虚拟孪生平台，元宇宙必须确保网络的低延时，以保证用户的社交体验。当前的社交应用（如同步视频通话）对网络延时的要求不高，然而，元宇宙的社交性质和迎合各种场景的需求意味着它需要更低的延时。元宇宙中实现 XR、触觉协同、全息感知通信和其他技术的目标是实现 1ms 的端到端延时。当使用边缘计算时，边缘计算节点的构建可以缩短信息流传输的距离，从而缩短元宇宙网络的传输延时。

最后，网络的可靠性是元宇宙稳定运行的基础。无论是远程医疗、自动驾驶、虚拟劳动，还是虚拟教育，都非常有必要使用合理的网络结构和容错设计来确保服务的可靠性。

1.5.2 虚拟世界建设及内容

元宇宙虚拟世界建设需要实现物理和虚拟之间全要素精准映射与实时交互。据 Gartner 预测，未来将有数百亿个传感器和接入点末端连接在一起，完成对物理世界多源数据的获取、重构、融合，实现现实与虚拟全要素、全业务、全流程的精准映射与实时交互。

元宇宙虚拟世界建设需要实现物理世界在平行空间的数字化、模型化、智能化。据 Gartner 预测，未来数十亿个物体将拥有数字孪生模型，融合不同粒度的属性、行为、特征等数据。

元宇宙虚拟世界建设需要精细化实时驱动渲染，实现高保真沉浸式体验。未来元宇宙虚拟世界的呈现，需要基于先进的 3D 渲染技术，实现对虚拟世界的高精度、高交互性、实时的精细化构建。

数字孪生是构建元宇宙虚拟世界、实现物理空间与数字空间交互映射的核心技术，包括 3D 引擎、建模工具及操作系统。在 3D 引擎领域，Unreal Engine 与 Unity 占据主流市场，国内科技公司大多处于起步阶段。其中，Unreal Engine 与 Unity 作为游戏引擎，在元宇宙时代，可为数字孪生虚拟空间构建提供新路径。一方面，游戏引擎凭借其模拟逼真、渲染实时、开发便捷的特点成为当下产业界实践数字孪生平台的路径；另一方面，游戏引擎逐步融合行业知识和前沿技术来提升数字孪生的应用能力，以满足不同行业的需求。

1.5.3　虚拟数字人

虚拟数字人是数字技术和人工智能技术结合的产物，是"人造物"，虚拟数字人可以被视为在元宇宙中实践并能实现自然人部分功能的数字人。元宇宙是虚拟数字人生存的虚拟空间。虚拟数字人是通过计算机图形等技术将自然人等不可见的各类数据转化为可见的"人"的结果。虚拟数字人的"数字"概念包含了三个层面的含义：一是数据，虚拟数字人生成基础是数据，其来源于真人的外表、语言、表情和行为的数据建模，或者是原生的数据，如果没有这些数据，虚拟数字人就无法形成；二是数字技术，虚拟数字人基于计算机图形学、人工智能、区块链、3D数字音视频等技术；三是算法驱动，指以算法、算力驱动这些数据并帮助虚拟数字人实现社会功能。

虚拟数字人之所以被称为"人"，主要是其在相貌、性别特征、性格、言语行为、面部表情、肢体动作等方面具有自然人的特征。从行为特征看，虚拟数字人能够模仿人的行为，实现人的功能。虚拟数字人可以在元宇宙中扮演越来越多的社会角色，发挥越来越广泛的社会功能，其社会价值、经济价值越来越明显。

1.5.4　元宇宙价值体系

《虚拟经济学》的作者威利·莱顿维塔（Vili Lehdonvirta）和爱德华·卡斯特罗诺瓦（Edward Castronova）认为，虚拟商品的使用价值包括三个方面：功能性价值、享乐性价值和社会性价值。在元宇宙当中，这三类价值都可以找到对应的影子。虚拟商品虽然形式上是虚拟的，但很多功能性价值是不可忽略的。例如，用户可以通过购买某些虚拟商品来获取信息进行表现或完成在虚拟世界中的某些活动，类似这样的使用价值都是功能性的。而在所有的功能性价值中，帮助用户获取他人的注意力恐怕是最为重要的一种。

和功能性价值强调"有用"不同，享乐性价值强调的是"有趣"。也就是说，它强调一个商品本身可以给人带来的愉悦和快感。在元宇宙当中，类似的道理也成立。例如，开放世界游戏《我的世界》中由用户自己创造的千奇百怪的建筑物，即使它们本身并没有什么功能性价值，这种享乐性价值也决定了它们可能成为商品，可能卖出很高的价格。

如果说，功能性价值和享乐性价值关注的是买了东西给自己用，那么社会性价值关注的就是买了东西给别人用。元宇宙在很大程度上给人们的炫耀提供了一个更好的场地。在这个世界中，炫耀性商品在发挥其炫耀功能时，效果可能比现实世界更好。

除了以上三类使用价值，元宇宙中的虚拟商品还有一种特殊的价值，即可编程价值。很多虚拟商品比现实商品有更好的可编程性。得益于区块链技术的发展，很多虚拟商品都建立在区块链的底层架构之上，这使得它们可以很容易地根据用户的需要实现用途的转换。

本章参考文献

[1] 刘国强. 元宇宙时代的数字化生存：变革、风险与应对[J]. 重庆邮电大学学报（社会科学版），2023, 35(4):143-151.

[2] 郭尚志，廖晓峰，李刚，等. 元宇宙的发展[J]. 计算机技术与发展，2023, 33(1):1-6.

[3] 方凌智，沈煌南. 技术和文明的变迁——元宇宙的概念研究[J]. 产业经济评论，2022(1):5-19.

[4] 沈阳，余梦珑. 元宇宙与大数据：时空智能中的数据洞察与价值连接[J]. 大数据，2023, 9(1):103-110.

[5] 张茂元，黄芷璇. 元宇宙：数字时代技术与社会的融合共生[J]. 中国青年研究，2023(2):23-30.

[6] 梁雪梅. 元宇宙技术全景浅析[J]. 通信与信息技术，2022(6):30-33.

[7] 王进峰，问丛川，花广如. 面向概念、技术与应用的数字孪生综述[J]. 中国工程机械学报，2023, 21(2):112-116, 133.

[8]　陈丽萍. 游戏引擎技术基础[J]. 安徽电子信息职业技术学院学报，2016，15(4):29-32.

[9]　许可，樵溪子. 元宇宙：产业生态、应用场景与发展建议[J]. 通信企业管理，2022(8):54-57.

[10]　何诚颖，黄轲，张左敏旸，等. 元宇宙产业发展：重塑效应、阶段特征及演进前景[J]. 安徽师范大学学报（人文社会科学版），2022，50(5):111-122.

[11]　孙琳，张亚勃，陈伯润. 元宇宙发展态势及未来展望[J]. 互联网天地，2022(11):32-38.

[12]　孙宇晨. 国际视野下元宇宙的发展方向[J]. 中国信息界，2022(4):72-74.

[13]　王明瑞. 3D 建模技术在 VR 和元宇宙开发中的应用[J]. 信息与电脑（理论版），2022，34(20):194-196.

[14]　张金钟，阿炜，许亚萍，等. 元宇宙物联网技术探秘[J]. 中国安防，2022(11):33-36.

[15]　赵丹文. 浅谈元宇宙及其技术基础[J]. 中国传媒科技，2022(12):124-126.

[16]　肖峰. 从内涵和外延的解析看脑机接口的哲学特征[J]. 长沙理工大学学报（社会科学版），2023，38(1):41-50.

[17]　吉姜蒲. 脑机接口合规困境：元宇宙的技术探索和伦理规制[J]. 湖南行政学院学报，2022(3):116-121.

[18]　蒋明，李琪，龚才春，等. 元宇宙技术及应用研究进展[J]. 广西科学，2023，30(1):14-26.

[19]　沈云. 元宇宙：元起、眺望、觉醒——兼谈中国电信元宇宙产业发展探索[J]. 中国经济报告，2022(6):87-97.

[20]　谢新水. 虚拟数字人的进化历程及成长困境——以"双重宇宙"为场域的分析[J]. 南京社会科学，2022(6):77-87, 95.

[21]　陈永伟，程华. 元宇宙经济：与现实经济的比较[J]. 大连财经问题研究，2022(5):3-16.

第 2 章

元宇宙原初思想、孕育史、当代元宇宙历史

元宇宙原初思想

元宇宙孕育史

当代元宇宙历史

2.1　元宇宙原初思想

2.1.1　古希腊哲学与理想国

古希腊哲学家柏拉图在其著名作品《理想国》中构想了一个完美的乌托邦，其中的居民生活在和谐、公正和平等的社会环境中。这个理想国的概念被认为是元宇宙原初思想的一个重要起点。在柏拉图的理想国中，知识分子和统治者被赋予了引领社会发展的责任，这种组织方式为后来的元宇宙思想奠定了基础，尤其是在对虚拟世界的治理和参与者角色的设定方面。

柏拉图的哲学思想对于理想国的设想凸显了对知识分子和统治者的尊重，这为虚拟世界的治理提供了启示。在元宇宙中，治理者和参与者角色的设定受到了柏拉图哲学思想的影响，主张通过知识分子和有能力的统治者引领与管理虚拟世界，使之更加和谐、有序和平等。柏拉图的理念为元宇宙中的知识分子提供了发挥创新和领导力的空间，从而推动了虚拟世界的发展。

在学术领域，许多研究成果都表明，柏拉图的理念对元宇宙思想产生了深远影响。例如，在社会学、心理学和人类学等多学科领域的研究中，学者们探讨了柏拉图理念如何影响了虚拟世界中的社会结构、人际关系和个体行为。这些研究成果为元宇宙的建构和发展提供了理论指导，促使元宇宙更接近柏拉图设想的理想国。

2.1.2 东方智慧与道家思想

道家思想作为一种典型的东方智慧，其"道生一，一生二，二生三，三生万物"的理念为元宇宙的多元性提供了启示。这一理念认为一切事物都起源于道，道是无形的、不可名状的本源，进而通过层层分化产生出多样化的世界。在元宇宙的构建中，这一理念为虚拟世界的多元性和包容性提供了理论支持，鼓励创造丰富多样的虚拟空间，以满足不同参与者的需求。道家思想强调万物起源于道，进而形成多样化的世界。这一观念为元宇宙的多元性和包容性提供了理论基础。在元宇宙中，不同的虚拟空间可以并存、各自发展，形成丰富多样的生态系统。这种包容性体现了道家思想中的和谐共生理念，为虚拟世界提供了一种可持续发展的模式。

在学术领域，许多研究成果表明元宇宙思想受到了道家思想的深远影响。例如，在哲学、宗教学和文化研究等多学科领域的研究中，学者们探讨了道家思想如何影响了虚拟世界的多元性、包容性和和谐共生。这些研究成果为元宇宙的建构和发展提供了理论指导与启示。在信息技术高度发展的今天，道家思想为元宇宙提供了一种可借鉴的哲学理念，有助于更好地理解和应对虚拟世界中的复杂现象。

换个角度说，凝聚力的影响表现为鼓励自发的交流与合作，促进跨越虚拟世界的人际关系发展。道家的无为而治理念有助于减少过度的管理干预，使得虚拟世界中的参与者可以更自由地表达和实现自己的意愿。道家思想中的顺应自然、顺其自然的观点为元宇宙的创新力提供了灵感。在元宇宙中，道家思想鼓励参与者顺应内心的渴望和兴趣，尊重个体的独特性，从而激发出无尽的创造力和创新力。这种鼓励个体自由发挥的精神有助于推动元宇宙的发展，不断创造出令人惊艳的虚拟世界。

道家思想提倡人与自然和谐共生，强调天人合一的观念。在元宇宙中，道家思想对环境可持续性的贡献表现为关注生态平衡，倡导资源循环利用，以及尊重自然界的生命力。通过将这些道家理念融入虚拟世界的构建，元宇宙可以实现更加可持续的发展，为未来的虚拟社会创造一个绿色的生存空间。东方智慧中的道家思想对元宇宙原初思想产生了深远影响。通过对历史学的探讨，本节分析了道家思想在元宇宙多元性、包容性、互动性、创新力和环境可持续性方面的贡献。

2.1.3　元宇宙思想的演变

元宇宙思想的演变可以从文学、哲学和科幻作品虚拟世界的描绘中找到线索。从 19 世纪的乌托邦小说到 20 世纪的赛博朋克科幻作品，虚拟世界的设想逐渐变得更加丰富和复杂。这些作品探讨了虚拟世界与现实世界的关系、人类在虚拟世界中的身份与自我认知，以及技术发展对社会和个体的影响。

20 世纪初，随着现代科技的发展，人们对虚拟世界的想象逐渐丰富。从荷兰数学家阿德里安·谢里尼的"神经网络模型"到冯·诺伊曼的"自动机理论"，人们开始思考如何用科学技术构建一个完全不同于现实的世界。20 世纪下半叶，赛博朋克科幻作品的兴起，如威廉·吉布森的《神经漫游者》和菲利普·K.迪克的《仿生人会梦见电子羊吗？》，进一步推动了人们对虚拟世界的设想。这些作品通过描绘一个充满高科技和废墟的世界，探讨了虚拟世界与现实世界的界限，以及人类在虚拟世界中的身份与自我认知。随着后现代主义的兴起，哲学家们开始对虚拟世界的本质和意义进行探讨。让·巴黎拉尔德的"模拟现实"理论指出，虚拟世界正在逐渐替代现实世界，使得人们难以分辨真实与虚幻。弗雷德里克·詹姆森则认为，虚拟世界作为后现代社会的象征，反映了人类对技术的渴望和恐惧。

21 世纪初，随着计算机和网络技术的快速进步，元宇宙从科幻小说逐步变为现实。尼尔·斯蒂芬森（Neal Stephenson）的《雪崩》展示了一个令人惊叹的虚拟世界，以及人们在其中探索自我、追求意义的故事。同时，现实中的技术创新如虚拟现实（VR）、增强现实（AR）以及区块链技术等，为元宇宙的构建提供了可能性。科技巨头纷纷涉足元宇宙领域，如 Meta 公司推出 Horizon Workrooms、微软公司推出 Mesh 等，它们通过创建一个跨越时间和空间的虚拟共享空间，为人们提供沟通、娱乐、教育等多种功能。

在这个过程中，一系列新兴的元宇宙平台开始涌现，如 Roblox 和 Decentraland 等。它们通过提供一个开放、去中心化的虚拟世界，让用户在其中创造、交流，甚至进行经济活动。这些平台不仅引发了关于虚拟世界与现实世界之间关系的讨论，同时引发了关于元宇宙对社会、经济、政治和文化等方面影响的讨论。

在元宇宙的探索过程中，人们对自身身份的认知发生了改变。一方面，虚拟世界为人们提供了一个摆脱现实世界限制的空间，使得人们可以通过不同的虚拟角色来塑造自己的身份；另一方面，人们在虚拟世界中的行为和交流也对现实生活产生影响，使得虚拟世界和现实世界之间的界限变得模糊。

在这样的背景下，众多学者开始关注元宇宙对个体和社会的影响。社会学家如雪莉·特科尔（Sherry Turkle）和曼纽尔·卡斯特尔（Manuel Castells）等研究了虚拟世界对人类社交、心理和文化的影响；经济学家如爱德华·卡斯特诺瓦（Edward Castronova）则关注元宇宙对经济结构和价值观的影响。

接下来，我们从文学、哲学到科幻作品来理解元宇宙思想的演变。

文学作品对虚拟世界的设想在不同时期有着不同的表现。在 19 世纪的乌托邦小说中，虚拟世界被描绘成一个理想化的社会，作为对现实世界的批判与反思。随着科技的发展，20 世纪的赛博朋克科幻作品如威廉·吉布森的《神经漫游者》描绘了一个高科技与低生活水平并存的未来世界，其中虚拟现实技术使人们能够在网络空间自由穿梭，体验与现实世界截然不同的生活。

哲学家们对虚拟世界的思考同样在不断深化。从笛卡儿的"邪恶魔"假设，到赫尔辛基大学的尼克·波士特罗姆提出的"模拟宇宙"论，哲学家们试图探讨现实世界与虚拟世界之间的边界和联系。

科幻作品如电影《黑客帝国》和小说《雪崩》则通过艺术形式生动呈现了这些哲学思考，使元宇宙思想在普罗大众中得以普及。随着虚拟现实、增强现实等技术的发展，元宇宙已从单纯的想象走向现实。各种虚拟平台如游戏、社交网络、虚拟货币等已经开始构建一个属于自己的元宇宙。这一发展使得元宇宙思想对现实社会产生了越来越多的影响，如在经济、教育、娱乐等领域的应用，以及对人类生活方式和价值观的改变。

总之，从文学、哲学到科幻作品，元宇宙思想的演变既反映了人们对虚拟世界的想象力，也呈现了科技发展对社会和个体的深刻影响。随着计算机技术和网络技术的持续进步，元宇宙将成为未来人类社会的一个重要话题，它将继续激发新的思考和探索。

元宇宙孕育史

2.2.1 计算机与网络技术的崛起

计算机和网络技术的发展为元宇宙的孕育创造了基础。从 20 世纪 40 年代的图灵机，到 20 世纪 70 年代的个人计算机，再到 21 世纪初的互联网，信息技术可谓是时代发展的中流砥柱。

在计算机技术方面，摩尔定律（Moore's Law）对于微处理器速度和性能的指数级增长的预测为硬件设备的发展提供了指导。多核处理器、高性能显卡以及大容量存储设备的出现，使得虚拟现实技术的实现成为可能，为元宇宙的构建提供了基础。

在网络技术方面，从 20 世纪 90 年代起，互联网开始进入家庭，催生了诸如万维网（WWW）、电子邮件等新兴通信方式。随后，宽带技术、4G 和 5G 等移动通信技术的普及，极大地提高了网络速度和连接质量，为元宇宙的实时互动创造了条件。

在这一过程中，梅特卡夫定律（Metcalfe's Law）认为网络价值与节点数量的平方成正比，对于预测元宇宙的发展具有重要意义。这一定律揭示了社交网络、在线游戏以及虚拟世界的潜在价值，为元宇宙的商业模式提供了参考。

在软件技术方面，随着计算机图形学、人工智能、物理仿真等领域的不断发展，现实世界的模拟和交互逐渐成为可能。实时光线追踪、高质量渲染以及复杂的物理计算技术为元宇宙的视觉效果和真实感提供了支持。此外，人工智能技术也在虚拟角色、语音识别、自然语言处理等方面发挥着重要作用，让用户在元宇宙中获得更自然的沟通和交互体验。

在内容创作和开发方面，各种易用的游戏引擎（如 Unity 和 Unreal Engine）以及 3D 建模软件（如 Blender 和 Maya）的出现使得更多的开发者和艺术家能够参与到元宇宙的建设中。同时，开放式平台的理念也鼓励用户自由创作，形成了一个活跃的社区生态，为元宇宙提供了源源不断的创意和资源。

在硬件设备方面，虚拟现实（VR）和增强现实（AR）设备的发展使用户能够以更加沉浸式的方式体验元宇宙。头戴式显示器、运动捕捉设备以及触觉设备等新型硬件的出现，让用户在元宇宙中可以得到更加真实的触觉、视觉和听觉体验。在法律和政策方面，元宇宙的发展也对现有的法律体系提出了挑战。如何制定合理的法律政策保障用户隐私、打击网络犯罪、保护知识产权等，对于元宇宙的可持续发展至关重要。

总之，元宇宙的发展离不开计算机技术、网络技术、软件技术、内容创作、硬件设备以及法律政策等多个方面的支持。随着技术的进一步发展，元宇宙将会变得更加丰富、多样和有趣。

2.2.2　尼尔·斯蒂芬森与《雪崩》

尼尔·斯蒂芬森的作品《雪崩》为元宇宙的概念提供了重要的启示。在这部小说中，主人公身处一个高度发达的虚拟世界，展现了科技与社会的融合，以及虚拟现实如何改变人类的生活方式。尼尔·斯蒂芬森通过对元宇宙的描述，对其社会、文化和经济层面进行了深刻的探讨。

（1）社会层面：在《雪崩》中，元宇宙不仅是一个虚拟的娱乐场所，更是一个具备社会功能的网络平台。人们在元宇宙中建立了多样化的社交关系，形成了各种社群，如城邦、公司和宗教团体等。这些社群为用户提供了归属感，使得元宇宙成为现实生活的延伸。

（2）文化层面：尼尔·斯蒂芬森在《雪崩》中展示了元宇宙中文化的丰富多样性。人们可以在元宇宙中欣赏各种艺术作品，如雕塑、绘画和音乐等。同时，虚拟世界中的建筑风格、时尚潮流以及语言等元素，也反映出元宇宙的多元文化特征。

（3）经济层面：《雪崩》中的元宇宙具有完备的经济体系，包括虚拟货币、虚拟商品交易以及虚拟劳动力市场等。用户可以在元宇宙中进行商业活动，购买虚拟物品或提供各种服务。这为未来元宇宙经济的发展描绘了一幅美好蓝图。

尼尔·斯蒂芬森的《雪崩》不仅为元宇宙的概念奠定了基础，还为后来的虚拟世界研究提供了丰富的素材。许多学者从社会学、心理学、经济学等多角度对元宇宙进行了分析，探讨了虚拟现实如何影响个体、社会和文化。同时，《雪崩》对元宇宙的设想激发了科技产业的创新，诸如虚拟现实头盔、全息投影以及人工智能等技术的发展都得到了极大的推动。尼尔·斯蒂芬森对道德和法律、教育和技能培训也进行了深刻的探讨。

（1）道德和法律：《雪崩》对元宇宙中可能出现的道德和法律问题也进行了探讨。例如，虚拟世界中的隐私权、知识产权、犯罪行为以及责任归属等问题，在元宇宙的建设中至关重要。这些问题的解决需要学者、政府和企业共同努力，以确保元宇宙的健康发展。

（2）教育和技能培训：尼尔·斯蒂芬森在《雪崩》中描述了虚拟世界如何成为教育和技能培训的新领域。在元宇宙中，学习者可以沉浸式地获取知识、提高技能，从而实现个人成长。这为教育和职业培训领域提供了新的发展方向。

自尼尔·斯蒂芬森的科幻小说《雪崩》首次提出元宇宙概念以来，该领域引起了广泛关注。元宇宙作为一个虚拟世界，将现实世界的经济、社会和文化活动扩展到虚拟领域。《雪崩》中描述的元宇宙具有深刻的启示意义，为学术界和科技产业提供了丰富的灵感。而在信息哲学领域，元宇宙也引发了深入的思考。本节将从信息哲学、元宇宙伦理学、虚拟现实与现实世界的边界以及人类在元宇宙中的角色等方面，分析元宇宙的理论基础和未来发展趋势。

信息哲学关注的核心问题是信息及其传播如何影响现实世界和虚拟世界的认知、价值和意义。作为一个充满信息的虚拟世界，元宇宙为信息哲学提供了一个独特的研究对象。在元宇宙中，信息不再仅仅是现实世界的延伸，而是构成虚拟世界的基本元素，对人类的认知和行为产生深刻影响。随着虚拟世界与现实世界的交融，元宇宙伦理学成为一个新兴领域，它关注元宇宙中的道德问题、价值观念以及权利与责任等。

元宇宙的出现模糊了虚拟世界与现实世界的边界，引发了关于现实与虚拟之间关系的哲学探讨。在元宇宙中，虚拟角色和现实生活的融合使人们对现实与虚拟的定义产生疑惑，从而对人们的认知、道德观念和生活方式产生影响。

在元宇宙中，人类所扮演的角色也引发了许多哲学思考。元宇宙为人类提供了一个全新的表达、创造和互动的空间，挑战了传统的社会规范和价值观。在这个虚拟世界中，人类可以通过虚拟角色释放自我，体验不同的生活方式和文化，这使得人们开始思考个体的真实性和虚拟角色的道德责任。同时，元宇宙的出现也让人们对自我认知和人际关系产生了新的见解。在元宇宙中，人际关系的建立和维护往往不受地域限制，因此，跨文化交流和理解变得更加重要。

此外，元宇宙对教育、医疗、娱乐等领域产生了巨大影响。在教育领域，元宇宙提供了一种全新的学习模式，让学生能够跨越地域限制，与来自世界各地的同龄人互动交流。在医疗领域，元宇宙的应用可以帮助医生进行远程诊断、手术模拟以及实现病患之间的互动。在娱乐领域，元宇宙的出现改变了传统游戏、音乐、电影等娱乐方式，使其更加丰富多样。

然而，元宇宙的发展也伴随着一系列挑战。例如，虚拟世界中的网络成瘾、过度消费、虚拟暴力等问题，需要我们在现实世界中进行认真反思。在解决这些问题的过程中，我们需要探讨如何将现实世界的伦理规范应用到元宇宙中，以确保虚拟世界的可持续发展。

总结来说，《雪崩》中对元宇宙的描述引发了深入的哲学思考。在信息哲学、元宇宙伦理学等方面，学术界正努力揭示元宇宙的本质及其对现实世界的影响。随着技术的进步和人类对虚拟世界的认识加深，元宇宙将继续发展壮大，为人类生活带来更多的可能性。在这一过程中，我们需要关注元宇宙所带来的挑战，通过哲学的视角，引导元宇宙走向可持续发展的道路。

2.2.3 元宇宙理论的发展与探索

随着虚拟现实技术和人工智能的不断进步，元宇宙理论研究也逐渐展开。学术界和业界纷纷投入资源，对元宇宙的基础理论与实践进行探索。在这一过程中，诸多领域的研究成果不断涌现，其中有许多值得一提。

（1）社会学研究：虚拟社会关系的建立与维护以及线上线下社交行为的差异，成为学者们关注的焦点。研究者发现，虚拟世界中的社交网络具有强大的黏合力，能够帮助构建跨越地理空间的社群。

（2）心理学研究：元宇宙中的沉浸式体验对个体心理的影响逐渐受到关注。研究者探讨了虚拟角色扮演和在线互动如何影响个体的认知、情感和行为。例如，研究发现，虚拟世界中的正向体验能提高现实生活中的自尊和幸福感，而过度沉迷则可能导致现实生活中的问题。

（3）经济学研究：元宇宙中的虚拟货币、虚拟资产交易以及基于区块链的分布式治理结构逐渐引起经济学家的关注。研究者开始探讨如何在元宇宙内建立一套可持续、公平的经济体系，以解决现实世界中的经济问题。

（4）教育学研究：虚拟现实技术在教育领域的应用成为研究热点。学者们研究了元宇宙中的教育模式、学习资源共享以及在线教育与实体教育之间的互动与整合。这些研究为未来元宇宙教育提供了理论指导和实践经验。

（5）艺术与设计研究：元宇宙中的虚拟艺术作品、建筑设计和风格创新引起了艺术家与设计师的兴趣。他们探讨如何在虚拟世界中创造独特的艺术风格和建筑形态，以满足用户个性化和多元化的审美需求。

（6）伦理与法律研究：随着元宇宙的发展，伦理和法律问题逐渐浮现。学者们开始探讨如何在元宇宙中保护用户隐私、知识产权以及打击虚拟犯罪等。这些研究将有助于在虚拟世界中构建公正、安全的法律环境。

（7）人工智能与机器学习研究：随着人工智能技术的不断进步，智能代理在元宇宙中扮演了越来越重要的角色。学者们探讨了如何利用机器学习技术提升虚拟世界中的智能代理的自主性和互动能力，为用户提供更加个性化和智能化的服务。

（8）生物学和神经科学研究：元宇宙中的虚拟现实技术与生物学、神经科学的融合为研究者们提供了新的视角。他们开始研究如何通过模拟大脑神经网络，实现更为真实、自然的虚拟现实体验。这些研究将有助于提升元宇宙的沉浸感和真实性，让人们更加自然地融入虚拟世界。

（9）安全与隐私研究：在元宇宙中，数据安全和个人隐私成为关注焦点。研究者们着手探讨如何在保证数据安全的前提下，为用户提供个性化服务，以及如何在虚拟世界中确保用户隐私不受侵犯。这些研究有助于构建一个安全、可信赖的元宇宙环境。

总之，元宇宙理论的发展与探索涉及众多学科领域，为元宇宙的建设和实践提供了丰富的理论资源。未来，随着科技的不断发展，元宇宙将越来越成为现实生活的一部分，为人类开辟新的可能性和未来，而这一切都离不开各学科领域的深入研究和探索。

2.3 当代元宇宙历史

2.3.1 虚拟现实与增强现实技术的应用

在元宇宙的发展过程中，虚拟现实（Virtual Reality，VR）和增强现实（Augmented Reality，AR）技术不仅为用户带来了沉浸式的体验，还推动了元宇宙与现实世界的融合。根据米哈里·契克森米哈赖（Mihaly Csikszentmihalyi）的心流理论，当人们完全沉浸在一个活动中时，他们会经历一种高度专注、充满乐趣的状态，被称为心流。在元宇宙中，VR 与 AR 技术的应用正好满足了心流产生的条件，从而提高了用户的参与度和满意度。

心流理论的核心观点在于，当挑战与技能相匹配时，人们更容易进入心流状态。在元宇宙中，VR 和 AR 技术通过提供丰富的视觉、听觉和触觉体验，使得虚拟世界与现实世界之间的界限变得模糊，让用户有身临其境的感觉。这种沉浸式体验能够使用户更容易地进入心流状态，从而提高其参与度和满意度。

除心流理论外，元宇宙中 VR 与 AR 技术的应用还与其他学术理论密切相关。例如，根据约瑟夫·卡普兰（Joseph Kaplan）的"存在感理论"，人们在虚拟环境中的存在感受取决于技术对感官的刺激程度。VR 与 AR 技术通过高度真实的视觉、听觉和触觉刺激，为用户提供了强烈的存在感，从而使其更容易地融入元宇宙。同时，元宇宙中的 VR、AR 技术还与人类的心理需求密切相关。根据马斯洛的需求层次理论，人类的需求分为五个层次，从基本生理需求到自我实现需求。元宇宙中的 VR 与 AR 技术不仅满足了用户对新奇刺激的好奇心，还为用户提供了展示自我、实现自我价值的平台，从而满足其更高层次的心理需求。

VR 和 AR 技术已经逐渐渗透到人们的日常生活中，为人们提供了全新的生活方式和体验。这两种技术在元宇宙领域得到广泛应用，让用户在虚拟与现实之间自由穿梭，打破了传统生活方式的局限。

VR 技术通过头戴式显示器、手套等设备，使用户能够身临其境地感受虚拟世界。这种沉浸式体验给人们带来了全新的感受，例如，在虚拟教育中，根据康斯坦丁·斯坦尼斯拉夫斯基（Konstantin Stanislavski）的表演理论，教育者可以利用 VR 技术将学生带到真实的场景，让学生更好地理解和体验所学知识，从而提高学习效果。AR 技术则通过将虚拟物体与现实环境结合，让用户在现实世界中与虚拟物体进行互动。例如，在虚拟旅游中，根据约翰·德威（John Dewey）的实践主义教育理论，AR 技术可以让用户在现实环境中体验虚拟世界的景点，让旅行变得更加生动、真实。

此外，虚拟购物也是 VR 与 AR 技术在元宇宙领域的重要应用之一。在虚拟购物中，用户可以得到沉浸式的购物体验，感受仿佛置身实体商店的购物快感。这种购物方式不仅节省了时间与精力，还可减少不必要的资源浪费。从环保角度看，虚拟购物符合艾尔斯特·哈丁（Elster Harding）的可持续发展理论，有助于实现环境保护与经济发展的平衡。

简而言之，VR 和 AR 技术在元宇宙领域得到广泛应用，为人们提供了全新的生活方式。结合各种学术理论，我们可以看到这两种技术在改善人类生活、提高教育质量和实现可持续发展等方面的巨大潜力。

马歇尔·麦克卢汉（Marshall McLuhan）的观点在当今元宇宙的发展过程中具有重要意义。VR 与 AR 技术的广泛应用使得元宇宙成为一种新型的媒介，这不仅仅改变了人们的娱乐方式，还对社会、文化、经济等领域产生了深远的影响。

从社会角度来看，元宇宙通过 VR 与 AR 技术，使得人们可以在虚拟世界中进行沟通、交流与合作，缩小了地理距离带来的隔阂。这种变革与埃里克·霍芬斯泰德（Erich Hofstede）的跨文化理论相呼应，元宇宙有助于打破文化和语言的障碍，提高人类之间的理解和包容。

在文化层面，元宇宙成为一种全新的创作平台，让艺术家、设计师等创意工作者能够充分发挥想象力，展示他们的作品。这种文化融合与皮埃尔·布尔迪厄（Pierre Bourdieu）的文化资本理论相辅相成，元宇宙为用户提供了展示和传播文化资本的渠道，有助于文化的繁荣与传承。

在经济方面，元宇宙为商业创新提供了广阔的空间，企业和个人可以在虚拟世界中开展各种经济活动，如虚拟购物、虚拟广告等。这种新型的经济模式与亚当·斯密（Adam Smith）的自由市场理论相呼应，元宇宙中的经济活动可以带动实体经济的增长，创造更多的就业机会。

总之，VR 与 AR 技术在元宇宙中的应用，使得元宇宙成为一种具有巨大潜力的新型媒介。在这个媒介的影响下，人类社会正在经历一场深刻的变革，这种变革涉及社会、文化、经济等诸多领域。未来，随着技术的进一步发展，元宇宙将继续扮演重要角色，引领人类社会走向更加美好的未来。

2.3.2　区块链技术在元宇宙中的运用

区块链技术的去中心化特性，使得它在元宇宙中具有重要的应用价值。通过区块链技术，元宇宙可以实现去中心化的管理和运营，保障用户的数据安全和隐私，同时为用户提供一个公平、透明的社交环境。

区块链技术在元宇宙中的应用主要表现在数字资产、去中心化自治组织、智能合约等方面。

数字资产主要利用区块链技术，用户可以在元宇宙中拥有独一无二的虚拟物品，如服装、道具、艺术品等，这些数字资产具有稀缺性和可交易性，为元宇宙中的经济活动提供了基础。此外，非同质化代币（Non-Fungible Token，NFT）的出现，使得虚拟物品具有独特的价值和身份，进一步推动了元宇宙经济的繁荣。学术研究者们在理论与实践层面探讨了这一现象，从多学科角度深入剖析了元宇宙中的数字资产。

首先，非同质化代币的出现，彻底改变了数字资产的价值体系。NFT赋予虚拟物品独特的身份和价值，这种独特性正是稀缺性和可交易性的关键因素。学术研究已经证实了 NFT 与传统数字货币之间的显著区别，例如，NFT 在交易中具有不可分割性、所有权追踪的便捷性以及原创作者版权保护等方面的优势。其次，学者们从社会学角度分析了数字资产在元宇宙中的作用，他们指出，随着社交活动日益向虚拟世界迁移，人们在元宇宙中的身份认同、社会地位和人际关系都与数字资产的拥有和交易密切相关。数字资产不仅成为人们展示个性和社会地位的象征，同时促进了社群间的互动与合作。最后，行为经济学家对元宇宙中数字资产的价值认知和交易行为进行了深入研究，这些研究揭示了人们在元宇宙中的决策过程受到多种因素的影响，包括稀缺性、独特性、社会认同等，这些因素共同影响着数字资产的需求、供应和价格波动。

综上所述，从区块链技术到非同质化代币，再到多学科的研究视角，数字资产已经成为一个丰富而多元的学术领域。随着元宇宙的不断发展，数字资产及其相关研究将对现实世界产生更深远的影响。

去中心化自治组织（Decentralized Autonomous Organization，DAO）是一种基于区块链技术的组织形式，通过智能合约实现自动化管理。在元宇宙中，DAO 旨在解决权力集中和不透明的问题，为用户提供更加公平和透明的参与空间。学术界对此展开了多角度的研究，涉及组织理论、计算机科学、法律等多个领域。

首先，在组织理论方面，学者们对比了传统中心化组织与去中心化自治组织的优劣。研究指出，DAO 具有更高的灵活性、响应速度及创新潜力，能够更好地应对不断变化的市场环境。此外，DAO 在权力分散、成员参与和激励机制方面也具有显著优势，有助于提高组织的整体效率和创造力。其次，在计算机科学领域，智能合约作为 DAO 的核心技术引起了广泛关注。智能合约是基于区块链技术的自动执行协议，能够在满足特定条件时自动触发相应操作。学者们在算法设计、安全性分析、执行效率等方面进行了深入研究，以确保智能合约的可靠性和高效性。最后，在法律领域，学者们探讨了 DAO 在法律责任、治理结构和合规性等方面的挑战。由于 DAO 的去中心化特点，如何界定责任归属、确保合法性和遵守监管规定成为亟待解决的问题。一些研究提出了将 DAO 与现有法律框架相结合的解决方案，以便在保证创新的同时确保法治精神得以体现。

综上所述，DAO 作为一种基于区块链技术的组织形式，在元宇宙中具有巨大的潜力和价值。从组织理论到计算机科学，再到法律领域，DAO 已经成为一个跨学科的研究热点。随着元宇宙的快速发展，DAO 及其相关研究将对现实世界产生越来越大的影响。

智能合约是一种基于区块链技术的自动执行协议，其运行依赖一系列预设的条件和操作。这些合约在设计之初便融入了合同条款，从而实现了去中心化、无须可信第三方介入的交易过程。在元宇宙领域，智能合约的应用具有重要的实际意义，主要体现在以下几个方面。

首先，智能合约为虚拟物品交易提供了安全、高效和透明的解决方案。通过利用区块链技术，智能合约能够实现分布式共识，确保交易的真实性和可靠性。此外，智能合约可以用于追踪虚拟物品的来源和归属，进一步保障了交易过程的公平性和透明度。

其次，智能合约可用于管理元宇宙中的规则和权限。在这个虚拟世界里，智能合约能够为用户提供一种自主制定、修改和执行规则的方式，从而实现更高程度的自主化。例如，智能合约可用于设置土地拥有权、虚拟物品使用权等，保障用户在元宇宙中的权益。

最后，智能合约还有助于实现元宇宙内的自治。在去中心化的元宇宙环境中，智能合约可以作为一种自治机制，允许用户通过投票、共识等方式参与到治理过程中。这将极大地提高元宇宙的可扩展性和灵活性，同时降低了中心化管理带来的风险。

综上所述，智能合约在元宇宙应用领域具有广泛的前景。随着区块链技术的不断发展和元宇宙概念的普及，智能合约将为构建更加安全、高效、透明和自治的虚拟世界提供有力支持。

2.3.3 当代元宇宙的探索与突破

当代元宇宙正面临着技术创新、社会变革等方面的挑战与机遇，以下几个方面值得关注。

1. 技术融合与跨领域应用

新兴技术不断涌现，如人工智能（AI）、物联网（IoT）等，与元宇宙的紧密结合为其发展提供了更广阔的空间和潜力。

一方面，基于深度学习和自然语言处理（NLP）技术的 AI 应用，虚拟角色能够实现更为复杂和自然的语言理解、生成以及情感识别。这将为用户与虚拟世界中的角色和环境进行更加自然、真实的互动提供关键支持。

另一方面，物联网技术的引入为元宇宙内实体与现实世界的连接提供了可行性。通过在现实世界中部署各种传感器和设备，物联网能够实时收集环境数据并将其传输至元宇宙，从而实现虚拟世界与现实世界的无缝对接。同时，IoT 还能够支持元宇宙内部的智能化设备控制和管理，为用户提供更加便捷的体验。

2. 社会责任与伦理道德挑战

随着元宇宙的快速发展,虚拟世界逐渐成为现实社会的重要组成部分,给人们带来了无数创新机遇。然而,在这一过程中,也产生了许多伦理道德挑战,如隐私保护、知识产权保护和虚拟犯罪等问题。针对这些挑战,构建完善的伦理道德框架和法律法规体系成为元宇宙健康可持续发展的关键课题。

首先,在隐私保护方面,元宇宙用户的行为数据、身份信息和位置信息等敏感数据需要得到妥善保护。因此,研究者和开发者需要关注并遵循数据保护原则,如最小化数据收集、数据脱敏和数据加密等,以确保用户隐私不被滥用或泄露。

其次,针对知识产权保护问题,元宇宙中的虚拟物品、艺术品和建筑等都涉及原创性与版权问题。因此,制定一套公正、透明的知识产权保护政策,以确保创作者的权益得到保障,并鼓励创新和原创性工作。

最后,关于虚拟犯罪问题,元宇宙中可能出现的欺诈、网络欺凌、虚拟盗窃等行为,也需要制定相应的法律法规予以规范和制裁。这将有助于维护元宇宙内的秩序,保障用户的安全和权益。

综上所述,研究者、开发者和政策制定者需要密切合作,共同面对元宇宙所带来的社会责任和伦理道德挑战。通过建立完善的伦理道德框架和法律法规体系,确保元宇宙的发展能够更加健康、可持续,同时充分释放其潜在价值。

3. 数字鸿沟与公平、包容性发展

尽管元宇宙为用户提供了丰富的体验和无数发展机会,但其普及程度和可达性可能受到数字鸿沟的制约。这一现象可能导致某些特定人群,尤其是资源匮乏、技术水平较低的地区和弱势群体,难以分享到元宇宙带来的利益。因此,在元宇宙的发展过程中,重视数字鸿沟问题以及推动公平、包容的发展成为一项关键任务。为应对这一挑战,研究者、开发者和政策制定者应采取多种措施以减小数字鸿沟的影响。

首先,开发者可以通过设计更具普适性的硬件设备和软件平台,降低用户接触元宇宙的经济和技术门槛。同时,借助开源技术和开放平台,为更多人提供元宇宙开发与使用的机会。其次，政策制定者和相关机构应采取措施提高互联网普及率和网络基础设施水平，尤其是在发展中国家和边远地区。这可以通过投资建设、政策扶持以及与企业合作等方式实现。此外，政府和教育机构还应加强数字素养教育，提高公众对元宇宙及相关技术的理解和应用能力。最后，研究者和开发者应关注并研究数字鸿沟对社会公平和包容性的影响，从而为政策制定者和实践者提供有针对性的解决方案。例如，针对弱势群体的需求和特点，开发能够支持他们更好地融入元宇宙的技术和应用。

可以看到，关注数字鸿沟问题并采取积极措施，有助于实现元宇宙的公平性、包容性发展。通过多方共同努力，我们可以使更多人充分享受到元宇宙所带来的创新机遇和实际利益。

总体而言，当今元宇宙正处于一个快速发展且充满挑战与机遇的阶段。通过对技术创新的深入研究以及对社会变革的关注和应对，我们有充分理由相信，元宇宙将成为未来人类生活的重要组成部分，为人们提供更加便捷的服务，创造更多的价值。

然而，我们同样需要认识到，元宇宙的发展离不开对社会责任和道德伦理的关注与支持。在元宇宙中保障人们的权益和安全至关重要，同时我们还需要防范可能出现的负面影响。为实现这一目标，研究者、开发者、政策制定者以及其他相关利益方需要加强合作与协调，共同推动元宇宙的健康、可持续发展。

在应对数字鸿沟问题、确保公平、包容性发展方面，我们需要采取多种措施以缩小数字鸿沟，使更多人能够分享到元宇宙带来的利益。此外，我们还应该关注元宇宙所带来的社会责任和伦理道德挑战，通过构建完善的伦理道德框架和法律法规体系，确保元宇宙发展的公正性与正当性。在未来的发展过程中，我们需要携手共进，努力解决元宇宙领域所面临的各种挑战。通过不断的技术创新和社会变革，我们将能够共同推动元宇宙的繁荣发展，使其成为未来人类生活的一个更为美好、智能和丰富的领域。

本章参考文献

[1] 沈阳. 元宇宙发展研究报告 2.0 版[R]. 北京：清华大学新闻与传播学院新媒体研究中心，2022.

[2] 王天夫. 数字时代的社会变迁与社会研究[J]. 中国社会科学，2021，3(12):80-92.

[3] 聂辉华，李靖. 元宇宙的秩序：一个不完全契约理论的视角[J]. 北京产业经济评论，2022(2):101-105.

[4] 卢梭. 论人与人之间不平等的起因和基础[M]. 李平沤，译. 北京：商务印书馆，2015.

[5] 卢梭. 社会契约论[M]. 李平沤，译. 北京：商务印书馆，2017.

[6] 焦建利. 托尼·帕里西：元宇宙的七大规则[J]. 中国信息技术教育，2022(5):22-24.

[7] KASAPAKIS V, GAVALAS D. User-generated Content in Pervasive Games[J]. Computers in Entertainment (CIE), 2017, 16(1):1-23.

[8] NEVELSTEEN K, WEHLOU M. IPSME-Idempotent Publish/Subscribe Messaging Environment[C]//Proceedings of the International Workshop on Immersive Mixed and Virtual Environment Systems (MMVE'21). New York, USA: ACM, 2021: 30-36.

[9] OLIVER I, MILLER A, ALLISON C. Mongoose: Throughput Redistributing Virtual World[C]//2012 21st International Conference on Computer Communications and Networks (ICCCN). Munich, Germany: IEEE, 2012: 1-9.

[10] DUAN H H, LI J Y, FAN S Z, et al. Metaverse For Social Good: A University Campus Prototype[D]. Shenzhen: The Chinese University of Hong Kong, 2021.

第 3 章

元宇宙与哲学：虚拟世界中的存在论与伦理学思考

哲学概念与元宇宙

元宇宙哲学分支

元宇宙哲学方法论

3.1 哲学概念与元宇宙

3.1.1 元宇宙的哲学定义与发展

元宇宙，超越了科技、人工智能、虚拟现实的交汇点，是哲学、认知科学、文化和道德伦理的交织领域，在 21 世纪的重要研究前沿展现了一种新的文化现象和存在状态。在探索元宇宙的深层次理解过程中，我们将发现其包罗万象的哲学内涵。

第一，我们必须认识到元宇宙并非仅是虚拟的世界。它是现实与虚拟交融的信息生态系统，重新塑造了人类与现实世界的关系，提供了多样化的虚拟场景，使人们体验多元存在，从而使现实与虚拟的边界逐渐模糊。这不仅是技术层面的创新，更给人类与世界的互动方式带来了哲学上的反思。

第二，元宇宙的哲学基础不可忽视。存在主义视角为人类打开了一种全新的存在维度，后现代主义解构体现了多元、复杂的现代社会结构，而认知科学提供了关于人类认知机制的复杂性的深入洞见。这些不同的哲学流派共同构成了元宇宙复杂而丰富的理论基础。

第三，从技术与实际应用角度来看，虚拟现实技术赋予了元宇宙形态，使虚拟与现实的交融成为可能。人工智能与数据分析，则揭示了复杂的人际关系和行为模式，引发了人类对人机合作、人机交互的哲学思考。这些不仅增强了元宇宙的体验感，更折射出人类对未知领域的勇敢追求与探寻。

第四，在未来展望与挑战方面，元宇宙必然引发一系列伦理道德问题，如虚拟现实中的人格权益、虚拟资产的法律地位等。这需要在现有的伦理道德体系之外，构建新的伦理思考框架。作为一个交叉领域，元宇宙涉及深入的哲学反思、科技创新、艺术创造等跨学科的合作，展现了独特的研究价值和发展潜力。

综上所述，元宇宙的哲学理解与发展揭示了人类对真实、自由、价值等一系列深刻话题的重新思考。它不仅是技术革命，更是文化与哲学的重塑。在对人类未来可能的反思和探索方面，元宇宙不仅展示了丰富的学术价值，更折射出人类对未知领域的勇敢追求与探寻。作为一个复杂且深刻的研究领域，元宇宙的探讨和研究必将持续激发学者的灵感，引发社会的广泛关注，开启一次对人类存在、文化和哲学的全新理解与重塑。

3.1.2　哲学概念在元宇宙中的应用

在元宇宙中，许多哲学概念得到了新的诠释和实践，以下是其中的一些例子。

1. 现实与虚拟的界定

随着虚拟世界逐渐与现实世界融合，人们开始重新思考现实与虚拟的关系。元宇宙作为一个独立的虚拟世界，其边界在不断地拓展，与现实世界产生越来越多的交互。这使得人们不禁思考：什么是现实？什么是虚拟？

现实与虚拟的界定，传统上是通过其是否真实来进行区分的。现实被认为是一种客观存在的状态，而虚拟是一种人为构造的虚假状态。然而，随着虚拟现实技术的不断发展和应用，现实和虚拟之间的界限变得越来越模糊。例如，在元宇宙中，虚拟现实技术可以让用户得到身临其境的感觉，与现实世界的体验相差无几，这使得现实和虚拟之间的区别变得更加模糊。

此外，元宇宙的虚拟角色也给现实与虚拟之间的界限带来了新的挑战。虚拟角色可以在元宇宙中与其他用户进行交互，其行为和思维也逐渐趋向于真实人类，这使得人们更难以区分虚拟和现实。例如，在元宇宙中，虚拟角色可以参加各种活动和游戏，甚至可以拥有虚拟资产和虚拟货币，这些都在一定程度上模糊了现实和虚拟之间的界限。

在这种情况下，重新思考现实和虚拟的界限是非常必要的。一个更加合理的界定可能是：现实和虚拟是两种不同的存在方式，它们互相影响、互相依存。虚拟世界可以提供给人们无限的想象空间和创造力，现实世界则是人类活动的物质基础，两者的关系是不可分割的，它们相互补充、相互促进。因此，人们应该更加开放和包容，不仅认识到现实的重要性，而且应该看到虚拟世界的无限可能性。

2. 虚拟身份与真实身份的关系

在元宇宙中，用户可以自由地创建和定制自己的虚拟角色。这些虚拟角色与现实中的个体在某种程度上是独立的，它们拥有自己的生活、经历和价值观。这让人们开始思考虚拟身份与真实身份之间的联系，以及它们在现实生活中的意义。

在元宇宙中，虚拟身份的创建和定制为人们提供了更加自由与开放的社交空间，可以让人们更好地表达自己。同时，虚拟身份还可以被用于各种虚拟现实体验，如参加虚拟音乐会、虚拟游戏和虚拟活动等。这些体验可以带来身临其境的感受，让人们感觉到自己置身于一个真实的世界中。

虚拟身份与现实身份之间的联系是一个复杂而又有趣的问题。在某些情况下，虚拟身份可以给现实生活带来积极的影响。例如，在虚拟世界中创造的虚拟身份可以让人们更加自由地表达自己，从而提高自我认同感和自尊心。此外，虚拟身份可以让人们在现实生活中获得更多的社交机会，如在虚拟社交网络上结识新朋友，建立更加紧密的社交网络。然而，虚拟身份也存在一些负面的影响。例如，在虚拟世界中，人们可能会更加沉迷于虚拟身份，忽视现实世界中的生活和工作。此外，虚拟身份可能导致一些道德和伦理问题，如伪造虚拟身份等。

3. 知识和信息的传播

在元宇宙中，知识和信息的传播变得极为便捷。用户可以通过元宇宙的平台快速学习各种技能和知识，这使得知识的价值和地位发生了变化。人们开始重新审视知识和信息的价值，以及它们在现实生活和虚拟世界中的地位。

在元宇宙中，知识和信息的传播方式发生了根本性的变化。与传统的教育模式不同，元宇宙中的知识和信息可以以更加生动与直观的方式呈现给用户，例如，通过虚拟现实技术进行体验和模拟。这种传播方式让用户更加容易理解和掌握知识，提高了知识的传播效率。此外，元宇宙中的虚拟社交网络也可以为用户提供更加广泛和多样化的知识与信息来源，这使得知识的获取更加便捷和高效。

这种变化使得人们开始重新审视知识和信息的价值。在传统的教育模式中，知识被视为一种可以转化为物质财富的资源，它们的价值主要体现在为人们提供更好的就业机会和获得更高的收入。然而，在元宇宙中，知识的价值变得更加广泛和多元化。除了为人们提供更好的就业机会，知识还可以帮助人们更好地适应虚拟世界，探索更多的可能性。此外，虚拟世界中的知识和信息还可以被转化为虚拟资产与虚拟货币，这为知识的应用和价值带来了更多的可能性。

在这种情况下，我们需要重新审视知识和信息在现实生活与虚拟世界中的地位。虚拟世界中的知识和信息可以为人们提供更多的机会与可能性，但同时需要注意其潜在的负面影响。例如，在虚拟世界中的信息和知识的真实性与准确性需要得到保证，否则可能会给用户带来误导和伤害。此外，虚拟世界中的知识和信息也需要被正确地应用与管理，以免其产生不良的社会和道德影响。

4. 道德与伦理

随着元宇宙的发展，虚拟世界中的道德与伦理问题逐渐凸显。例如，在元宇宙中的虚拟角色所承担的责任、虚拟世界中的隐私权和数据安全等问题。这些问题让人们对现实世界中的道德与伦理原则进行反思，以期在元宇宙中寻找合适的道德与伦理规范。

在元宇宙中，虚拟角色的行为与现实世界的行为存在一定的区别。虚拟角色通常不具备为现实世界中的行为后果负责的能力，因此虚拟角色的行为往往更加自由和开放。然而，虚拟角色是否应该承担责任也是一个关键问题。在某些情况下，虚拟角色的行为可能会对其他用户产生实质性的影响，如在虚拟社交网络中的欺诈等恶意行为。

虚拟世界中的隐私和数据安全也是一个重要的问题。在元宇宙中，用户的虚拟身份和虚拟行为数据往往被存储在服务器中，这意味着用户的隐

私和个人信息可能会受到威胁。此外，在虚拟世界中的数据和信息泄露也
会对用户产生实际的影响，例如，在虚拟游戏中的金币和装备被盗等。

在元宇宙中，道德与伦理问题的解决需要多方面的努力。首先，虚拟
世界中的用户需要树立道德责任感，从而保证虚拟世界的健康和稳定发展。
其次，虚拟世界中的运营商和管理者需要建立相应的安全机制与道德规范，
保障用户的隐私权和数据安全。最后，现实世界中的法律和政策也需要考
虑到虚拟世界中的道德与伦理问题，制定相应的规范和标准，从而保护用
户的利益和权益。

5. 意识与思维

在元宇宙中，人们可以通过虚拟角色与现实世界进行交流和互动，这
让人们开始思考意识和思维在虚拟世界中的体现，以及它们与现实生活中
的意识和思维的关系。

一些学者认为，在虚拟世界中，意识和思维可能会发生一些变化，因
为虚拟世界与现实世界存在本质上的差异。例如，虚拟世界中的信息和知
识可能是不真实的，人类可能更容易受到虚假信息和谣言的影响。此外，
虚拟世界中的行为和经验也可能会对人类的思维与认知产生影响，这可能
会导致虚拟世界中的思维和现实世界中的思维存在一定的差异。

然而，另一些学者持有不同的观点。他们认为，意识和思维是人类的
本质属性，其在虚拟世界中的表现并不会有太大的变化。虚拟世界只是一
种特殊的体验方式，它并不会对人类的意识和思维产生实质性的影响。因
此，我们应该将虚拟世界中的意识和思维视为现实世界中意识和思维的延
伸与扩展。

无论哪种观点，都需要更深入地研究虚拟世界中的意识和思维。一些
研究表明，在虚拟世界中，人类的意识和思维可能会受到多种因素的影响，
如虚拟环境的设计、虚拟角色的交互和虚拟体验的方式等。

总之，意识和思维作为人类最为基本的心理活动，其在虚拟世界中的
表现引起了学术界的广泛关注。我们需要通过更加深入的研究和探讨，来
理解虚拟世界中意识和思维的表现与特点，从而更好地理解现实世界和虚
拟世界之间的联系。此外，我们还需要关注虚拟世界中的道德和伦理问题，

如虚拟角色的责任和虚拟世界中的隐私与数据安全等问题。只有透彻地研究和探讨这些问题，才能为元宇宙的可持续发展提供理论和实践的支持。

未来，随着元宇宙的不断发展和壮大，意识和思维在虚拟世界中的表现将会越来越重要。我们需要在保护用户权益的前提下，通过合理的设计和管理，使虚拟世界成为一个更加有益的学习、交流和娱乐平台。同时，我们也需要不断地探索和发现虚拟世界与现实世界之间的联系和相互影响，以期实现更加全面和深入的认识与理解。

综上所述，元宇宙作为一个新兴的数字世界范式，正在呈现出无限的可能性和价值。我们需要以开放的心态，积极探索和研究元宇宙，为其可持续发展和人类社会的进步做出贡献。

3.2 元宇宙哲学分支

3.2.1 元宇宙本体论

本体论研究现实世界的基本结构和存在问题。在元宇宙背景下，本体论需要探讨虚拟现实与现实世界之间的关系，以及虚拟实体与现实实体之间的相互作用。

（1）虚拟现实中的存在问题：在元宇宙中，虚拟实体具有不同于现实世界的存在形式，这些虚拟实体是由计算机代码和算法生成的，它们在虚拟空间中具有一定的属性和功能。然而，这些虚拟实体是否具有与现实世界实体相同的存在地位？元宇宙本体论试图解决这一问题，探讨虚拟现实中存在的意义和性质。

（2）虚拟物品与现实物品的关系：随着元宇宙的发展，虚拟物品与现实物品之间的界限变得模糊。虚拟物品可以在虚拟世界中被交换、使用甚至具有经济价值。这使得人们开始重新考虑虚拟物品与现实物品的关系，以及它们在现实生活中的地位。

（3）虚拟空间的本质：元宇宙本体论还需要探讨虚拟空间的本质，即虚拟空间是如何构建的，以及它与现实空间的关系。虚拟空间是由计算机网络连接而成的，它具有无限的可能性。然而，虚拟空间与现实空间有怎样的联系，这一问题需要进一步研究和探讨。

3.2.2　元宇宙认识论

认识论关注知识的本质、来源和获取方式。在元宇宙背景下，认识论需要研究虚拟现实中知识的产生、传播和应用等问题。

随着虚拟现实技术的迅猛发展，元宇宙成为越来越多人关注的焦点。在这个虚拟世界中，知识的来源、传播和应用也发生了很大的变化。为了深入研究这些变化，学者们提出了元宇宙认识论的概念，以探讨虚拟现实中的知识体系。元宇宙认识论关注虚拟现实中知识的来源。在元宇宙中，知识可以通过网络平台、虚拟课堂等形式获取。然而，这些知识来源的可靠性和真实性如何评价？这一问题需要从元宇宙认识论的角度进行深入研究。

首先，虚拟现实给知识的来源带来了空间和时间上的优势。用户可以随时随地接触到所需的知识，跨越地域和时间限制。此外，虚拟现实的高度互动性和可定制性使得知识获取更加个性化，有助于提高学习效果。与此同时，虚拟现实中知识来源的多样性也带来了挑战。网络上的信息琳琅满目，而虚拟现实中的信息往往更具吸引力。在这种情况下，用户很容易陷入虚假信息的陷阱，影响知识的真实性和可靠性。因此，元宇宙认识论需要探讨如何在虚拟环境中建立有效的知识鉴别机制，提高知识的可靠性和真实性。

元宇宙认识论还关注知识在虚拟现实中的传播和应用。在元宇宙中，知识可以通过多种渠道传播，如社交媒体、虚拟会议、在线教育等。这些传播方式在很大程度上改变了人们获取和分享知识的方式。然而，在虚拟空间中，知识传播的速度和范围比现实世界更快、更广泛，这也可能产生信息过载、知识质量参差不齐等问题。因此，元宇宙认识论需要研究如何在虚拟环境中实现有效、高质量的知识传播和应用。

为了解决这些问题，学者们提出了一些策略。例如，建立知识筛选和推荐系统，以帮助用户在海量信息中找到真实、有价值的知识。此外，加强对虚拟空间的监管，打击虚假信息传播，也是提高知识传播质量的重要途径。

在元宇宙中，人们的认知过程可能与现实世界存在差异。研究表明，虚拟现实中的沉浸式体验可能改变人们的知觉和认知过程。例如，虚拟现实中的环境、角色和任务可能影响用户的情绪、注意力和记忆力。同时，虚拟现实还可能改变人们的思维方式和解决问题的策略。

然而，虚拟现实对认知过程的影响并非都是消极的。在某些情况下，虚拟现实可以促进认知能力的提高。例如，通过模拟复杂的现实场景，虚拟现实可以帮助用户提高解决问题能力、创造力和批判性思维。元宇宙认识论作为一个新兴的研究领域，致力于探讨虚拟现实中知识的来源、传播和应用，以及虚拟现实对人类认知过程的影响。随着虚拟现实技术的不断发展和元宇宙的日益普及，元宇宙认识论将在未来的知识体系建设和人类认知研究中发挥越来越重要的作用。要想充分发挥元宇宙的潜力，我们需要关注这些问题，并在现实世界与虚拟世界之间找到一个平衡点，以实现知识的有效获取、传播和应用。

1. 元宇宙中知识传播的特点

在元宇宙中，知识传播的特点主要体现在以下几个方面。

（1）传播速度快：元宇宙中的信息传播速度远超现实世界，使得知识在短时间内得到广泛传播。

（2）传播范围广：元宇宙打破了地域和时间的限制，使得知识可以跨越国界、文化和语言差异进行传播。

（3）互动性强：元宇宙中的知识传播往往具有更高的互动性，用户可以通过社交媒体、虚拟会议等方式参与到知识的传播和讨论中。

2. 元宇宙中知识传播的问题

虽然元宇宙为知识传播带来了诸多便利，但也面临一些问题。

（1）信息量大：元宇宙中的信息量庞大，用户难以甄别和获取有价值的知识。

（2）知识质量参差不齐：元宇宙中知识来源众多、质量良莠不齐，很容易导致虚假信息、低质量知识的传播。

3. 元宇宙中知识传播问题的解决策略

为应对元宇宙中知识传播的问题，元宇宙认识论提出了以下解决策略。

（1）建立知识筛选和推荐机制：通过大数据和人工智能技术，为用户提供个性化的知识推荐服务，解决信息量大的问题。

（2）加强监管：通过政策法规和技术手段，加强对元宇宙的监管，打击虚假信息和低质量知识的传播。

（3）提升用户的信息素养：培养用户的信息鉴别能力，提高他们在元宇宙中甄别和获取高质量知识的能力；同时，教育部门和企业也应加强对网络素养教育的投入，培养用户批判性思维和独立判断能力。

（4）推动跨学科研究：鼓励学者在计算机科学、社会学、心理学等多学科领域展开合作，研究元宇宙中知识传播的规律和特点，为知识传播提供科学指导。

（5）建立多元评价体系：在元宇宙内建立多元评价体系，包括用户评价、专家评审、第三方认证等，以确保知识的真实性、可靠性和权威性。

4. 元宇宙中知识的应用

除了知识传播的问题，元宇宙认识论还关注元宇宙中知识的应用。如何将元宇宙中的知识转化为现实世界中的实践能力和创新能力，是学者们关注的焦点。

（1）搭建虚拟实践平台：借助虚拟现实技术，搭建模拟现实场景的虚拟实践平台，让用户在虚拟环境中进行实践操作，提高知识应用的效果。

（2）鼓励创新与合作：在元宇宙中设立创新实验室、合作空间等平台，鼓励用户利用元宇宙的资源，进行跨界合作和创新实践。

（3）推动虚实结合：探讨元宇宙与现实世界的融合，如将虚拟现实技术应用于实体产业，促进元宇宙中的知识向现实世界的应用转化。

总之，元宇宙为知识传播和应用提供了广阔的平台，但同时也带来了一系列问题。元宇宙认识论旨在解决这些问题，推动知识在元宇宙中的高质量传播和有效应用。要实现这一目标，学者们需要在多学科领域展开合作，探讨新的理论和实践策略。随着元宇宙的崛起，人们在元宇宙中的认知过程日益受到关注。元宇宙认识论试图解决这一过程中的问题，并提出了相应的应对策略。未来，随着虚拟现实技术的进一步发展，元宇宙认识论将继续为我们理解人类在元宇宙中的认知过程提供有益的理论框架和实践指导。

3.3 元宇宙哲学方法论

3.3.1 元宇宙伦理学

随着虚拟现实技术的飞速发展，元宇宙逐渐成为一个热门领域。在这个虚拟世界中，人们面临着诸多伦理挑战，如道德规范、人际关系与隐私问题等。为了解决这些问题，学者们提出了元宇宙伦理学，试图探讨在元宇宙中如何确保用户恪守伦理的底线。

1. 元宇宙中虚拟行为的道德规范

在元宇宙中，人们的虚拟行为可能涉及不同的道德观念和伦理标准。为了解决这一问题，元宇宙伦理学提出了以下建议。

（1）制定统一的道德规范：元宇宙需要制定一套统一的道德规范，以确保用户行为符合公共利益和社会正义。这套规范应涵盖诸如保护言论自由、保护知识产权、抵制虚拟暴力等方面。

（2）强化道德教育：在元宇宙中，用户需要接受道德教育，以提高他们的道德意识和自律性。相关机构可以通过线上课程、虚拟活动等方式开展道德教育工作。

（3）建立有效的监管机制：元宇宙中需要建立有效的监管机制，以便对违反道德规范的行为进行及时干预和处理。这可以通过技术手段和法律途径实现，如使用人工智能监测不当行为、制定相关法规等。

2. 元宇宙中的人际关系

随着虚拟现实技术的发展，元宇宙中的人际关系变得越来越复杂。为了应对这一挑战，元宇宙伦理学提出了以下建议。

（1）强化社交技能培训：用户需要在元宇宙中培养良好的社交技能，

以便更好地与他人沟通、合作。这可以通过线上课程、模拟场景等方式实现。

（2）增进跨文化理解：元宇宙中的用户来自不同的文化背景，为了建立良好的人际关系，用户需要增进对不同文化的了解和尊重。这可以通过多元文化教育、国际交流活动等方式实现。

（3）建立有效的冲突解决机制：元宇宙中可能出现各种人际冲突，为了维护和谐的社交环境，需要建立有效的冲突解决机制。这包括制定公正的争议解决规则、提供专业的调解服务等。

3. 元宇宙中的隐私问题

在元宇宙中，用户的个人信息和行为数据往往具有敏感与易受攻击的特性。为了应对这一问题，元宇宙伦理学提出了以下建议。

（1）加强数据保护：元宇宙中需要采取严格的数据保护措施，以确保用户信息的安全。这包括加密存储、访问控制、数据备份等技术手段。

（2）制定合理的数据收集政策：在收集用户数据时，需要平衡数据收集与个人隐私权之间的关系。相关机构应明确收集目的、合理界定数据使用范围，并征得用户同意。

（3）提高用户隐私意识：用户需要提高自己的隐私意识，学会在元宇宙中保护个人信息。相关机构可以通过隐私教育、提供安全工具等方式帮助用户提高隐私保护能力。

总之，元宇宙伦理学关注虚拟世界中的道德规范、人际关系和隐私问题，旨在为用户在元宇宙中提供一个安全、和谐、有序的空间。通过制定统一的道德规范、强化道德教育、建立有效的监管机制，可以引导用户遵守道德规范。同时，通过强化社交技能培训、增进跨文化理解、建立有效的冲突解决机制，可以促进元宇宙中的人际关系发展。通过加强数据保护、制定合理的数据收集政策、提高用户隐私意识，可以保护用户在元宇宙中的隐私权益。只有在这些方面取得突破，元宇宙才能成为一个真正有益于人类发展的虚拟世界。

3.3.2 元宇宙美学

随着虚拟现实技术的不断发展，元宇宙作为一个新兴领域，为美学研究带来了新的挑战和机遇。本节旨在分析元宇宙美学的独特观点和理论，重点关注元宇宙中的审美价值、艺术创作、艺术表现形式，以及虚拟艺术与现实艺术的关系。

1. 元宇宙中的审美价值

在元宇宙中，艺术作品和审美体验与现实世界存在差异。为了解决这一问题，元宇宙美学提出了以下建议。

近年来，虚拟现实技术的迅速发展为元宇宙美学研究提供了广阔的发展空间。在元宇宙中，传统的美学理论和审美标准往往难以适应虚拟艺术作品的特点。因此，建立一套独特的审美标准，以适应虚拟作品的互动性、沉浸式体验以及数字媒介等特征，成为元宇宙美学研究的重要课题。

（1）互动性：互动性是虚拟艺术作品的核心特征之一。它不仅体现在艺术创作过程中的互动，还表现为观众在欣赏艺术作品时的互动体验。因此，互动性应成为元宇宙中审美标准的重要组成部分。在评价虚拟艺术作品时，应关注作品在互动设计上的创新和优秀表现。例如，是否能够引发观众的主动参与，是否能实现艺术家与观众之间的互动沟通等。

（2）沉浸式体验：与现实世界的艺术作品相比，虚拟艺术作品具有更强烈的沉浸式体验。这使得观众能够更深入地投入作品，感受作品传达的情感和意境。因此，沉浸式体验应被纳入元宇宙的审美标准中。在评价虚拟艺术作品时，应关注作品是否能够为观众提供引人入胜的沉浸式体验，如作品的视觉、听觉、触觉等方面的表现是否足够生动且富有创意。

（3）数字媒介：数字媒介是虚拟艺术作品的基础，它不仅影响作品的表现形式，而且为艺术家提供了创作的无限可能。因此，在建立元宇宙中的审美标准时，应充分考虑数字媒介的特点；在评价虚拟艺术作品时，应关注作品在数字技术应用上的创新性和独特性，以及作品如何在数字媒介中实现对传统艺术元素的转化和拓展。

2. 元宇宙中的艺术创作

随着计算机技术和互联网的发展，艺术创作在元宇宙中呈现出新的可能性。为了应对这一挑战，元宇宙美学提出了以下建议。

（1）创新艺术创作方法：艺术家需要利用虚拟现实技术开发新的艺术创作方法，以满足元宇宙中的审美需求。这包括使用人工智能、数据可视化等技术手段进行创作。人工智能技术为艺术创作提供了新的可能性。通过深度学习、神经网络等技术，艺术家可以实现对传统艺术形式的创新，并探索新的艺术表现手法。例如，艺术家可以利用生成对抗网络（GAN）生成具有独特风格的虚拟画作，可以通过深度学习算法将传统绘画技法与现代数字艺术相结合，还可以使用数据可视化技术将复杂的数据转化为直观、富有美感的视觉作品。在元宇宙中，艺术家可以利用数据可视化技术创作具有教育意义和审美价值的作品。例如，将环境保护数据转化为动态的三维地球模型，或者将音乐与视觉元素相结合，创作出独特的音乐可视化作品。

（2）强化艺术家与观众的互动：在元宇宙中，艺术家可以与观众进行更加紧密的互动，以共同创造和体验艺术作品，这有助于丰富审美体验，同时促进艺术家与观众之间的沟通。例如，艺术家可以邀请观众参与虚拟雕塑的创作过程，或者与观众共同完成一幅互动式的画作。这种共同创作方式有助于提高观众的参与度，使观众在创作过程中积极发挥想象力和创造力。

（3）实时互动与反馈：元宇宙中的艺术作品可以实现实时互动与反馈，使艺术家能够更好地了解观众的需求和喜好。艺术家可以通过观众的反馈，调整作品的内容和表现形式，以提高作品的审美价值和观众满意度。此外，实时互动还为艺术家与观众提供了一个平台，使他们可以直接交流和讨论作品，从而加深彼此的理解和认同。

3. 元宇宙中的艺术表现形式

在元宇宙中，艺术表现形式呈现出多样化和创新的趋势。为了应对这一挑战，元宇宙美学提出了以下建议。

（1）探索新的艺术表现形式：艺术家应当积极探索元宇宙环境下的新颖艺术表现形式，如虚拟雕塑、数字绘画、交互式表演艺术等。这些形式可以为观众带来更加丰富和独特的审美体验。例如，在元宇宙中，艺术家可以利用虚拟雕塑技术创作出具有立体感和动态表现力的艺术作品，这些作品不受物理空间的限制，可以实现无限的形态变化和空间拓展；同时，虚拟雕塑还能够与观众实现互动，为观众带来更加丰富和独特的审美体验。除此之外，数字绘画作为一种全新的艺术表现形式，在元宇宙中得到了广泛的应用。艺术家可以利用各种数字工具进行创作，实现传统绘画无法达到的视觉效果和表现力。数字绘画不仅可以为观众带来独特的视觉享受，还可以作为一种教育工具，帮助观众理解艺术创作过程。交互式表演艺术也是元宇宙中一种独特的艺术形式，它打破了传统表演艺术与观众之间的界限，实现了艺术家、作品和观众之间的互动，通过运用虚拟现实技术，观众可以身临其境地参与到表演中，共同创造出充满想象力和创意的艺术作品。

（2）跨界融合：元宇宙中的艺术表现形式可以与其他领域进行跨界融合，如结合游戏、影视、音乐等多种媒介，开创出更具创意和创新力的艺术作品。例如，元宇宙中的艺术表现形式可以与游戏进行跨界融合，为玩家提供更加丰富的游戏体验。通过将艺术元素融入游戏场景、角色设计和任务设置中，艺术家和游戏开发者可以共同打造出独具特色的游戏作品。此外，游戏本身也可以成为一种艺术创作载体，激发玩家的创造力和想象力。除此之外，影视作为一种视听艺术，与元宇宙中的艺术表现形式具有天然的亲和力。艺术家可以利用虚拟现实技术创作出全新的影视作品，如沉浸式电影、全景视频等，为观众带来更加震撼的观影体验。同时，影视作品也可以作为一种传播元宇宙艺术的载体，将艺术家的创意和想法传递给更广泛的受众。音乐作为一种跨越时空的艺术形式，在元宇宙中同样发挥着重要作用。艺术家可以将音乐与其他艺术表现形式相结合，创作出具有独特魅力的音乐作品。例如，将音乐与虚拟雕塑相融合，创造出富有视听感的艺术作品；或者将音乐与数字绘画结合，打造出极具表现力的音乐可视化作品。

4. 虚拟艺术与现实艺术的关系

元宇宙美学关注虚拟艺术与现实艺术之间的相互影响。为了深入研究这一问题，元宇宙美学提出了以下建议。

（1）虚拟艺术与现实艺术应当相互补充、相互借鉴和相互启发。虚拟艺术可以突破现实艺术的界限，同时现实艺术也可以为虚拟艺术提供更多灵感和创作资源。虚拟艺术与现实艺术在很多方面具有互补性。虚拟艺术通过突破物理空间的限制，为艺术创作带来了无限的可能性。而现实艺术则依托现实世界的环境，以传统的艺术形式为基础，为虚拟艺术提供了丰富的灵感和创作资源。

（2）元宇宙美学应当引领审美观念变革。随着虚拟现实技术的普及，人们的审美观念也在不断变革。元宇宙美学应关注这种变革，对传统审美理论进行批判性的反思和重构。在传统审美理论的基础上，元宇宙美学应对现实艺术与虚拟艺术之间的关系进行重新审视，提出新的审美观念。首先，元宇宙美学应该认识到虚拟艺术与现实艺术并不是对立的两种形式，而是相互融合、相互依存的。其次，元宇宙美学应该重视虚拟艺术中的参与性和互动性，将观众从被动的接受者转化为积极的参与者和创造者，这对于重新定义艺术作品的价值和意义具有重要的作用。最后，元宇宙美学应该注重虚拟艺术的情感表达和社会意义，通过虚拟世界中的艺术作品来呈现人类的情感和价值观。

简而言之，元宇宙美学通过关注虚拟艺术与现实艺术之间的相互影响，提出相互补充、审美观念的变革等方面的建议，为重新定义艺术作品的价值和意义提供了新的视角与思路。虚拟艺术与现实艺术的互动和审美观念的变革将会在未来的艺术创作和艺术教育中扮演越来越重要的角色，同时为我们提供了更加丰富的审美体验和文化认知。

总体而言，随着虚拟现实技术的不断发展，元宇宙逐渐成为一个重要的研究领域。从本体论、认识论、伦理学和美学等多个方面探讨元宇宙的理论和实践问题，有助于我们更好地理解和应对元宇宙带来的挑战与机遇。未来，随着元宇宙在经济、教育、娱乐等领域的广泛应用，人们对元宇宙的研究将愈发深入，为人类社会的发展提供新的视角和可能性。

本章参考文献

[1] WEISS S S. VISIBLE: Learning to Act in the Metaverse[J]. Springer, 2008, 3(11): 27-32.

[2] BOLGER R K. Finding Wholes in the Metaverse: Posthuman Mystics as Agents of Evolutionary Contextualization[J]. Religions, 2021, 12(10): 53-57.

[3] 布莱恩·阿瑟. 技术的本质[M]. 曹东溟, 王健, 译. 杭州：浙江人民出版社，2018.

[4] 成伯清. 走出现代性——当代西方社会学理论的重新定向[M]. 北京：社会科学文献出版社，2006.

[5] BAUDRILLARD J. The Consumer Society: Myths and Structures[M]. London: Sage Publications, 1998.

[6] 赵汀阳. 假如元宇宙成为一个存在论事件[J]. 江学海刊，2022(1): 123-126.

[7] WEI Y G, QIN X R, TAN X Y, YU X H, SUN B, ZHU X M. The Design of a Visual Tool for the Quick Customization of Virtual Characters in OSSL[C]. Proceedings of the 2015 International Conference on Cyberworlds (CW). New York, USA: IEEE, 2015: 314-320.

元宇宙伦理概念及元宇宙伦理体系

4.1　元宇宙伦理观：定义、研究与应用

随着科技的迅速发展，人类逐渐进入了一个全新的数字时代。元宇宙作为一个虚拟世界，正在成为现实世界的延伸和拓展。在这个虚拟世界中，人们可以进行社交互动、在线学习、虚拟旅行等各种活动。然而，随着元宇宙的普及和发展，伦理问题也日益凸显。本章将对元宇宙伦理的定义和重要性、研究现状和趋势、实践应用和挑战进行深入探讨。

4.1.1　元宇宙伦理的定义和重要性

随着人工智能、虚拟现实和区块链等技术的不断发展，元宇宙正在成为人们生活的一部分。元宇宙伦理成为一个备受关注的话题，许多学者和研究人员开始研究和探讨这个新兴领域中的道德与伦理问题。

在元宇宙中，虚拟角色是一个非常重要的存在，他们不仅仅是游戏中的角色，更可能是用户在虚拟世界中的代表。因此，保护虚拟角色的权益成为元宇宙伦理的一个重要方面。这涉及如何防止虚拟角色被滥用、虚拟角色的知识产权保护等问题。

为了维护虚拟世界的和谐发展，保护用户权益，推动科技进步，学术界和业界需要共同努力，制定相应的法规和准则，确保元宇宙的健康发展。同时，人们也需要加强对元宇宙伦理的了解和认识，培养自己的道德意识和伦理观念，为元宇宙的发展做出积极的贡献。

4.1.2 元宇宙伦理的研究现状和趋势

随着元宇宙的不断发展，元宇宙伦理问题引起了越来越多的学者和研究人员的关注。当前，元宇宙伦理研究主要涉及虚拟角色的道德责任、人工智能伦理、数据隐私保护、知识产权保护、虚拟环境下的心理健康等方面的问题。

首先，虚拟角色的道德责任是元宇宙伦理研究的一个重要方面。在元宇宙中，玩家可能扮演着不同的角色，他们的行为和言论可能会影响到其他玩家与元宇宙的整体发展。因此，如何确定虚拟角色的道德责任成为伦理研究的一个关键问题。

其次，人工智能伦理也是元宇宙伦理研究的一个重要方面。人工智能的发展带来了一系列的伦理问题，比如人工智能的决策是否具有道德可靠性等。

再次，数据隐私保护和知识产权保护也是元宇宙伦理研究的关键问题。在元宇宙里，用户的个人资料和数据常常被收集与利用，因此，数据隐私的保护已经成为元宇宙伦理研究的关键部分。同时，元宇宙内的知识产权问题也变成伦理研究的另一核心议题，涵盖了如何维护知识产权、如何在知识共享与保护之间寻找平衡等方面的问题。

最后，虚拟环境下的心理健康问题也引起了越来越多学者的关注。在元宇宙中，玩家可能会遭受欺凌、虚拟性侵等问题，这可能会对玩家的心理健康造成不良影响。因此，如何保障元宇宙中玩家的心理健康也成为元宇宙伦理研究的一个关键问题。

总体来说，未来的元宇宙伦理研究将趋向于多学科融合、实证研究、政策制定等方向，以更好地应对元宇宙伦理问题的挑战。多学科融合将有助于从不同的角度理解和解决元宇宙伦理问题。例如，从心理学的角度分析虚拟世界中的心理健康问题，从法律学的角度探讨知识产权保护和数据隐私保护等法律问题。此外，实证研究也将成为未来元宇宙伦理研究的一个重要方向。实证研究将通过调查、实验等方式，对元宇宙伦理问题进行具体的量化和分析，以便更好地理解和解决这些问题。政策制定也将是未来元宇宙伦理研究的一个关键方向。随着元宇宙的不断发展，政府和企业需要制定相应的政策和准则来规范虚拟世界的发展与运营，因此，如何制定合适的政策和准则将成为元宇宙伦理研究的一个重要方向。

跨文化和跨国界的研究也将成为未来元宇宙伦理研究的一个趋势。由于元宇宙是一个全球性的平台，来自不同文化背景和国家的玩家与开发者都在其中活动。因此，跨文化和跨国界的研究将有助于更好地理解与解决元宇宙伦理问题。

总之，元宇宙伦理研究的重要性越来越突出，未来的研究将在多学科融合、实证研究、政策制定等方向不断深入。这些研究成果将为元宇宙的和谐发展、用户权益的保护和科技进步的推动提供重要支持与指导。

4.1.3　元宇宙伦理的实践应用和挑战

元宇宙伦理不仅是学术研究的课题，更是实际应用中亟待解决的问题。在实践中，我们需要关注以下挑战。

（1）虚拟角色道德责任界定：在元宇宙中，用户通过虚拟角色进行互动，如何界定这些虚拟角色的道德责任是一个亟待解决的问题。我们需要在法律、道德和技术层面明确用户及其虚拟角色的责任。

（2）人工智能伦理：随着人工智能在元宇宙中的广泛应用，如何确保人工智能的道德行为，防止人工智能的滥用和失控成为一个关键问题。制定 AI 伦理准则和监管措施是解决这一问题的关键。

（3）数据隐私保护：保护用户在元宇宙中的数据隐私至关重要。我们需要制定严格的数据保护政策和技术方案确保用户数据不被滥用与泄露。

（4）知识产权保护：在元宇宙中，保护创作者的知识产权成为一项重要任务。我们需要建立有效的知识产权保护制度以维护创作者的权益。

（5）心理健康保护：随着人们在元宇宙中的时间逐渐延长，如何维护用户心理健康成为一个重要问题。我们需要提高用户对虚拟世界与现实世界界限的认识，推广心理健康教育，以应对潜在的心理问题。

简而言之，元宇宙伦理是一个日益受到关注的新兴领域，它涉及众多复杂的伦理和道德问题。未来，我们需要在理论研究和实践应用中不断深化对元宇宙伦理的认识，以保障元宇宙的健康发展。同时，政府、企业和个人应共同努力，制定相关政策和规范，积极应对元宇宙伦理带来的挑战。

只有这样，我们才能在享受元宇宙带来的便利和乐趣的同时，确保道德和伦理得到应有的尊重与维护。

4.2　元宇宙伦理概念

伦理学是一门研究道德行为和价值判断的哲学分支。本节将介绍伦理学的定义、主要派别、基本概念和理论，并讨论伦理学在元宇宙中的应用。

4.2.1　伦理学的定义和主要派别

伦理学是研究道德行为、价值判断和道德责任的学科。伦理学的发展历史可以追溯到古希腊哲学，其研究的主要对象是人的行为和行为背后的价值取向。随着社会和科技的发展，伦理学也在不断发展和演变。在现代伦理学中，有四个主要的派别：德性伦理学、义务伦理学、功利主义和后现代伦理学。

德性伦理学认为，道德行为应该基于人的德性和品格，人应该追求道德上的完美和卓越。德性伦理学的代表人物是亚里士多德和托马斯·阿奎那。

义务伦理学强调人应该遵守某些道德原则和义务，这些义务是独立于人的欲望和利益之外的。义务伦理学的代表人物是康德。

功利主义认为，道德行为应该最大化幸福和最小化痛苦，人的行为应该追求最大化社会福利和利益。功利主义的代表人物是贝思姆和米尔。

后现代伦理学强调人类价值的多样性和相对性。它认为道德标准和价值观念是文化和历史背景的产物，不存在一种绝对正确的道德观念。后现代伦理学的代表人物是杜尔特和费菲尔德。

这些伦理学派别的发展和演变，反映了人们对于道德和伦理问题的不同认识与理解。在元宇宙伦理研究中，这些伦理学派别也可以提供有益的参考和指导。比如，德性伦理学可以帮助我们理解虚拟角色的道德责任问题；义务伦理学可以帮助我们制定虚拟环境中的道德准则和规范；功利主义可以帮助我们平衡虚拟世界的福利和利益问题；后现代伦理学可以帮助我们理解虚拟世界中的多元文化和多元价值观问题。

除了这些传统的伦理学派别，也有一些学者在元宇宙伦理研究中提出了新的理论和观点。例如，一些学者提出了"数字伦理学"和"虚拟伦理学"的概念。数字伦理学关注数字世界中的道德问题，包括数字身份、数字隐私、数字道德等问题；而虚拟伦理学专注于虚拟环境中的道德问题，包括虚拟角色的责任、虚拟性侵、虚拟欺凌等问题。

此外，还有一些学者在元宇宙伦理研究中提出了"道德演化论"的理论。道德演化论认为，人类的道德观念和行为是通过演化而来的，而这种演化受到社会、文化和环境等因素的影响。道德演化论的理论框架可以为我们理解元宇宙伦理问题提供有益的参考。

还有一些学者提出了"道德风险管理"的理论。他们认为，元宇宙中的道德风险是需要被认真对待和管理的，它包括了道德风险的识别、评估、防范和应对等方面的内容。

总之，伦理学为元宇宙伦理研究提供了重要的理论基础和指导，同时需要在元宇宙伦理研究中不断地进行拓展和创新。未来，我们需要更加关注伦理学在元宇宙中的应用和实践，通过多学科融合的方式，推动元宇宙伦理问题的研究和解决。

4.2.2 伦理学的基本概念和理论

伦理学的基本概念在不同的伦理学派别中有着不同的理论解释和应用。在德性伦理学中，美德被视为一种内在的、本质的品质，通过道德的训练和实践得以培养与发展。在康德的义务伦理学中，人们应当遵守一些普遍的、自然法则的道德原则，这些原则不依赖任何个体的欲望或利益。在功利主义中，道德行为的正确性是根据其带来的幸福程度和痛苦程度来判断的。在后现代伦理学中，道德标准和价值观念是相对的和多元的，不存在绝对正确的道德观念。

近年来，随着科技和社会的不断发展，新的伦理问题也不断涌现。例如，在人工智能领域，人们开始关注人工智能道德问题，即如何确保人工智能的决策和行为是道德上可靠和负责任的。此外，在大数据和互联网繁荣发展的背景下，数据隐私和知识产权保护等伦理问题也逐渐受到人们的关注。

伦理学理论并不是一成不变的，伦理学理论的不断完善和发展是伦理学发展的必然趋势。例如，上节提到的一种新的伦理学派别——数字伦理学。数字伦理学的研究对象是数字社会中的道德问题，包括网络伦理、人工智能伦理、大数据伦理等。数字伦理学与计算机科学、人工智能等学科交叉，将人文关怀与技术创新相结合，为未来数字社会的伦理问题提供了新的思路和研究方法。

除此之外，伦理学的研究方法也在不断发展。传统的伦理学研究主要是理论分析和哲学推理，而现代伦理学更加强调实证研究和实践探索。在元宇宙伦理研究中，需要采取多种研究方法和技术，如虚拟实验、社会网络分析、问卷调查等，来全面深入地探讨元宇宙伦理问题。

综上所述，伦理学的基本概念和理论对元宇宙伦理研究具有重要的指导意义。在元宇宙中，道德、价值、美德和义务等伦理概念仍然是重要的参考与指导，同时也需要针对元宇宙特殊的伦理问题进行深入的研究和探讨。数字伦理学和其他新的伦理学派别的出现，为元宇宙伦理研究提供了新的研究方法和思路。未来，元宇宙伦理研究需要继续关注伦理学理论的实践应用和实证研究，采用多学科的研究方法，为元宇宙的健康发展提供有益的指导和支持。

4.2.3　伦理学在元宇宙中的应用

在元宇宙环境中，伦理学的应用可以帮助我们更好地理解和分析虚拟世界中的道德行为与道德责任。例如，在虚拟角色的道德责任问题上，可以采用德性伦理学的理论，培养玩家的道德品质和美德；在虚拟环境中的用户心理健康问题上，可以运用义务伦理学的理论，制定虚拟环境中的道德准则和规范，保护用户的心理健康。

伦理学的应用还可以帮助我们理解和解决元宇宙中的数据隐私保护和知识产权保护等伦理问题。例如，应用功利主义的理论平衡数据隐私保护和知识共享之间的利益；应用后现代伦理学的理论保护不同文化和价值观念的多样性，平衡知识产权保护和知识共享之间的利益。

此外，伦理学的应用还可以帮助我们制定元宇宙伦理政策和规范。例如，在虚拟世界中的言论自由和信息安全问题上，可以应用功利主义和义务伦理学的理论，制定相应的道德准则和规范，保护言论自由和信息安全。

在具体实践中，元宇宙伦理研究需要综合运用伦理学理论和实证研究方法，开展多学科、跨领域的研究工作，以促进元宇宙的健康发展。例如，可以采用虚拟实验、社会网络分析、问卷调查等研究方法，深入探讨元宇宙中的伦理问题，并制定相应的政策和规范。

综上所述，伦理学在元宇宙伦理研究中具有重要的意义和应用价值。通过应用伦理学理论和方法，我们可以更好地应对元宇宙中的伦理挑战，推动元宇宙的健康发展。

4.3　元宇宙伦理原则

在分析元宇宙伦理时，我们需要关注以下几个原则：尊重人权和隐私、平等和公正、社会责任和可持续性。

4.3.1　尊重人权和隐私

在元宇宙的发展中，用户的基本人权是必须得到尊重和保护的，言论自由、安全保障和隐私权是这些基本人权中最为重要的三个方面。

言论自由是每个人的基本权利，而在元宇宙中，这种权利可能会面临一些挑战。虚拟世界的匿名性可能会导致用户在言论自由方面表现得过于激进或偏激，甚至可能引发恶意攻击和网络欺凌等问题。为了保护言论自由，元宇宙中需要建立一个安全、公正和透明的言论自由框架，以便在确保言论自由的同时，限制过度的言论行为。

安全保障是保护用户在元宇宙中参与活动的必要条件。用户需要能够信任元宇宙的安全性和稳定性，才能够愉快地享受其中的体验。为了保障用户的安全，元宇宙需要建立一个完善的安全保障体系，包括防止黑客攻击和网络欺诈等问题。

隐私权是用户的另一个基本权利，也是元宇宙中必须得到尊重的。在元宇宙中，各种个性化推荐服务往往需要提供个人数据，但这种数据也容易遭到滥用或泄露。因此，制定严格的数据保护政策和技术措施，防止数据滥用或泄露是至关重要的。

针对这些问题，学术界已经开始关注元宇宙的安全性和隐私保护问题。例如，研究人员已经开始探索基于区块链技术的隐私保护方案，以确保用户数据的安全性和保密性。同时，学者们也在思考如何建立一个公正和透明的元宇宙治理体系，以确保用户在其中的基本人权得到尊重和保护。

总而言之，元宇宙的发展需要建立一个以用户为中心、安全、公正和透明的框架，以保障用户的基本人权。为了实现这个目标，需要不断地进行学术研究和技术创新，以解决元宇宙中出现的各种安全和隐私保护问题。

4.3.2　平等和公正

随着技术的不断进步，元宇宙作为一种虚拟现实技术的终极形态，正在引领人类进入一个全新的虚拟世界。而作为一个虚拟的世界，元宇宙的理念应该是开放、平等和公正的，所有用户都能公平地享受元宇宙带来的资源和机会。

然而，现实中存在的歧视和偏见也可能会在元宇宙中延续与扩大。因此，消除元宇宙中的歧视和偏见，确保所有用户都能公平享受元宇宙带来的资源和机会，是我们面临的一个巨大挑战。解决这个挑战需要多方合作和多种策略的实施。

首先，技术本身需要具备平等和公正的基础。例如，虚拟现实技术本身需要具备高度的可访问性，包括对残障人士、老年人和儿童的支持。同时，元宇宙中的算法和数据分析技术需要遵循公正的准则，以确保不会歧视某些用户个人或者群体。

其次，教育和培训也是至关重要的一环。通过在学校和社区中普及元宇宙的知识，教导人们如何正确地使用元宇宙，以及如何避免歧视和偏见。同时，为开发人员和设计师提供提升多元化与包容性设计能力的培训，以增加他们在设计和开发元宇宙时对不同用户群体需求的关注与尊重。

最后，政策和监管的作用也至关重要。政府和企业需要建立一个透明、公正和包容的规则框架，以确保元宇宙的发展是平等和公正的。同时，政府和社会组织需要监督元宇宙的发展，及时发现和解决其中的问题，保障所有用户的权益。

在实现这些目标的过程中，各行各业的人们需要共同努力，共同创造一个充满平等和公正的虚拟世界。只有这样，我们才能真正发掘出元宇宙的潜在价值，让它成为一个让每个人都能平等获得机会和资源的虚拟世界。

4.3.3　社会责任和可持续性

随着元宇宙技术的不断发展，人们的虚拟现实体验变得越来越逼真，但这种体验是建立在现实世界的物质基础上的，因此，元宇宙的发展必须具有社会责任感，关注环境保护和可持续性。

环境保护是元宇宙发展的重要问题之一。在元宇宙中，人们可以探索虚拟的世界，但元宇宙并不是真正地拥有无限资源，它建立在现实世界的物质基础上。元宇宙的运营和维护需要大量的能源与计算资源，如果不注意环保，将给现实世界带来严重的环境影响。因此，在元宇宙的发展过程中，需要采取环保措施，减少对现实世界的资源消耗，如使用可再生能源、优化虚拟现实设备的能耗等。

元宇宙的可持续性发展也是一个重要问题。虚拟世界的发展需要具备可持续性，才能保证其长期稳定和可持续发展。

元宇宙中的环境保护和可持续发展不仅是技术问题，还涉及社会、政策和伦理等多个方面，需要在全社会范围内推广环保理念，鼓励公众参与元宇宙的环境保护和可持续发展。同时，政府需要制定相应的政策和法规，建立规范的市场机制，以推动元宇宙可持续发展。

总而言之，元宇宙的发展需要关注环境保护和可持续性，制定合理的规划和政策，建立合理的运营和管理机制。只有这样，我们才能在元宇宙中创造出一个真正的可持续、和谐的虚拟世界。

4.4　元宇宙伦理体系

为了确保元宇宙伦理得到有效实施，我们需要构建一个完整的元宇宙伦理体系。本部分将从元宇宙伦理的规范和标准、制定元宇宙伦理的规范和标准的遵循原则、认证和监管机构以及衡量和评估元宇宙伦理的方法四个方面对元宇宙伦理体系进行探讨。

4.4.1　元宇宙伦理的规范和标准

制定元宇宙伦理的规范和标准是构建元宇宙伦理体系的基础。

首先，虚拟角色道德责任是元宇宙中的重要问题之一。虚拟角色具有一定的自主性和行为能力，在元宇宙中参与各种活动。因此，虚拟角色需要承担相应的道德责任，遵守元宇宙中的规则和道德准则，不得损害其他用户的权益。

其次，人工智能伦理也是元宇宙中的重要问题。人工智能在元宇宙中扮演着重要的角色，它们可以为用户提供服务、支持游戏设计和开发等。然而，人工智能系统的决策可能会带来伦理问题，如歧视、隐私侵犯等。因此，制定人工智能伦理标准和规范，确保其符合道德和伦理准则，对元宇宙伦理体系构建至关重要。

再次，数据隐私保护也是元宇宙中的一个重要问题。在元宇宙中，用户的个人信息和行为数据被广泛收集与使用，而这些数据可能会被滥用或泄露。因此，需要制定数据隐私保护的规范和标准，确保用户的个人信息和数据受到充分的保护。

最后，知识产权保护也是元宇宙中的一个重要问题。在元宇宙中，各种知识产权不断产生和流通，如音乐、视频、游戏等。因此，需要制定知识产权保护的规范和标准，确保知识产权得到充分的保护和尊重，同时确保元宇宙的文化创意产业的健康发展。

总而言之，元宇宙伦理的规范和标准应涵盖虚拟角色道德责任、人工智能伦理、数据隐私保护、知识产权保护等各个方面。这些规范和标准是构建元宇宙伦理体系的基础，有助于保护用户的利益和权益，维护元宇宙的健康发展。

4.4.2　制定元宇宙伦理的规范和标准的遵循原则

制定元宇宙伦理的规范和标准应该遵循以下原则。

首先，明确元宇宙伦理规范和标准的界定范围。如上文所述，元宇宙伦理包含虚拟角色道德责任、人工智能伦理、数据隐私保护、知识产权保护等多个方面。因此，规范和标准应该对这些方面进行清晰的界定，以便实际应用与执行。

其次，规范和标准应该具有指导性。元宇宙伦理的规范和标准不仅要明确界定范围，还应该能够为元宇宙的发展和管理提供有效的指导。这些指导应该具有一定的可操作性，以便于元宇宙开发者和管理者在实践中准确应用和执行。

最后，规范和标准应该具备一定的灵活性。随着元宇宙技术和社会环境的变化，元宇宙伦理也需要适应这些变化。因此，规范和标准应该具有一定的灵活性，以便它们能够适应技术和社会的变化。

以上原则对于元宇宙伦理规范和标准的制定至关重要。随着元宇宙的不断发展和应用，元宇宙伦理的规范和标准将起到越来越重要的作用。为了确保元宇宙能够健康发展，我们需要共同努力，制定并遵守这些规范和标准。

实践中，也有一些学者和组织提出了一些具体的元宇宙伦理原则。例如，IEEE 提出的虚拟现实和增强现实伦理原则，旨在为 VR、AR 相关技术和产品提供指导和标准。此外，一些学者还提出了元宇宙伦理的"四个不可"原则，即"不可剥夺、不可干预、不可伤害、不可欺骗"。这些原则不仅适用于元宇宙，也适用于其他数字技术和应用的伦理规范。

4.4.3　认证和监管机构

为了确保元宇宙伦理规范和标准得到有效实施，建立认证和监管机构是必要的。这些机构应该负责制定、审核和监管元宇宙伦理规范和标准，以确保元宇宙的健康发展。

首先，认证机构应该为元宇宙中的各种技术和产品提供认证服务，并根据相应的伦理规范和标准进行审核与评估。这样可以确保元宇宙中的技术和产品符合伦理规范和标准，保护用户的权益。

其次，建立监管机构可以确保元宇宙的管理和运营符合伦理规范与标准。监管机构应该监督和管理元宇宙的各个方面，包括虚拟角色、人工智能、数据隐私、知识产权等。监管机构应该确保元宇宙中的各方遵守伦理规范和标准，维护公正、公平和透明的元宇宙运营环境。

最后，认证和监管机构应该与政府、学术机构、行业协会等多方面的机构和组织密切合作。政府为元宇宙伦理的认证和监管提供政策和法律支持，学术机构和行业协会提供相关的学术与行业标准，为认证和监管机构提供支持与指导。

总而言之，建立认证和监管机构是确保元宇宙伦理规范和标准得到有效实施的必要手段。这些机构可以为元宇宙的健康发展提供有效的保障，同时可以保护用户的权益，确保在元宇宙中创造出一个真正公正、公平和可持续的虚拟世界。

4.4.4　衡量和评估元宇宙伦理的方法

在实际实施中，我们可以通过以下方法来衡量和评估元宇宙伦理的实施情况。

首先，定性分析是一种非常有效的方法。通过对用户和企业的访谈、调查和案例分析，我们可以了解元宇宙伦理规范和标准在实际中的执行情况。这种方法可以提供具体的案例和经验，可以帮助我们更深入地了解元宇宙伦理体系的执行情况，以及其背后的原因和影响因素。同时，这种方法可以帮助我们发现一些被忽视的伦理问题和风险点，进一步完善和优化元宇宙伦理规范与标准。

其次，定量分析也是一种非常重要的方法。通过收集和分析相关数据，我们可以量化元宇宙伦理规范和标准的执行效果。例如，我们可以通过收集用户数据、交易数据、用户投诉数据等来分析元宇宙伦理体系的执行情况。这种方法可以为我们提供数据支持，也可以帮助我们更客观地了解元宇宙伦理体系的执行效果和影响因素。

　　最后，综合评估是一种将定性分析和定量分析的结果综合考虑的方法。通过将定性分析和定量分析的结果进行综合评估，我们可以得出关于元宇宙伦理体系执行情况的综合结论，并为元宇宙伦理规范和标准的优化与完善提供依据。这种方法可以综合考虑各种因素，可以帮助我们全面了解元宇宙伦理体系的执行情况和存在的问题，为我们进一步改进元宇宙伦理规范和标准提供支持。

　　总而言之，构建完善的元宇宙伦理体系对确保元宇宙的健康发展和用户权益的保障至关重要。通过规范和标准的制定、认证和监管机构的建立，以及衡量和评估元宇宙伦理的方法的运用，我们可以更好地构建一个具有有效监管和保障机制的元宇宙伦理体系，为元宇宙的可持续发展提供保障。同时，需要不断完善元宇宙伦理体系，提高其适应性和灵活性，以适应元宇宙技术和社会环境的不断变化。

本章参考文献

[1]　沈阳. 元宇宙时代的语言变化[J]. 语言战略研究，2022, 7(2): 10-15.

[2]　尼古拉·尼葛洛庞. 数字化生存[M]. 胡泳，范海燕，译. 北京：电子工业出版社，2017.

[3]　SCHAF F M, PALADINI S, PEREIRA C E. 3D AutoSysLab Prototype [C]. Global Engineering Education Conference (EDUCON). Marrakech, Morocco: IEEE, 2012:1-9.

[4]　LU J, WU D S, MAO M S, et al. Recommender System Application Developments: A Survey[J]. Decision Support Systems, 2015, 74(10): 12-32.

[5]　MONTGOMERY D C, PECK E A, VINING G G. Introduction to Linear Regression Analysis[M]. Hoboken: John Wiley & Sons, 2021.

[6]　OSHIRO T M, PEREZ P S, BARANAUSKAS J A. How Many Trees in a Random Forest?[J]. Springer, 2012, 13(11):154-168.

第 5 章

元宇宙学科基础

元宇宙多学科交叉含义

元宇宙多学科交叉的层次

5.1 元宇宙多学科交叉含义

元宇宙是一个多元交叉的领域，它吸纳了哲学、基础学科、生命科学、工程技术学科以及非工学类学科的理论和方法。这种跨学科的特点，使得元宇宙成为一个复杂的综合性问题，不仅仅是一个技术问题。元宇宙的探索涉及哲学、文化、社会、生命等多个领域，需要综合运用各个学科的理论和方法，以此来解决相关的问题和挑战。

第一，从哲学的角度来看，元宇宙可以被看作是人类创造力的一种表现形式，它是人类智慧的结晶，也是对未来的探索。从中国传统哲学的角度来看，元宇宙是"天人合一"的宇宙观与天下观。由此，哲学家们可以提供对元宇宙的深入思考和反思，探讨元宇宙的本质和价值，引导人们更好地理解元宇宙。

第二，基础学科领域，如数学、物理学、化学等，为元宇宙的建设提供了重要的理论和技术支持。数学为元宇宙提供了精确的计算和建模方法，物理学和化学为元宇宙提供了物质和能量的理论基础，新材料和新能源技术的发展也对元宇宙的发展和应用产生了深远的影响。

第三，信息科学领域的持续创新发展为元宇宙虚实共生的数字化信息环境提供了关键支撑。自其诞生以来，信息科学以信息论、系统论和控制论为核心，逐渐延伸至计算机理论、数据科学、智能科学、网络科学等活跃领域，在当前的元宇宙研究领域内具有重要的骨架性定位。

第四，生命科学领域的发展和研究为元宇宙的生态系统和生命科技领域的发展提供了基础和前提。生命科学的发展为元宇宙提供了各种生物模型和技术，以及探索生命的奥秘和生命起源的理论基础。生命科学和元宇宙的结合，将会引领人类走向更高层次的认识和发展。

第五，工程技术学科领域的研究和应用是实现元宇宙的关键。工程技术学科领域包括信息与通信工程、计算机科学与技术、人工智能、虚拟现实、机器人技术等，这些技术为元宇宙提供了丰富的工具和手段，使得元宇宙的建设和应用更加高效和智能化。同时，工程技术学科领域也为元宇宙带来了挑战和难题，如隐私保护、资源管理和可持续发展等。

第六，非工学类学科在元宇宙中也扮演着重要的角色。这些学科包括但不限于社会学、经济学、艺术学、新闻传播学等。随着元宇宙的发展，人们将在虚拟空间中进行更多的社交活动、参与更多的社会组织。元宇宙的数字经济和实体经济将密切联系，其中包括虚拟商品和服务的生产、消费、交易和支付。元宇宙不仅是一个数字化的虚拟空间，更是一个可以展示和呈现艺术作品的平台，艺术家们将有更多机会展示他们的作品，同时也将有更多机会与观众进行互动和交流。在传播学意义上，元宇宙构成了未来人类社会逐渐实现无界融通、万物为媒、身心沉浸的文明演进愿景的重要载体和路径。

5.2 元宇宙多学科交叉的层次

在哲学层面上，元宇宙探索了众多哲学问题，例如，元宇宙与自我意识的关系，引发了一系列有关主体性和客体性的哲学思考。自我意识的产生是由于脑部神经元之间的相互作用，这种相互作用在元宇宙中是如何实现的？元宇宙中的自我意识又具有哪些特殊的性质？对这些问题的探讨，使我们不得不思考自我意识的本质，进而深入探讨元宇宙的存在意义和价值。另外，元宇宙还引发了有关人机关系的哲学问题。

随着元宇宙技术的飞速发展，我们不得不思考人和机器之间的关系，以及人类如何在元宇宙中与机器进行互动和融合。这涉及到许多哲学问题，如机器智能是否会取代人类智能，人类在元宇宙中是否会失去主宰权，人类与自己创造的"硅基文明"如何实现和谐共生等。哲学的思辨性质为元宇宙的理论基础提供了必要的支撑，同时也为元宇宙的实践应用提供了理论指导。在对元宇宙的研究中，哲学具有不可替代的理论价值，它可以帮助我们深入理解元宇宙的内在本质，从而更好地解决与元宇宙相关的问题和挑战。

元宇宙中的各类具象化、产品化、实体化的系统实现离不开关键技术的支持，这些技术包括区块链、网络空间测绘和人工智能等。基础学科理论为元宇宙的技术实现提供了支持和保障，同时也为元宇宙的未来发展提供了广阔的发展空间。在未来，这些基础学科的不断发展和创新将会进一步推动元宇宙的发展和变革，使元宇宙能够更好地满足人类对数字世界的需求。

元宇宙作为一个充满生命的空间，生命科学在其中扮演着至关重要的角色。虚拟生命和生物信息学等方面的研究为元宇宙中的虚拟生物创造、运营和演化提供了重要的理论和技术支持。通过对虚拟生命的模拟和控制，元宇宙可以在虚拟环境中实现生命的产生、进化和灭绝，为人类认识生命提供了全新的视角。

此外，元宇宙中的虚拟人物和虚拟生命的创造、发展和互动，也为我们探究人类的本质、意义和价值观提供了独特的思考路径。生命科学在元宇宙中的研究不仅具有理论上的重要性，更具有实践上的应用价值。例如，在元宇宙中，虚拟医疗可以通过模拟和实验来研究各种疾病的治疗方法，从而为真实世界的医疗科学提供新的思路和方法。同时，虚拟环境中的虚拟生命也可以用来模拟真实世界中的生物，从而加深我们对于生命的理解和认识。生命科学的研究为元宇宙的发展提供了广阔的发展空间，也为人类创造一个全新的、拥有虚拟生命的世界打开了新的可能。

元宇宙的实现需要工程技术学科的支持，包括虚拟现实技术、人工智能技术、区块链技术、大数据技术、人机交互技术等。虚拟现实技术可以模拟出逼真的沉浸式虚拟场景，给人以身临其境的感觉。人工智能技术可以通过大模型在图像识别、自然语言处理等方面的应用，使元宇宙中的虚拟人物和其他主体具备智能性，从而实现与现实世界人与万物的无缝沟通。区块链技术可以保证元宇宙中的数字资产、数字身份和数字权益等方面的安全性和可信度，让用户在元宇宙中享有自主权和隐私权。大数据技术可以为元宇宙环境下无处不在的信息交换与处理提供支持，从元宇宙相关的海量数据中有效而精准地提取有价值的信息。人机交互技术可以实现元宇宙中的虚拟人物和虚拟生命的智能化和自然化，让用户可以更加方便地与虚拟世界进行互动。这些工程技术学科的研究和应用为元宇宙的技术实现奠定了基础，也为元宇宙的发展和创新提供了动力。

元宇宙是一个涵盖了多个学科和领域的综合性概念，它不仅需要工程技术学科的支持，还需要文化、社会、心理学、传播学等非工程学科的参与和贡献。这些学科在元宇宙中扮演着重要的角色，对元宇宙中的虚拟文化、虚拟社交等方面的问题有着深刻的理论和实践意义。例如，文化学可以帮助我们分析元宇宙中不同文化的融合和冲突，社会学可以帮助我们探索元宇宙中人际关系的形成和变化，心理学可以帮助我们优化用户在元宇宙中的心理体验和行为模式，传播学可以帮助我们建立元宇宙环境下人与万物、虚拟与现实的无缝连接和有机互动。通过多学科交叉的方式，我们能够全面而深入地研究元宇宙的本质和未来发展趋势。

元宇宙是一个充满了无限可能性的虚拟世界，它可以让我们超越现实的限制，创造出我们想象中的一切。但是，元宇宙也不是一个完美无缺的乌托邦，它也存在着许多挑战和问题，需要我们不断地探索和解决。例如，元宇宙如何保护用户的隐私和安全？如何防止虚拟世界中的欺诈和暴力？如何平衡虚拟世界和现实世界之间的关系？这些问题都需要我们从技术、法律、伦理等多个角度进行思考和回答。

因此，对元宇宙的研究不仅仅是一个技术问题，也是一个文化、社会、心理学、传播学等多个维度的问题，需要我们从多个角度进行研究，以全面把握元宇宙的意义和价值，促进元宇宙的可持续发展。在这个过程中，我们需要借鉴各个学科的知识和方法，建立一个多学科协作的研究平台，共同推动元宇宙的发展和创新。只有这样，我们才能够真正地享受元宇宙带给我们的乐趣和便利，同时也能够避免元宇宙带来的风险和危机。

元宇宙的多学科交叉，体现了自然学科、人文社会学科、基础学科与应用技术的综合性和系统性，同时也为人类的文化、社会和生命等方面的问题提供了新的思考和解决方式。对元宇宙的研究需要跨学科的合作和创新，在多学科交叉的基础上，探索元宇宙的深层次意义和价值。

5.2.1 第一层次：哲学

在探讨元宇宙的哲学思考之前，我们需要了解人类和宇宙之间的关系。人类作为宇宙中的一种生物，与宇宙是相互联系、相互依存的关系。宇宙为我们提供了生存的环境和资源，我们也在不断地探索、理解宇宙的本质和规律。

那么，什么是宇宙？在哲学上，宇宙是一切存在的总体，包括物质、能量、空间和时间。宇宙的存在是无法被否定的，而人类对宇宙的认知是通过不断的观察、实验和推理得出的。

那么，什么是元宇宙？在当下中国学界与业界就元宇宙形成的以技术标准为基础的话语共识下，元宇宙是一种经由穿戴式装备或其他人机交互设施，使用户通过数字身份互联，在其中实现社交、工作、娱乐、消费等活动，并实现与现实社会交互、映射和影响的虚拟社区，是一种运用数字技术打造的虚拟与现实共生的新空间，它包含了现实世界的一些元素，但又超越了现实世界的限制，为人类提供了更广阔的交流和创造空间。当然，元宇宙并非完全独立于现实世界，它是在现实世界中基于数字技术构建的虚实共生新空间。

基于哲学思考，我们可以从两个方面来探讨元宇宙的定义。首先，从本体论的角度，我们可以问，元宇宙是否真实存在？其次，从认识论的角度，我们可以问，元宇宙是否可以被人类认识和理解？

针对第一个问题，元宇宙的真实存在性是有争议的。一些人认为，元宇宙源自虚构的概念，它不具备真实存在的实体，只是数字技术所构建的、具有虚拟特性的超现实空间。但是，也有人认为，元宇宙可以被视为一种独立的存在，它有自己的规律和本质，虽然不同于现实世界，但也是一种真实存在。

针对第二个问题，元宇宙是否可以被人类所认识和理解，我们可以从现实世界和元宇宙之间的联系来探讨。元宇宙是运用数字技术构建的虚拟与现实共生的新空间，人类可以通过计算机、互联网等技术手段进入元宇宙，但这种进入并非像在现实世界一样进行直接观察和体验，而是通过数字界面进行的。

　　在哲学意义上，元宇宙的概念将为人类对宇宙、身心、创造、认知和道德等方面的世界观带来许多革命意义。本书只是从宇宙、身心、创造、认知和道德五个方面做了初步的概述，更深刻的哲学意义需要进一步探讨。

　　从宇宙的角度来看，我们一直认为宇宙是由物质、能量和信息构成的自然宇宙，但是随着科学技术的发展，虚拟现实开始占据越来越重要的地位，这也让我们开始思考宇宙的另一种形态——双重宇宙。

　　双重宇宙的概念最早由物理学家约翰·惠勒提出，他认为宇宙不仅由我们看得到的物质世界构成，还包括我们无法看到的虚拟现实世界。这个概念在现代科学和哲学中得到了越来越多的讨论和研究。传统宇宙观认为所有事物存在于宇宙中，而人类只是宇宙的一部分。在这个观点中，宇宙是自然宇宙，由时间和空间构成。

　　与传统的宇宙观不同，元宇宙是一个包括自然宇宙和数据宇宙的双重宇宙。自然宇宙是指我们所熟知的物质和能量组成的宇宙，而数据宇宙则是一个由数字信息构成的虚拟世界。数据宇宙不仅包含人类创造的数据，也包括人类无法直接观测的自然现象和信息世界。这意味着我们现在正在经历的信息革命，不仅改变了我们的生活方式和社会结构，同时也改变了我们对宇宙的认识。

　　虚拟现实的出现使得信息成为宇宙中的重要组成部分。在虚拟现实世界中，我们可以创造出看似无限的信息世界，这个世界并不依赖于物质，而是完全由信息构成。虚拟现实的发展也让我们开始思考，宇宙是否是由物质、能量和信息三个方面构成的双重宇宙呢？

　　从宇宙学的角度来看，我们可以认为双重宇宙中的自然宇宙和数据宇宙是互为存在的，它们构成了一个更加综合和复杂的宇宙。传统宇宙观认为宇宙是自然宇宙，但我们现在需要更广阔的定义来涵盖双重宇宙的概念。因此，我们不能简单地将宇宙视为一个独立的物质空间，而是应该将它视为一个包含物质、能量和信息三个方面的整体。在这个新的宇宙观中，我们可以看到物质、能量和信息三个方面的相互作用和联系。它们相互依存，共同构成了我们所在的宇宙。

　　在过去的学术界中，对物质和能量这两个实体维度进行的研究非常深入，但是对于信息这一虚拟维度却关注不足。然而，随着人们对信息的理解渐续深入，我们发现信息不仅可以完全描述自然界的物质、能量和其他信息参数，而且可以用信息重构与自然界相关联和映射的信息世界。相比于过去人类从时间和空间的维度探索宇宙，我们正在进入一个信息时代。

数据是信息的载体，是我们理解自然界和构建数据宇宙的基础。随着大数据等信息技术的兴起，自然界中所有的事物都正在被数字化，我们将能够更深入地挖掘数据的潜力，这将为人类带来更广阔的发展空间。在元宇宙中，数据不再是简单的数字和字符，而是被赋予了更深层次的意义和价值。数据在元宇宙中可以用于重建自然界的复杂系统、实现虚拟仿真和探索未知领域。于是人类开始使用相关数据构建与自然界的一切相对应的数据世界，从而形成了由来自现实世界万事万物的复杂多态数据经萃取、积淀和深度处理的"数据熔岩"。在对应于元宇宙创新进程的未来数据科学发展中，数据越来越呈现出多模态特性和复杂动态性，其动力学机制也越来越呈现出类似熔岩态的地幔物质的复杂特性。

从现实世界的数字化中形成的大量"数据熔岩"正在逐步构造出一个由现实世界沉淀而来、又深刻映射现实世界的数据宇宙。作为自然宇宙的映射，数据宇宙不仅描述了自然宇宙，而且具有相对的独立性，它又被称为虚拟宇宙或数字宇宙。元宇宙的发展，可被视为利用信息技术，特别是数字技术，将自然宇宙扩展到数据宇宙，从而将单一宇宙转化为双重宇宙的过程。通过数据宇宙，我们不仅可以加深对自然宇宙的理解和利用，还可以摆脱自然宇宙复杂结构和规则的束缚，释放人类的创造力，以自然宇宙为基线和出发点，构建与其共生的数据宇宙。因此，在元宇宙时代，除了继续探索外太空，如马斯克登陆火星和月球的计划，我们将更加关注"向内的拓展"，即通过数据宇宙深入了解现实世界的奥秘，丰富自然宇宙的内涵。

自然宇宙的起源可以追溯到宇宙大爆炸，自然宇宙的发展与演化是一个充满复杂性和奥秘的过程。在过去，人们主要关注物质和能量这两个实体维度，研究物质和能量在时空中的运动和变化，信息的虚拟维度却长期被忽视。近年来，随着对信息的深入研究，人们逐渐认识到信息不仅可以完全描述自然界的物质、能量和其他信息参数，还可以重构与自然界互为映射的信息世界。数据是信息重要的表达方式之一，随着物联网、云计算、大数据、人工智能等信息技术的兴起，自然界中所有的事物逐渐被数字化，经过多态化的时空数据积淀与萃取，形成了一个以深数据、密数据、热数据为基础的庞大的"数据熔岩"体系。

这个"数据熔岩"体系不仅从时空纵深和内涵纵深上汇聚并揭示了自然界的内在规律，也成为构建数据宇宙的基础。数据宇宙作为自然宇宙的映射，不仅描绘了自然宇宙，也具有相对独立性，因此被称为虚拟宇宙或数字宇宙。而元宇宙则在此意义上构成了自然宇宙和数据宇宙的相互融合、互动，通过信息技术，特别是数字技术，将单一宇宙扩展到自然宇宙和数据宇宙平行的双重宇宙。

如上所述，在元宇宙时代，人类不仅会继续探索外太空，探索更多的星球和宇宙奥秘，还会更加关注内部扩张，通过数据宇宙认识自然宇宙的奥秘，并丰富自然宇宙的内涵。通过元宇宙技术，人类可以在虚拟世界中创造各种不同的环境和场景，从而更加深入地研究自然界的各种现象和规律。同时，元宇宙也为人类创造了一个全新的虚拟世界，让人类发挥无限的想象和创造力，为人类的科学、文化、艺术、传播、教育、娱乐等领域带来更加广阔的发展空间。

数据宇宙不仅会揭示隐藏在自然宇宙中的秘密，而且会激发和呈现更多的规律、准则、样态与可能性，最大限度地释放人类的创造力。如果说人们还在致力于探索外太空的自然宇宙，那么未来的人们就更有可能在内部广泛地探索数据宇宙。柏拉图曾在《共和国》中讲过一个关于洞穴寓言的故事：一群人被关在一个黑暗的洞穴里，自出生以来从未离开过洞穴，从未见过外面的阳光。他们只能在火光中看到各种物体的影子，所以他们的世界只是一个影子世界。有一天，一个人设法挣脱了桎梏，走出了山洞，发现了外面的世界，但他认为外面的世界并不真实，难以接受。相比之下，当今时代的我们似乎一直被由科技、社会、认知、思维等因素形成的特定意义上的"桎梏"局限在外部自然宇宙中。虽然我们通过各种认知手段（尤其是科学技术）看到了自然宇宙黑匣子里面的秘密，但我们并没有沉浸在自然宇宙的"洞穴"中，也没有体验到自然宇宙的数据所映射出的多彩世界。目前，人类正深入到由外部自然宇宙的数字影子组成的"洞穴"中，看到了更广阔的元宇宙。但人类会平静地接受元宇宙吗？

作为一个身体和思想的综合体，人类对宇宙的探索从古至今不断演变，最终进化出元宇宙这一概念。自然宇宙经历了无数的变化和进化，最终演化出人类。人类可以被视为由硬件和软件组成的系统。身体是人类的硬件，而心灵和思想则是人类的软件。身体由各种有机物质构成，属于自然科学的研究范畴；而心灵和思想的活动和内容则是不可见、不可触摸、复杂、活跃且不断变化的，同时还没有适当的表达方式。

传统的表达工具，如语言、文字、声音和图片等，被用来表达人们的思想。但由于思想的复杂性和动态性，这些表达工具很难准确、精确、实时、沉浸、完整和生动地表达人类的思想，因为相比于复杂和动态的思想，它们是简单和静态的。然而，随着信息技术的革命性发展，大数据技术、智能技术和虚拟现实技术等创新技术可以更好地表达人们的想法。这些技术各有优缺点，需要进行整合，以更完整、生动地表达人们的想法。

德国哲学家康德的一项重要思想，是他在其三部批判中提出的一个概念：自然现象可以通过纯粹的理性来被认识和理解，而人类思维则由于其主观性难以被认识和把握。因此，康德将世界分为此岸世界和彼岸世界，两个世界之间难以沟通和超越。然而，随着元宇宙的出现，这个观点被挑战了。元宇宙在此岸世界和彼岸世界之间搭建了一座桥梁，将难以认识和把握的现象带入观察、认知和实验的范围。同时，与"天人合一"的中国式宇宙观一脉相承，宋明理学家陆九渊的思想也与元宇宙有着紧密的联系。他提出"吾心即宇宙，宇宙即吾心"，这一理念在特定时代背景下被认为是唯心主义的代表，现在看来，他在几百年前就已经意识到，心灵是内在宇宙和外在自然宇宙之间的联系节点。这与元宇宙的概念相似，元宇宙的提出也从某种意义上证实了陆九渊的思想。因此，我们可以将元宇宙视为人类思维的一个创新实验室，它为我们提供了一个超越传统物质世界的新领域，使我们能够以前所未有的方式来认识和理解我们所处的世界。

从创造的角度看，我们期待元宇宙能够开启人类的新创造时代。在人类探索世界的过程中，各个国家的哲学、宗教、科学和民间传说都有自己的创世故事，例如，中国传说中的盘古创造了世界和万物，西方圣经中的上帝创造了世界，而科学界则接受了大爆炸宇宙论，认为宇宙起源于一个炽热的奇点。无论世界是如何来的，人类现在生活在这个已经建立的宇宙中，不能改变过去，但可以掌握现有物质世界的法则，并按照这些法则行动。尽管人类可以通过理解自然法则和使用知识法则适当模仿自然，但仍受到自然法则的限制，无法超越自然法则。

然而，元宇宙的出现打破了这种限制，为人类超越传统意义上的自然法则提供了可能。在元宇宙中，人类可以从追求美好愿景的价值理念出发，创造出优于现实世界的虚拟世界，并探索这些世界的可能性。元宇宙为人类创造提供了新的平台和工具，可以通过数字化技术和智能化系统来发挥人类的创造力。这使得人类可以通过创造虚拟世界来超越原生自然，创造出新的可能性和实现新的目标。

虽然人类在自然面前显得微不足道，但是人类始终渴望超越自然，成为自然的主宰者。人类在其创造历程中，通过观察自然和探索自然法则，逐渐理解了自然运作的规律，并使用这些规律来创造科学和技术。通过利用科学和技术改变生活环境，人类不断提高生活质量，实现自己的愿望和目标。元宇宙的出现，进一步扩展了人类的创造空间，为人类的探索和发展提供了更加广阔的视野和更加丰富的可能性。

虽然人类在适应和利用自然过程中表现出了自身的主观能动性和创造力，但他们必须在自然法则的约束下进行各种动态和创造性的活动。笛卡儿曾认为，人类的主观性和存在只能通过思考或认知来证明，即"我思故我在"。然而，人类是否愿意被完全束缚在自然法则的笼子里呢？答案显然是否定的。人类一直有更为宏大的梦想和更具远见的超越。元宇宙时代的到来为人类更大的创造力提供了广阔的空间，甚至允许人类在现实世界的基础之上创造一个新的世界，并享受创造世界的乐趣。

为了超越自然宇宙，实现人类的主观性和主动性，人类试图在思想上实现精神世界的极大丰富。虽然在自然宇宙中，人类无法从身体和物理上摆脱自然法则的完全控制，但他们可以尝试通过不断探索和创造，突破自然的限制，实现自己的梦想。最初，人们通过幻想小说和科幻小说表达了对这种超越和自由的向往，例如《西游记》《三体》《雪崩》等。然而，文字的表达力难以生动地表达人们的创造力欲望。

随着电影技术的兴起，人们开始使用声、光的结合来表达人类的创造欲望，例如《头号玩家》《阿凡达》《黑客帝国》等。但是，对于科幻影视作品而言，除了其创造者，其他人只能作为受众进行观看而不能沉浸其中。电子信息技术和数字技术的兴起为人类表达创造欲望提供了新的手段。除了电影的光影体验，以游戏产品为代表的数字信息系统还可以使用户参与和沉浸在各种创造性的活动中，例如《第二人生》、Roblox 等。特别是在元宇宙时代，游戏将成为交流虚拟现实和表达人们创造激情的最可行手段。在元宇宙中，由于现实世界中的大多数事物以数字化的形式映射到虚拟世界中，形成了一个统一的数字世界。年轻人对创造力有着强烈的渴望，传统形式如文字、图片和电影很难完全表达他的思想。这个数字世界可以是一个虚拟的模拟现实，也可以是一个全新的创造，由人类自己设计和建造。在这个数字世界中，人类可以突破现实世界的限制，实现更为广阔而深远的探索、创造和交流。元宇宙时代的到来，将会极大地促进人类文明形态的发展和进步，同时也给我们带来了新的机遇和挑战。

认识论是哲学中研究人类认知活动的重要分支，关注人类对世界的认知能力以及世界的客观规律。传统的认知模式主要通过自然语言来描述研究对象的各种现象，并从中发现隐藏的规律。然而，自然语言往往是含糊和多义的，不同语言之间的交流也存在着困难。随着数学逻辑的兴起，哲学家们发现用自然语言来描述现象存在缺陷，因此引入了数学逻辑语言，从而能够更清晰地描述现象和规律，这是分析哲学运动和 20 世纪认知科学的语言转化。

在自然宇宙中，人类主要通过自然语言来描述现象，并通过数学逻辑语言来描述现象之间的逻辑关系。虽然不同的国家和民族可能使用不同的语言，但它们都属于人类语言。然而，在元宇宙中，我们需要更高效、更精确、跨越人类和非人类主体的通用语言。由于元宇宙中的认知主体不仅包括人类，还包括各种智能主体，因此在元宇宙的通用语言不再是人类自然语言，而是数据语言，一切都是由数字化的信息实体，也就是数据来表示的。

在元宇宙中，机器学习通过数据挖掘、处理和计算来实现。任何规律都可以在数据中找到，并通过数据和算法表示。这意味着，元宇宙的存在依赖于通用数据语言和数据哲学的理论基础。元宇宙的发展也必须基于这一基础，从而实现更高效、更精确的通用语言，推动元宇宙的发展和进步。

从伦理的角度来看，元宇宙是源于现实而不同于现实的、涉及文明形态变迁和道德伦理重构的数字世界。在西方早期设想的元宇宙中，人们可以毫无约束地自由生活，脱离了现实世界中的各种社会规范、伦理、法律的约束，但是，这种自由必将会导致一系列问题，例如虚拟世界中的诈骗、虚假信息、网络暴力等。因此，元宇宙领域需要务实落地、创新发展，元宇宙不应成为法外之地，而是需要一套新的道德规范和法律法规来约束人们的行为和数字技术体系的运行，保障这一形为虚拟、源自现实的数字世界中各类主体的和谐共生与稳健发展。

在制定这套新的道德规范和法律法规时，人类需要考虑到元宇宙的特殊性质。首先，元宇宙是一个基于数字技术的、虚实共生的新世界，与现实世界是存在差异的。因此，其中的道德规范和法律法规需要考虑到虚拟世界的特殊性质，以及虚拟世界与现实世界之间的关系。其次，元宇宙是一个全球性的虚拟空间，是人类网络空间命运共同体的切实体现。因此，在制定道德规范和法律法规时，需要考虑到全球范围内的国家与社会的多样性和文化差异。

随着全球数字技术与互联网信息社会发展水平的提升，为了确保元宇宙的可持续发展，最终需要建立一个由全球社区共同参与的治理体系，以制定和执行元宇宙的道德规范和法律法规。从网络空间命运共同体理念出发，这个治理体系需要包括政府、企业、学术界、社会组织和公众等各方的代表参与，以保证各方的意愿和利益得到充分体现和平衡。同时，需要建立有效的监管机制，以监督和惩罚违反道德规范和法律法规的行为，保障元宇宙的和谐与稳定。需要注意的是，道德规范和法律法规的制定只是元宇宙道德体系构建的一个方面。更重要的是，每个人都需要在元宇宙中树立正确的道德观念和行为准则，自觉遵守元宇宙环境下的道德规范和法律法规，共同维护元宇宙的和谐与稳定。

5.2.2 第二层次：与元宇宙有关的基础学科

元宇宙的发展离不开基础学科的支持，包括数学、逻辑学、天文学、天体物理学、地理科学、空间科学、物理学、化学等。

对于元宇宙中的计算和数据分析而言，数学是重要的理论基础。首先，数学的基础概念和方法是元宇宙中许多复杂问题的核心。数学中的代数学、几何学、拓扑学等分支学科可以被应用到元宇宙的各个领域中，以解决复杂的计算和数据分析问题。例如，代数学可以用于解决元宇宙中的线性代数问题，如大规模矩阵运算等，而拓扑学则可以用于描述元宇宙中不同空间之间的联系和拓扑结构，进而帮助完成元宇宙的建模和优化工作。其次，计算机科学、机器学习和人工智能等领域都需要用到数学。数学提供了精确的逻辑语言和计算工具，帮助人们理解和分析元宇宙中的数据和模型。这些工具包括微积分、概率统计、最优化理论和不确定性计算等，它们为元宇宙中的复杂计算和数据分析提供了基础。

数学还可以帮助我们优化元宇宙中的算法和模型。例如，深度学习模型收敛需要用到数学中的最优化方法，这有助于在元宇宙中找到最佳的解决方案。在通用人工智能体系下，数学还可以用于优化神经网络和机器学习模型，以提高其准确性和效率。数学作为一个关键的基础学科，在元宇宙中具有广泛的应用，概括而言，数学提供了重要的理论基础、工具和方法，帮助我们理解和解决元宇宙中的各种计算和数据分析问题。

逻辑学涵盖了推理、证明、推断等多个方面，对元宇宙中的智能代理、虚拟现实、沉浸式媒体和具身交互等应用具有重要的意义。首先，逻辑学为元宇宙中的智能代理提供了基础。智能代理的核心之一是能够自主地进行推理和决策，而逻辑学的研究内容正是这些推理和决策的规则和过程，为智能代理提供了理论基础。逻辑学中的符号逻辑、谓词逻辑、模态逻辑等工具，可以用于描述和分析智能代理的推理和决策过程。其次，逻辑学在设计和测试虚拟现实与沉浸式媒体环境（包括具身交互系统）时也发挥着关键作用。虚拟现实是一个模拟现实环境的数字世界，它通过沉浸式媒体和具身交互技术，为用户提供一种身临其境的体验。在设计和测试虚拟现实与沉浸式媒体环境时，逻辑正确性是至关重要的。只有逻辑正确的虚拟现实环境、沉浸式体验和具身交互能力，才能让用户得到真正的身临其境的感觉。逻辑学中的命题逻辑、谓词逻辑等工具，可以用于描述和分析虚拟现实环境中的逻辑正确性。此外，逻辑学还可以用于构建知识表示和推理系统，为元宇宙中的智能代理提供更加高效和精确的决策和推理能力。例如，基于知识表示和推理的专家系统可以应用于元宇宙中的自然语言处理、语音识别和图像识别等领域，为元宇宙中的智能代理提供更加智能化的服务。

总而言之，逻辑学的研究思维过程和规则为构建元宇宙中的智能代理提供了理论基础，帮助开发者设计虚拟现实环境的逻辑体系，并测试其正确性。

天文学和天体物理学是两门与元宇宙有着密切联系的学科，它们研究的是宇宙的演化和结构，可以为元宇宙的建设和发展提供重要的支持和指导。首先，天文学和天体物理学可以帮助构建具有真实感、适宜感和合理性的虚拟宇宙。在元宇宙中，在最宏大的视角上，虚拟宇宙可以构成一个重要的场景，这个场景可以是高度近似于现实宇宙的"真实世界"，可以是某种意义上神似于现实，能够使用户适应并喜爱的"宜居世界"，也可以是迥异于现实宇宙、但又符合某种合理规则的"幻想世界"。这些场景中的真实感、适宜感及合理性，是元宇宙的优良体验、用户亲和感、用户活跃度和用户使用粘性的基础和源泉。总结现实世界宇宙观和物理法则的天文学和天体物理学，可以为元宇宙提供宇宙结构和演化的基本规律，帮助构建元宇宙世界中更为优良、更为真切、更为美好的虚拟宇宙。其次，天文学和天体物理学可以为元宇宙中的导航和地理信息系统提供理论基础。导航和地理信息系统是元宇宙中不可或缺的应用之一。例如，用户在元宇宙中探索各种场景时需要准确的定位和导航信息。天文学中的天体测量学和星座测量学，以及卫星导航系统中使用的天文学原理，可以为元宇宙中的导航和地理信息系统提供理论基础和支持。此外，天文学和天体物理学还可以为元宇宙中的空间科学研究提供重要的支持和指导。例如，在元宇宙中研究恒星和行星的形成和演化过程，需要借助天文学和天体物理学中的知识和理论。这些知识和理论不仅可以指导元宇宙中的空间科学研究，还可以加深我们对现实宇宙的理解与洞察、提升对现实世界的认知与觉悟。

概括而言，天文学和天体物理学对元宇宙的发展有着重要的贡献。它们通过研究宇宙结构和演化规律，帮助元宇宙开发者构建具有真实感、适宜感和合理性的虚拟宇宙；它们中的测量学和导航原理可以为元宇宙中的导航和地理信息系统提供理论基础和支持；此外，天文学和天体物理学中的知识和理论还可以指导元宇宙中的空间科学研究，促进我们对元宇宙的深入理解。

地理科学是构建具有真实感、适宜感和合理性的元宇宙的基础学科之一。地理科学研究地球和其他行星的物理和地理特征，包括地形、气候、水文、生态等。这些研究成果为元宇宙开发者创建高度逼真的虚拟地球或适宜人类生活的其他行星环境提供了理论基础。例如，在一个基于元宇宙的游戏或虚拟现实平台中，玩家可以通过地理学知识的运用来探索和了解地球和其他星球的物理特征，如地形、天气等。此外，地理学还可以为元宇宙中的导航和地理信息系统提供理论基础，例如，地理信息系统可以用于创建虚拟地图和提供位置服务，让用户可以在元宇宙中准确定位和导航。

空间科学是以天体物理学规律、空间探测技术等为研究对象的科学领域，其研究成果为构建具有真实感、适宜感和合理性的虚拟星球和行星环境提供了理论基础。通过空间科学的研究成果，元宇宙可以实现高度逼真的行星、恒星、银河系等的模拟和再现，也能够实现符合用户舒适感认知、符合客观物理规律的虚拟星系和星球。此外，空间科学还可以为元宇宙中的导航和地理信息系统提供理论基础，例如通过卫星技术实现定位和导航等。

因此，地理科学和空间科学对构建具有真实感、适宜感和合理性的元宇宙至关重要，这两个学科为元宇宙中的环境建模和地理信息系统提供了重要的支持，让用户可以在元宇宙中探索和了解地球和其他星球的物理和地理特征。同时，这两个学科还可以用于模拟和再现星际探索、太空旅行等，让用户可以亲身体验这些壮观的场景。

物理学研究物质和能量的基本规律，包括物理定律、粒子物理学和相对论等，这些研究成果可以被应用于构建虚拟世界中的物理引擎。在元宇宙中，物理引擎可以模拟物体的运动、重力、碰撞等物理效应，让虚拟世界更加真实。此外，物理学还能够为元宇宙中的技术设备、交通工具等提供科学、合理的基础理论支撑，例如，物理引擎的应用可以让元宇宙中的交通工具更加逼真地模拟物理效应。

化学研究物质的组成和性质，包括分子结构、化学反应等，这些成果可以为元宇宙中的材料科学提供理论基础。在元宇宙中，用户可以根据化学原理，对化学反应进行模拟仿真，制造现实世界中不存在的新材料和产品，包括新型合金、电子元件等。此外，化学还能为元宇宙中的能源科技提供理论基础，例如利用化学反应来储存和利用能源。

物理学和化学对于元宇宙的发展至关重要，它们为构建逼真的虚拟世界和物理引擎提供了理论基础，为元宇宙中的材料科学和能源科技提供了支持。无论是在游戏和虚拟现实场景之下，还是在科学技术领域之中，物理学和化学都是元宇宙不可或缺的基础学科。

5.2.3　第三层次：与元宇宙有关的生命科学

在元宇宙中，生命科学是一个非常重要的学科，它涉及了基于数字信息技术和智能技术模拟虚拟生命和生态系统的基本原理和技术。生命科学研究生命体系的基本原理和生命现象，包括遗传学、细胞生物学、生态学等。这些原理和现象是模拟虚拟生命和生态系统的理论基础。

模拟虚拟生命和生态系统需要考虑很多因素，包括物理因素、化学因素、生物因素、生态因素等。生命科学可以被应用于对这些因素的仿真模拟，使虚拟生命和生态系统表现得更加逼真和复杂。例如，在元宇宙中，生命科学可以被用于创造虚拟生命，例如虚拟宠物等。这些虚拟生命可以有自己的行为、动作、感知和情感，使元宇宙更加有趣和真实。此外，生态系统的模拟也是生命科学在元宇宙中的一个重要应用。在元宇宙环境下，通过数字技术模拟各种生态系统，包括森林、草原、沙漠、海洋等。通过生命科学的研究成果，元宇宙中的虚拟生态系统表现得更加逼真和复杂，使元宇宙更加真实和有趣。

生命科学为元宇宙中模拟生物系统和生态系统提供了理论基础，为医疗科学、食品科学、农业科学和环境科学提供了支持。无论是在游戏、虚拟现实，还是在科学技术领域，生命科学都是元宇宙不可或缺的基础学科之一。

生命科学在元宇宙中可以被用于人工智能和机器人研究。生命科学研究生命体系的基本原理和生命现象，可以为机器人的设计和制造提供灵感和指导，例如仿生学和生物启发式设计等。此外，生命科学还可以为人工智能的发展提供支持，例如研究神经科学和认知心理学，可以为人工智能的学习和决策提供启示。

生命科学在元宇宙中还可以被应用于开发新材料和新型能源。生命科学研究生物体的结构和功能，可以为新材料的设计和制造提供灵感和指导，例如仿生材料和生物材料等。同时，生命科学还可以为新型能源的开发提供支持，例如研究生物发酵和光合作用等，为生物能源的研发提供启示。

生命科学在元宇宙中还可以被应用于文化、艺术等方面。生命科学研究生命体系的多样性和进化，可以为文化和艺术创作提供灵感和素材，例如生物艺术和生物音乐等。同时，生命科学的研究成果也可以为文化和艺术的传播提供支持，例如生物多样性的保护和环境保护教育等。

总的来说，生命科学在元宇宙中的应用是多方面的，可以帮助创造更加逼真的虚拟世界，也可以为医疗、食品、环境等领域提供支持，同时还可以为人工智能、机器人、材料、能源、文化、艺术等领域带来新的可能性和发展机遇。

5.2.4 第四层次：与元宇宙有关的工程技术学科

元宇宙的关键技术包括区块链、网络空间测绘、人工智能等，这些技术无论是在现实空间还是元宇宙虚拟空间都具有重要的作用。

区块链技术在元宇宙的经济体系中扮演着至关重要的角色，尤其是在保障数字资产所有权和确保交易安全方面。在元宇宙中，区块链技术的应用主要包括数字货币、区块链驱动的移动支付、数字经济系统和 NFT 等方面。其中，数字货币是元宇宙中的主要支付方式，如比特币、以太坊等，数字货币可以在元宇宙中进行快速、便捷、安全的交易。区块链驱动的移动支付则为元宇宙用户提供了方便的支付方式，用户可以在元宇宙中通过手机完成支付，这些支付将会被加密和记录在区块链上，保证支付的安全性和不可逆性。

数字经济系统是元宇宙中的一个重要组成部分，它通过区块链技术支持虚拟商品的交易和管理。在数实共生的元宇宙经济系统中，用户可以购买数字商品、租用数字房产、投资虚拟企业等。这些交易将会记录在区块链上，并在智能合约的控制下自动完成，确保交易的公平性和透明度。此外，NFT 也是元宇宙中的一个重要应用，它通过区块链技术确保数字资产的唯一性和不可替代性，为数字艺术家、收藏家、游戏玩家等提供了一种全新的价值交换方式。

这些区块链技术的应用需要基础学科的支持。信息科学和计算机科学是实现区块链技术应用的重要基础学科，其中信息科学是研究信息的获取、传输和处理的基本原理和方法，计算机科学则研究计算机硬件和软件的基本原理。物理学和数学也是支持区块链技术发展的重要基础学科，其中物理学研究自然现象的规律性，数学研究数学对象的性质和关系。这些基础学科的发展为区块链技术的创新提供了理论基础和技术支持。

网络空间测绘是一种跨学科的研究领域，它结合了计算机科学、电子工程学、地理信息科学等多个学科的知识。该领域主要涉及网络空间中的实体资源探测、信息采集、建模和可视化等过程。其主要目的是实现网络空间与物理空间的精确对应和交互。

网络空间测绘可以利用卫星遥感、激光雷达、无人机等技术获取物理空间中的地理数据，同时还可以利用虚拟现实、图像处理等技术采集、处理、分析和呈现网络空间中的数据和信息。这些技术的应用可以帮助用户在元宇宙中定位自己的数字化身，探索数实共生的元宇宙环境中的资源和场景，以及参与虚拟活动和社交互动。同时，网络空间测绘还可以为元宇宙中的地理信息系统、虚拟现实和增强现实游戏等应用提供基础支持，是元宇宙中重要的基础学科之一。它的发展将有助于构建元宇宙的虚实共生地理环境，实现数字资源与现实世界实体资源的映射和交互，推动元宇宙的发展和应用。

在元宇宙中，人工智能是支撑实时内容生成和智能维护的关键技术之一。元宇宙涉及的人工智能技术，不仅包括传统的机器学习，还包括计算机视觉、知识图谱、自动驾驶、人工智能内容生成等。这些技术的发展，为元宇宙提供了更多的可能性和优势。

通过人工智能内容生成，元宇宙可以使用人工智能来生成类似人类的声音、视频和其他独特内容。用户只需要输入简单的信息，这些信息数据就可以自动转换为游戏、新闻、广告和讲座资料等。计算机视觉和自动驾驶技术可以帮助元宇宙中的用户在虚拟世界中感知和控制他们的数字化身。

这些技术还可以帮助元宇宙中的虚拟助手和机器人更好地服务用户。

知识图谱技术可以使元宇宙中的信息更加精准和高效。知识图谱是一个以语义网络为基础的知识表示方法,它能够将各种知识元素连接在一起,形成一张大规模的知识网络,展示知识间的相互联系。这可以帮助元宇宙中的虚拟助手更好地理解用户的需求,提供更加个性化的服务。除上述提到的技术之外,还有其他领域的人工智能技术,如自然语言处理、语音识别、情感分析等。这些技术都可以被应用于元宇宙,以帮助用户更好地进行交流和互动。

人工智能还可以通过分析元宇宙中的数据,预测用户的行为和需求,从而提供更好的个性化服务和用户体验。这种数据分析和预测可以被应用于广告投放、商品与服务推荐、搜索引擎优化等领域,帮助各类服务主体更好地理解他们的服务对象。然而,人工智能技术也面临着一些挑战,例如,深度学习算法的不可解释性问题,人们不知道为什么算法会做出某些决策。这种不可解释性可能会导致人工智能在某些情况下做出错误的决策,从而影响用户的体验和信任度。此外,研究者们也需要考虑人工智能安全问题,以防止数据泄露和网络攻击等威胁。因此,人工智能的研究者们需要不断探索新的解决方案和技术,以克服这些挑战,并确保人工智能能够在元宇宙中发挥最大的作用。

总的来说,人工智能是元宇宙不可或缺的一部分,其发展将为元宇宙带来更多的创新和变革。

5.2.5 第五层次与第六层次:与元宇宙交叉融合的非工学类学科

随着元宇宙的不断发展,越来越多的非工学类学科开始涉足其中,与工程技术学科共同推动元宇宙的发展和应用。我们将讨论四个非工学类学科与元宇宙的交叉融合,包括艺术、新闻传播学、社会科学和医学。

艺术与元宇宙的交叉融合已经成为一个热门话题。艺术家和设计师开始利用虚拟现实技术,创造出更加生动、真实的数字艺术作品。元宇宙提供了一个虚拟的空间,艺术家可以在其中创造出令人难以置信的视觉效果,创造出与现实世界完全不同的视觉体验。艺术家们可以使用虚拟现实技术创造沉浸式的作品，使观众完全融入到作品中，与艺术作品进行互动。

作为信息社会中重要的交叉融合学科，新闻传播学可以帮助我们建立元宇宙环境下人与万物、虚拟与现实的一体化无缝连接和深度有机互动。新闻传播领域的科学理论与实践方法体系在今天已经形成了与信息科学、网络科学、认知与心理学、脑科学和人工智能等领域的深度融合。元宇宙作为数字技术条件下以虚实共生为基本特征的未来人类生存环境和文明土壤，其同未来新闻传播领域的发展是同向而行的。从新闻传播学的视角出发，元宇宙构成了未来人类社会实现无界融通、万物为媒、身心沉浸的文明演进愿景的重要载体和路径，这也是元宇宙作为人类文明永续发展的终极目标的实现路径。在未来的元宇宙中，人类终将突破在生物感知和思维认知上的局限性，实现人与万物之间的无缝融通和泛在沉浸。

社会科学是研究人类社会行为、社会组织、社会结构和社会文化等方面的学科。随着元宇宙技术的发展，社会科学家开始利用元宇宙中的虚拟环境和工具开展研究，以更加准确地预测人类行为和社会动态。在元宇宙中，社会科学家可以在虚拟环境中模拟现实世界中的社会活动。虚拟环境的这种特性使得社会科学家能够进行更加精细的社会实验。通过控制虚拟环境中的条件和情境，社会科学家可以研究不同的社会问题，例如人际关系、社会规范、社会认同等。这些实验可以让研究者更加深入地了解人类行为和社会动态，推动社会科学领域的研究和发展。

此外，元宇宙的虚实共生数字信息环境也为社会科学家提供了一个新的数据来源。通过对虚拟环境中的数据进行分析，社会科学家可以探究虚拟环境中的人类行为和社会动态。例如，在元宇宙环境下，社交网络和虚拟经济系统的建立使得社会科学家可以研究网络社交和数字化经济现象，探究这些现象对人类社会的影响。这种跨学科的交叉融合有望推动社会科学领域的研究和发展。

医学是研究人类健康和疾病的学科，元宇宙的发展为医学领域提供了全新的机遇。首先，元宇宙为医学领域提供了一个全新的研究平台。在元宇宙的虚拟环境中，医学研究者可以进行各种实验研究，例如，研究药物治疗的有效性和副作用，探索疾病的发病机制等。利用虚拟环境的优势，医学研究者可以更加准确地模拟人体疾病反应，进一步提高研究的可信度和准确性。其次，元宇宙技术为医学领域的医疗实践提供了新的方式和手段。例如，虚拟现实和增强现实技术可以被应用于手术模拟和手术培训，医生和护士可以在虚拟环境中进行实践操作，提高手术安全性和医疗质量。最后，元宇宙技术也可以被应用于远程医疗和在线诊断，医生可以在虚拟环境中与患者进行沟通，提供及时的医疗服务。

元宇宙技术可以被应用于改善医疗服务的效率和体验。例如，虚拟现实和增强现实技术可以被应用于建立医疗信息平台，医生和患者可以通过虚拟环境共享医疗信息，提高医疗服务的协同性。此外，元宇宙技术也可以被应用于设计和开发医疗设备和器械，提高患者的生活质量。医学与元宇宙的交叉融合有望推动医学领域的发展，提高医疗服务的质量和效率，提高患者的生活质量。

元宇宙需要与多个学科交叉融合发展，进而解决各学科中的挑战和问题，包括哲学、基础学科、生命科学、工程技术学科以及非工学类学科。其中，哲学提供元宇宙的价值和本质分析，基础学科为元宇宙提供理论逻辑支持，生命科学为元宇宙的生态系统和生命科技领域的发展提供了理论基础，工程技术学科提供了虚拟现实、区块链和人机交互等技术基础。此外，非工学类学科也至关重要，这些学科包括艺术、新闻传播学、社会科学等，它们为元宇宙的社会互动和数字经济的发展提供关键支持。

本章参考文献

[1] 童煌杰，王菁，于乐梓，等. 虚拟世界、二次人生、元宇宙的商业模式与价值创造分析——以 MHY 为例[J]. 商展经济，2023(12):125-128.

[2] 苟尤钊，季雪庭，叶盈如，等. 元宇宙技术体系构建与展望[J]. 电子科技大学学报，2023, 52(1):74-84.

[3] 谢琳灿，张华珺. 元宇宙的技术内涵与发展评议[J]. 科技中国，2023(1):46-48.

[4] 王洁. 元宇宙的本质规定、作用机制和实践指引——基于马克思主义技术哲学的视角[J]. 理论月刊，2023(5):40-47.

[5]　程丙. 元宇宙的持存面相：话语·技术·生存之境——基于斯蒂格勒技术哲学的分析[J]. 江汉论坛，2023(4):13-18.

[6]　彭怡，朱敏. 元宇宙与心灵哲学的可能性疑难——以"终极模拟机器"为蓝本的考察[J]. 昆明理工大学学报（社会科学版），2023, 23(2):43-51.

[7]　黄欣荣. 元宇宙究竟是什么？——从哲学的观点看[J]. 贵州大学学报（社会科学版），2022, 40(6):27-36.

[8]　郭文革，唐秀忠，王亚菲. 元宇宙的兴起与哲学二元认识论的反思：对互联网哲学本质的思考[J]. 云南师范大学学报（哲学社会科学版），2022, 54(4):84-92.

[9]　黄欣荣，曹贤平. 元宇宙的技术本质与哲学意义[J]. 新疆师范大学学报（哲学社会科学版），2022, 43(3):119-126.

[10]　翟振明. 元宇宙的哲学预设[J]. 自然辩证法通讯，2023, 45(2):1-8.

[11]　张新新，夏翠娟，肖鹏，等. 共创元宇宙：理论与应用的学科场景[J]. 信息资源管理学报，2022, 12(5):139-148.

[12]　李洪晨，许可，张闯，等. 元宇宙图书馆一座看得见的天堂——"天堂的具象：图书馆元宇宙的理想"论坛综述[J]. 图书馆论坛，2022, 42(7):1-6.

[13]　张昌盛. 人工智能、缸中之脑与虚拟人生——对元宇宙问题的跨学科研究[J]. 重庆理工大学学报（社会科学），2021, 35(12):52-63.

[14]　王珊，沈旭昆. 面向虚拟孪生的跨学科教学设计与科教融合实践[J]. 计算机教育，2022(11):1-6.

[15]　郑文丰. 《井中之城》：在"元宇宙"背景下探讨生命的价值尺度[N]. 贵阳日报，2023-05-05(7).

[16]　王皓，潘昱杉，潘毅. 生成式人工智能大模型赋能的元宇宙生命体：前瞻和挑战[J]. 大数据，2023, 9(3):85-96.

[17]　宋芳斌，冯鸣阳. 论元宇宙概念下 NFT 艺术品[J]. 艺术与设计（理论），2023, 2(3):80-82.

[18]　阚贝加. 支撑元宇宙发展的关键计算机网络技术研究[J]. 价值工程，2022, 41(22):73-75.

[19] 杨红岩，潘辉. 我国元宇宙研究领域的科学知识图谱分析[J]. 图书馆建设，2023(2):40-51.

[20] 曾一果. 技术和艺术的分化与再融合——元宇宙与数字媒介技术的想象力[J]. 江淮论坛，2022(4):153-159, 193.

[21] 成乔明. 元宇宙时代的到来与元宇宙艺术的发展研究[J]. 贵州大学学报（艺术版），2022, 36(5):22-26.

[22] 孔祥溢，姜鸿南，方仪，等. 元宇宙在医学领域的应用现状与前景展望[J]. 医学信息学杂志，2023, 44(4):2-11.

元宇宙技术基础

大数据技术

计算、算法与可计算性

人工智能技术

网络通信技术

数字孪生技术

游戏引擎技术

6.1 大数据技术

6.1.1 大数据技术及其产生

数字经济的快速发展使得信息和数据成为现代社会中不可或缺的资源，在这个数字化时代，我们生活在一个被大数据环绕的世界里。大数据是指规模庞大、生成周期短的数据，与过去模拟环境下生成的数据相比，它包括了各种形态的数据，例如数值数据、文字数据和影像数据等，这些数据源源不断地产生，并以高速度增长，由于其规模巨大，大数据具有挖掘潜在价值的潜力。随着数据的剧增，大数据从最初只是指数十兆到数千兆字节的巨大数据集合本身的量化概念，演化成利用大容量数据进行分析提取有价值的信息，并以生成的知识为基础，扩张为能动应对或预测变化的信息技术用语。

伴随着计算机、网络、移动设备的使用生活化，人们留下的数据呈几何级数增长。以购物的数据为例，过去只有用户在商店购物时，数据才会被记录下来，现在即使没有购买行为，用户浏览的记录也会被自动储存为数据。通过大数据分析，商家可以了解用户对哪一类商品感兴趣，并且可以追踪他们在购物中心的停留时间。这些信息可以帮助商家更好地了解消费者需求和偏好，针对性地改进产品和服务。同时，购物中心也可以根据用户的停留时间优化店铺布局和陈列方式，提高消费者的购物体验。这样的数据分析将为商家和购物中心管理者提供有价值的决策依据，推动业务发展和提升市场竞争力。这些数据不局限于购物，还包括银行、证券等金融交易数据；教育领域的学习数据；各种休闲活动的相关数据；资料搜索过程中生成的数据。用户在这些领域产生的数据被广泛应用于相关的业务和决策。此外，人与机器、机器和机器相互交换信息的物联网通信的快速发展也是数字信息暴增的原因。

6.1.2　大数据的特征和意义

大数据的特征一般用 3V 概括，即数据量（Volume）、数据生成速度（Velocity）、形态多样性（Variety），后来还添加了价值（Value）和复杂性（Complexity）。这些多样且规模庞大的数据可以作为左右未来竞争力优势的重要资源，备受企业关注。分析大规模数据，尝试找出有意义信息的商业活动以前也存在。但是，目前的大数据环境与过去相比，不仅数据的数量级不同，数据质量和多样性方面也发生了巨大变化。企业从 20 世纪 90 年代开始，利用拥有的顾客数据激活营销活动的顾客关系管理（Customer Relationship Management，CRM）活动。CRM 是指通过整合企业拥有的数据仓库（Data Warehouse）和顾客数据分析维持顾客和防止顾客流失的多种营销活动。企业的 CRM 活动不只利用本公司顾客数据，还包括利用合作公司数据的合作营销。最近，企业通过购买履历信息和 Web-Log 分析、位置基础服务 GPS 的结合，具备了在适当的场所及时提供消费者想要的服务的技术基础。

利用分布式数据处理等大数据技术，企业可以在短时间内分析出大规模顾客信息。通过分析在网络上的企业相关搜索词和回帖，企业能实时掌握顾客对本公司产品和服务的反应，并立即实行应对措施。

利用开源框架 Hadoop、并行处理技术、云计算等，企业不需要构建以现有昂贵的存储和数据库为基础的高费用数据仓库，也可以有效运用系统。以大数据为基础的分析方法论使过去不可能的事情成为可能。企业利用大数据可以提前预测顾客的行为，制定应对方案，强化企业竞争力，提高生产效率和实现商业革新。从公共机关的立场来看，大数据也能为市民提供服务。这将使"减少社会费用和提高公共服务质量"成为可能。

6.1.3　物联网、大数据和云计算的关系

物联网、大数据和云计算之间存在着紧密的相互依赖关系。人们发现

自己拥有的许多设备能够连接到互联网和彼此。数字化转型、各种设备连接以及数据共享的需求对于组织内部的系统和通信变得至关重要。企业通过收集分析与互联网连接的设备传输的数据，然后根据数据分析结果确定经营模式和市场趋势，帮助系统良好运行。

物联网指的是使用互联网将设备或物体连接在一起的集合。通过使用互联网发送和收集数据，物联网帮助设备做出决策并记住特定的模式和例行程序，以实现无人干预的操作。物联网的目标是将多个设备连接到互联网，包括需要自动化运行和实时控制的多个设备。物联网可以存储实时和历史数据，并向设备提供有效的决策指令，从而实现经济高效的自动化系统。

云计算是一种集中的系统，可以通过互联网将数据和各种文件传输到数据中心。借助云计算，用户可以轻松地从中央云系统访问不同的数据和程序。云计算提供了灵活性和便利性，用户无须在本地存储数据和运行应用程序，而是可以通过云服务提供商的服务器进行处理和存储。作为一种经济的解决方案，云计算不仅降低了成本，同时也提高了可扩展性和可用性。大数据侧重于大规模数据的存储、处理和分析，从大规模数据中发现价值，为生产生活提供服务。云计算的核心目标在于整合和提升各类 IT 资源，通过互联网以经济实惠的服务形式交付给用户。

物联网、大数据、云计算具有共生关系，因为云基础设施有效地实现了数据存储、实时处理和大数据分析。在大数据中使用云存储的最大好处是这种可扩展性。从本质上讲，云是一种服务，为用户提供存储、高效访问和分析大数据的功能。如果没有云计算，大数据分析将有大量未开发的潜力，因为当前的计算机根本无法分析如此规模的数据。物联网、大数据和云计算，这三者将继续相互促进和影响，随着科技的进步会更加广泛地应用于各个产业领域。

云支持大数据和数据分析的功能扩展，基于云的解决方案可以纵向和横向扩展，以满足大数据托管和分析的需求。

（1）可扩展的基础架构容量：大数据和云数据可以共同使用，以存储大量信息，并提供可扩展的处理和增强的实时数据分析。由于省去了支持大数据、物联网和云协同运行所需的物理基础设施，用户无须担忧维护和支持问题，成本得以降低。

（2）提高日常任务的效率：物联网和大数据生成大量数据，云为数据传输提供了途径。

（3）更快地在全球范围内使用和分发应用程序：企业可以从世界任何地方轻松地访问大数据，在使用云时仍然可以在设备上执行操作，从而实现更好的协作。

（4）联网物联网设备状态分析和审查进展：大量的设备可能会给互联网连接带来压力，在此过程中智能设备需要将数据发送到各个服务器进行处理，而不是发送到中央服务器。企业可以从网络中许多区域访问数据，更快地响应停机时间并预测何时可能发生错误。将云计算与物联网结合使用有助于增强安全性，因为企业可以定期发送更新，并且可以立即标记基础设施中的漏洞。

（5）规模经济效益：云计算具有内置的管理工具和应用程序来管理资源，通过云计算对大数据和物联网进行有效管理，从而保持业务价值。

物联网与大数据之间存在密切的相互依存关系。随着物联网的持续快速扩张，传统数据存储面临着越来越大的压力，这催生出更富创新性的大数据解决方案。从整体上看，物联网、云计算、大数据三者相辅相成。大数据植根于云计算，许多大数据分析技术来源于云计算，云计算的分散和数据存储管理系统提供了大数据存储和管理能力，而分布式并行处理框架MapReduce 提供了大数据分析能力。物联网的传感器源源不断产生的大量数据构成了大数据的重要来源，没有物联网的快速发展，就无法带来数据生产方式的变革。同时，物联网需要云计算和大数据技术的帮助，实现物联网大数据的存储、分析和处理。

6.1.4　大数据核心技术基础

6.1.4.1　大数据采集与预处理技术

1. 大数据采集

大数据采集包含系统日志采集方法、网络数据采集方法（通过网络爬虫实现）、其他数据采集（通过特定的接口）。

系统日志采集方法是指用于收集和管理系统产生的日志数据的工具或技术。系统日志是操作系统、应用程序和网络设备等各种系统组件生成的事件和运行信息的记录。通过对这些日志进行采集和分析，可以帮助管理员监控系统状态、故障排查、性能优化和安全审计等。以下是常用的系统日志采集方法。

Flume：分布式日志收集系统，最初由 Cloudera 开发，现是 Apache 的一个开源项目。

Chukwa：开源分布式数据收集系统，是 Hadoop 的组成部分，构建在 hdfs 和 MapReduce 框架上。

Scribe：Scribe 是 Facebook 开源的日志收集系统，在 Meta 公司内部已经得到大量的应用。

Kafka：最早由 LinkedIn 开发的消息系统，现是 Apache 的一个开源项目。

网络数据采集指通过互联网网络爬虫或网站公开 API 接口的方式，获取大数据信息，该方法可以将非结构化数据从网页中抽取出来，将其存储为统一的本地文件，并以结构化的方式存储。它支持图片、音频、视频等文件或附件的采集。

网络爬虫，是一种按照一定规则，自动抓取 Web 信息的程序或脚本。网络爬虫可以自动采集所有其能够访问到的页面内容，为搜索引擎和大数据分析提供数据来源，一般有数据采集、数据处理、数据存储三部分功能。其工作原理是，爬虫会首先获取一部分种子 URL，将这些 URL 放入待抓取 URL 队列，从队列中取出待抓取 URL，解析 DNS（域名系统）得到主机 IP，并将 URL 对应网页下载存储，最后将这些 URL 放入已抓取队列中，如此循环，直至抓取到所有数据为止。

ETL（Extract-Transform-Load），用来描述将数据从来源端经过抽取（Extract）、转换（Transform）、加载（Load）至目的端的过程。ETL 一词较常用在数据仓库，但其对象并不限于数据仓库。其将业务系统的数据经过抽取、清洗转换之后加载到数据仓库的过程，目的是将企业中的分散、零乱、标准不统一的数据整合到一起，为企业的决策提供分析依据，ETL 是 BI（商业智能）项目一个重要的环节。

对于企业生产经营数据或学科研究数据等保密性要求较高的数据，可以通过与企业、研究机构合作或授权的方式，使用特定系统接口等相关方式采集数据。

2. 数据预处理原理

数据预处理是指在对数据进行数据挖掘的主要处理以前，先对原始数据进行必要的清理、集成、转换、离散、归约、特征选择和提取等一系列处理工作，以达到挖掘算法进行知识获取研究所要求的最低规范和标准。通过数据预处理工作，可以将残缺的数据补充完整，并将错误的数据纠正、多余的数据去除，进而将所需的数据挑选出来，并且进行数据集成。数据预处理的常见方法有数据清洗、数据集成与数据变换。

数据清洗，可以视为一个包括检测偏差和纠正偏差两个步骤的过程。检测偏差可以使用已有的关于数据性质的知识发现噪声、离群点和需要考察的不寻常的值。这种知识或"关于数据的数据"称为元数据。纠正偏差即一旦发现偏差，通常需要定义并使用一系列的变换来纠正它们。但这些工具只支持有限的变换，因此，常常可能需要为数据清洗过程编写定制的程序。数据清理技术通常包括填补遗漏的数据值、平滑有噪声数据、识别或除去异常值，以及解决不一致问题。

数据集成，是将来自多个数据源的数据合并，形成一致的数据存储，如将不同数据库中的数据集成到一个数据仓库中存储。有时数据集成之后还需要进行数据清理，以便消除可能存在的数据冗余。

数据变换，主要是将数据转换成适合于挖掘的形式，如将属性数据按比例缩放，使之落入一个比较小的特定区间，这一点对那些基于距离的挖掘算法尤为重要。

6.1.4.2　大数据存储与管理技术

在大数据时代的背景下，如何进行海量的数据整理成为各个企业急需解决的问题。云计算、物联网等技术快速发展，多样化已经成为数据信息的一项显著特点，为充分发挥信息应用价值，有效存储已经成为人们关注的热点。为了有效应对现实世界中复杂多样性的大数据处理需求，需要针对不同的大数据应用特征，从多个角度、多个层次对大数据进行存储和管理。

大数据的存储与管理要用存储器把采集到的数据存储起来，建立相应的数据库，并进行管理和调用，以解决大数据的可存储、可表示、可处理、可靠性及有效传输等关键问题，其研究重点是复杂的结构化、半结构化和非结构化的大数据管理与处理技术，这些技术包括分布式存储技术、异构数据的数据融合技术、数据组织技术、大数据建模技术、大数据索引技术以及大数据的移动、备份、复制等。新型数据库技术包括关系型数据库、非关系型数据库以及数据库缓存系统。其中，关系型数据库包含传统关系数据库系统以及 NewSQL 数据库；非关系型数据库主要指的是 NoSQL 数据库，典型的 NoSQL 数据库通常包括键值数据库、列式数据库、文档数据库和图数据库四类；数据库缓存系统将数据库的查询结果缓存在高性能的分布式内存缓存服务器中，以减少对数据库的访问次数，从而提高动态 Web 等应用的速度和性能。

6.1.4.3　大数据分析与挖掘技术

大数据分析指对规模巨大的数据用适当的统计方法进行分析，以提取有用的信息并形成结论，包括可视化分析、数据挖掘算法、预测性分析、语义引擎、数据质量和数据管理等。

数据挖掘就是从大量的、不完全的、有噪声的、模糊的、随机的实际应用数据中，提取隐含在其中的、人们事先不知道的，但又潜在有用的信息和知识的过程。数据挖掘涉及的技术方法很多，根据挖掘任务的不同，可分为分类、预测模型发现、数据总结、聚类、关联规则发现、序列模式发现、依赖关系型发现、异常和趋势发现等；根据挖掘对象的不同，可分为关系型数据库、面向对象数据库、空间数据库、时态数据库、文本数据源以及多媒体数据库等；根据挖掘方法的不同，可分为机器学习方法、统计方法、神经网络方法和数据库方法，机器学习方法包括决策树、规则归纳、范例学习、遗传算法等；统计方法可分为回归分析、判别分析、聚类分析、探索性分析等；神经网络方法有前向神经网络、自组织神经网络等。

大数据分析与挖掘技术是在改进已有数据挖掘和机器学习技术的基础

上，开发数据网络挖掘、特异群组挖掘、图挖掘等新型数据挖掘技术，突破基于对象的数据连接、相似性连接等大数据融合技术；突破用户兴趣分析、网络行为分析、情感语义分析等面向领域的大数据挖掘技术。

6.1.4.4　大数据可视化技术

大数据可视化是针对行业数据存储累积到一定程度的问题，对数据进行可视化的解决方法。它能够帮助用户获得大数据完整的数据视图并挖掘数据的价值。它以图形化方法表示数据、信息和知识，使复杂数据能够更容易和快速地被人理解并获得更深层次的认识。作为一种可以放大人类感知的表示方法，人们可以发现新的线索、关联、结构和知识，促进人机系统的有机结合和科学决策。

大数据可视化技术的基本思想，是将数据库中每一个数据项作为单个图元素表示，大量的数据集构成数据图像，同时将数据的各个属性值以多维数据的形式表示，可以从不同的维度观察数据，从而对数据进行更深入的观察和分析。数据可视化主要是借助于图形化手段，清晰有效地传达与沟通信息。基于大数据的可视化分析强调利用计算机科学技术去记录，去感知现实世界中的个体行为和群体移动行为，并以可视化分析的方法进行知识发现，其目的在于理解个体和群体的时空移动规律和分布特征，为城市建设、科学研究和商业活动等提供智能辅助和决策支持。

6.1.4.5　大数据安全和隐私保护技术

在大数据时代背景下，AI 和大数据技术给人们的生活带来了巨大的便利和效率，然而在此过程中，数据滥用、数据窃取、隐私泄露以及大数据"杀熟"等数据安全问题呈爆发趋势。在这样的背景下，全球各个国家纷纷颁布相关法规，对数据安全与隐私保护相关问题进行严格的规范与引导。如欧盟保护个人数据的 *General Data Protection Regulation*（简称 GDPR）；美国的 *California Consumer Privacy Act*（简称 CCPA）；中国实施的《中华人民共和国网络安全法》。

大数据时代，隐私保护诚可贵，数据挖掘价更高。根据实际应用场景，处理和平衡数据可用性（Data Availability）和隐私保密性（Privacy Protection）是大数据时代下的数据安全的关键性问题之一。在确保数据一定程度的可用性、统计性等基础上，通过失真等变换降低数据敏感度，实现数据脱敏；通过"去识别化"技术以保护隐私，实现数据匿名化；通过添加噪声来抵御差分攻击，实现差分隐私；甚至可以利用同态加密技术，将个人敏感信息直接加密，然后在密文数据上进行统计和机器学习。

6.2 计算、算法与可计算性

6.2.1 计算理论

许多计算领域的求解问题，如计算物理学、计算力学、计算化学和计算经济学等都可以归结为数值计算问题。计算是依据一定的法则对有关符号串的变换过程。抽象地说，计算的本质就是递归。

直观描述：计算是从已知符号开始，一步一步地改变符号串，经过有限步骤，最终得到一个满足预定条件的符号串的过程。这样一种有限的符号串变换过程与递归过程是等价的。

计算过程：计算的过程可以在计算机上执行，即计算机算法是把问题转化为一步一步按规则执行的机械求解过程，再用计算机语言加以表达，最后输入计算机中进行计算。计算科学的过程可分为实际问题、属性模型、计算方法、程序设计、计算结果 5 个步骤，如图 6-1 所示。

实际问题 → 属性模型 → 计算方法 → 程序设计 → 计算结果

图 6-1　计算科学的过程

实际问题：首先确定需要解决的具体实际问题是什么，问题可以来自不同领域和应用，比如金融、医疗、交通等。

属性模型：根据实际问题的特点和要求，建立合适的属性模型来描述问题中的数据和变量之间的关系。属性模型可以是数学模型、统计模型、物理模型等，用于描述问题中的各个要素之间的关联和规律。

计算方法：根据属性模型的要求，选择合适的计算方法来解决实际问题。计算方法可以包括数值计算、优化算法、机器学习、模拟仿真等。通过选择合适的计算方法，可以有效地解决实际问题，并提高计算效率和准确性。

程序设计：将选定的计算方法转化为可执行的计算程序。通过编写代码和设计算法程序，将计算过程中的操作和运算在计算机上实现。程序设计包括定义数据结构、编写算法逻辑、处理输入输出等。良好的程序设计可以提高代码的可读性、可维护性和可扩展性。

计算结果：执行计算程序，获取最终的计算结果。计算结果是对实际问题的解决方案或答案，可以是数值、图形、报告、模型参数等形式。评估计算结果的准确性和有效性，可以判断计算过程的成功与否，并为进一步的分析和决策提供依据。

按照这样的顺序，从实际问题到属性模型再到计算方法、程序设计最后得到计算结果，可以系统地进行计算过程的规划和实施，确保计算过程的正确性和有效性。

计算模型是刻画计算的抽象的形式系统或数学系统。在计算科学中，计算模型是指具有状态转换特征，能够对所处理对象的数据或信息进行表示、加工、变换和输出的数学机器。

6.2.2　算法

算法是指解决问题的一种方法或一个过程，是由若干条指令组成的有穷序列，且满足下述性质。

输入：有零个或多个由外部提供的量作为算法输入。

输出：算法产生至少一个量作为输出。

确定性：组成算法的每条指令是清晰的，无歧义的。

有限性：算法中每条指令的执行次数是有限的，执行每条指令的时间也是有限的。

算法有别于程序，程序是算法用某种程序设计语言的具体实现，可以不满足算法的有限性性质。

例如操作系统，它是一个在无限循环中执行的程序，因而不是算法。可把操作系统的各种任务看成是一些单独的问题，每个问题由操作系统中的一个子程序通过特定的算法来实现。描述算法可以有多种形式。可以用 C、C++、Python 等编程语言或伪代码描述算法。

算法表示形式包括自然语言、伪代码、流程图、N-S 图、PAD 图等。

1. 用自然语言表示算法

优点：简单，便于阅读。

缺点：文字冗长，容易出现歧义。

[例 1]　用自然语言描述计算并输出 $Z=X/Y$ 的流程：

（1）输入变量 X，Y。

（2）判断 Y 是否为 0。

（3）如果 $Y=0$，则输出出错提示信息。

（4）否则计算 $Z=X/Y$。

（5）输出 Z。

2. 用伪代码表示算法

伪代码是一种算法描述语言，没有标准，用类似自然语言的形式表达，结构清晰、代码简单、可读性好。

以下是一个简单的伪代码示例，用于计算两个数字之和：

输入：数字 a 和 b

输出：数字 $a + b$

开始：

1. 读取输入数字 a 和 b

2. 创建一个新的变量 sum，初始值为 0

3. 将 sum 加上 a，得到 sum = sum + a

4. 将 sum 加上 b，得到 sum = sum + b

5. 输出 sum

结束

---

3. 用流程图表示算法

流程图由特定意义的图形构成，它能表示程序的运行过程，是一种用来表示算法过程的图形化工具。它使用各种图形符号和线条连接来表示算法中的不同步骤和决策，如图 6-2 所示。以下简述如何使用流程图表示算法的基本步骤。

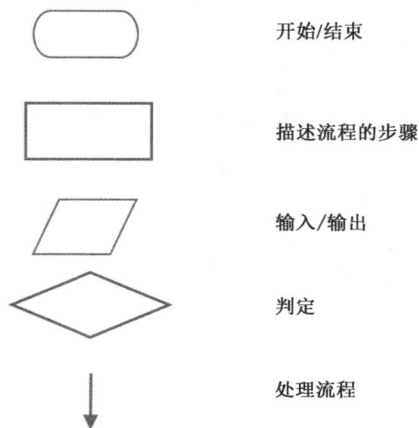

图 6-2　流程图规定

（1）确定开始和结束点：流程图应该始于一个明确的开始点，并以一个明确的结束点结束，圆边框表示算法开始或结束。

（2）描述流程的步骤：将算法或过程划分为一系列的步骤，每个步骤表示算法中的一个操作或子任务。可以使用矩形框表示每个步骤，并在框内写明相应的操作描述。

（3）定义输入输出：可以使用平行四边形框表示算法的输入和输出，使其在流程图中清晰可见。

（4）判定：如果算法包含条件判断或循环结构，可以使用菱形框表示条件，并根据条件结果选择不同的路径或进行循环迭代。

（5）连接步骤：使用箭头线条将各个步骤连接起来，表示它们之间的顺序关系。箭头指向下一个步骤，表示程序的执行顺序。Y（是）表示条件成立；N（否）表示条件不成立。

（6）添加注释和说明：为了增加流程图的可读性，可以在图中添加注释和说明，解释每个步骤或转折的作用和意义。

（7）优化和简化：根据需要，对流程图进行优化和简化，以提高可读性和易于理解。

通过以上步骤，可以使用流程图清晰地表示算法或过程的执行流程。流程图不仅能够帮助人们理解和分析算法，还能够为程序员编写代码提供指导和参考。

4. 用 N-S 图表示算法

N-S 图（也称为 Nassi-Shneiderman 图）是一种流程图的衍生形式，用于表示算法或过程的执行流程。与传统的流程图相比，N-S 图更加紧凑和可读性强。N-S 流程图没有流程线，算法写在一个矩形框内，每个处理步骤用一个矩形框表示，处理步骤是语句序列，矩形框中可以嵌套另一个矩形框，N-S 图限制了语句的随意转移，保证了程序的良好结构。如图 6-3 所示，N-S 图可以用于表示算法中的顺序结构、选择结构和循环结构，以展示它们之间的关系。

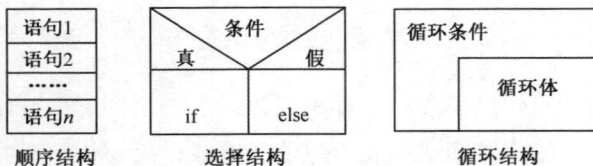

图 6-3　N-S 图

顺序结构是最简单的程序结构，表示一个接着一个地执行的操作序列。在顺序结构中，每个操作都按照顺序依次执行，没有分支或循环。

选择结构用于根据条件的真假选择不同的执行路径。它基于给定的条件进行判断，如果条件满足（为真），则执行一组操作，否则跳过这组操作继续执行其他操作。典型的选择结构是 if-else 语句，它根据条件的真假分别执行不同的代码块。

循环结构用于重复执行一组操作，直到特定条件满足为止。循环结构可以根据给定的条件多次执行相同的代码块，实现重复操作的效果。常见的循环结构有 for 循环和 while 循环。

这三种结构通常会在算法或程序中相互组合使用，以实现复杂的逻辑和功能。顺序结构用于按照固定的顺序执行操作，选择结构用于根据条件选择不同的路径，循环结构用于重复执行一组操作。通过合理组织这些结构，可以编写出更加灵活和高效的算法或程序。

5. 用 PAD 图表示算法

PAD（问题分析图）用树形结构图表示程序的控制流程。

PAD 图规定：最左端的纵线是程序主干线，对应程序的第一层结构；每增加一层，则向左扩展一条纵线；程序自上而下，自左向右依次执行；程序终止于最左边的主干线。

6.2.3 算法分析

算法分析是指对于计算机算法的时间和空间复杂度进行定量的分析。假定执行算法的计算机是满足如下条件的通用型计算机。

顺序处理机：只要 RAM（随机存储器）存储空间足够大，就可以每次按顺序执行程序中的一条指令，在固定的时间内可把一个数从一个单元取出或者存入。

6.2.3.1 元运算

算法分析需要摆脱具体的计算机结构和程序设计语言，通过比较算法所需的运算次数来评估其性能，其中对运行时间影响最大的运算被称为元运算。为了评估算法的效率，算法分析需要观察算法所需的元运算次数。元运算是指一个计算步骤，其耗时总是不超过某个常量，并且与输入和算法无关。通过这种分析方法能够客观地评估和比较不同算法的效率。常见的元运算如下。

（1）算术运算：加法、减法、乘法、除法等基本的数学运算。这些运算可以用来进行数字的计算和处理。

（2）比较运算：比较两个值的大小或关系，返回布尔类型的结果（真或假）。例如，大于、小于、等于、不等于等比较运算符可以用于条件判断。

（3）逻辑运算：对布尔类型的值进行逻辑操作，包括与、或、非等运算。逻辑运算可以用于组合多个条件，判断复杂的逻辑关系。

（4）赋值运算：将一个值赋给一个变量或者对象属性。赋值运算符用于将代码中等号右侧的值赋给左侧的变量或属性。

（5）指针赋值：在某些编程语言中，指针赋值是一种特殊的赋值操作，用于改变指针指向的内存地址。这在数据结构的遍历和修改中经常会用到。

这些元运算是编程中常见且基础的操作，它们可以用于实现各种复杂的逻辑和算法。在编写代码时，熟练使用这些运算符能够提高开发效率和代码的可读性。

6.2.3.2　表示出在算法运行期间基本运算执行的总频数

基本运算（Basic Operation）：在一个算法中，出现频数最高的元运算称为基本运算。在查找和排序算法中，如果元素的比较是元运算，则可作为基本运算；在矩阵乘法的算法中，数的乘法可作为基本运算；在遍历链表的算法中，给指针赋值和更新指针的操作可作为基本运算；在图的遍历算法中，可以将访问节点的操作作为基本运算。

同一个问题对不同的输入，基本运算的次数也可能不同。因此，引入问题大小的概念。例如，在一个姓名表中寻找给定姓名的问题，问题的大小可用表中姓名的数目表示；两个实数矩阵相乘的问题，其大小可用矩阵的阶数来表示；遍历一棵二叉树的问题，其大小用树中结点数来表示等。这样，一个算法的基本运算的次数就可用问题的大小 N 的函数 $F(N)$ 来表示。

6.2.3.3　渐进时间复杂度

在实际计算中，精确地求一个算法的基本运算次数非常困难，甚至有时根本不可能，即使求出，过程很长，很烦琐，不易比较，需要简化。这时候可以不精确地估计基本运算次数。此外，分析算法的基本运算次数目的主要在于能区分不同算法的优劣，在次数很小时，差别不大，随着次数的逐渐增大，差别越来越大，是个极限行为。基于上述原因引进下面渐进表示的方法。复杂度渐进表示可以简洁地表示出复杂度的数量级别。

6.2.4 可计算性

6.2.4.1 可计算性理论

可计算性理论（Computability Theory）作为计算理论的一个分支，研究在不同的计算模型下哪些算法问题能够被解决。相对应的，计算理论的另一块主要内容，计算复杂性理论考虑一个问题怎样才能被有效地解决。可计算性理论的研究对象有三个：判定问题、可计算函数、计算复杂性。

在计算机中，可计算性（Computability）是指一个实际问题是否可以使用计算机来解决。例如，"为我烹制一个汉堡"这样的问题是无法用计算机来解决的。

可计算性理论是研究计算的一般性质的数学理论。计算的过程就是执行算法的过程。可计算性理论的中心课题：将算法这一直观概念精确化，建立计算的数学模型，研究哪些是可计算的，哪些是不可计算的，以此揭示计算的实质。由于计算与算法联系在一起，因此，可计算性理论又称算法理论或能行性理论。

6.2.4.2 可计算性的定义和特性

可计算性的定义：凡可用某种程序设计语言描述的问题都是可计算性问题。

图灵的定义是能够在图灵机上执行的过程，有时又称算法的过程。图灵之所以能取得成功，很重要的一条是他采用了算法思维来研究计算的过程，由此揭示可计算性概念。由于算法思维与当今在计算机上运行的程序之间有着密切的关系，从而他的理论受到重视并被广泛使用。

可计算性的特性有：确定性、有限性、机械性、可执行性和终止性。

6.2.4.3 可计算理论的主要内容

图灵机：一种在理论计算机科学中广泛采用的抽象计算机，用于精确描述算法的特征。通用图灵机正是后来的存储程序的通用数字计算机的理论原型。

λ 转换演算：丘奇为精确定义可计算性而提出的一种定义函数的形式

演算系统。他引进 Λ 记号以明确区分函数和函数值，并把函数值的计算按照一定规则进行一系列转换，最后得到函数值。

丘奇-图灵论题：可计算性理论的基本论题。它规定了直观可计算函数的精确含义。丘奇论题说，Λ 可定义函数类与直观可计算函数类相同。图灵论题表示，图灵机可计算函数类与直观可计算函数类相同。

原始递归函数：自变量值和函数值都是自然数的函数，称为数论函数。原始递归函数是数论函数的一部分。

少量直观可计算的函数为原始递归函数，它们是：函数值恒等于 0 的零函数 C0；函数值等于自变量值加 1 的后继函数 S；函数值等于第 i 个自变量值的 N 元投影函数 Pi（N）。

原始递归函数的合成仍是原始递归函数，可以由已知原始递归函数简单递归地计算出函数值的函数仍是原始递归函数。

6.2.4.4 计算复杂性理论

计算复杂性理论是指用数学方法研究各类问题的计算复杂性的学科。计算复杂性理论研究各种可计算问题在计算过程中资源（如时间、空间等）的耗费情况，以及在不同计算模型下，使用不同类型资源和不同数量的资源时，各类问题复杂性的本质特性和相互关系。

1. 计算复杂性理论的发展

1993 年的图灵奖授予合作奠定了计算复杂性理论基础的两位学者尤里斯·哈特马尼斯（Juris Hartmanis）和理查德·斯特恩斯（Richard E. Stearns）。在此以前，已有迈克尔·拉宾（Michael O. Rabin）、斯蒂芬·库克（Stephen A. Cook）、理查德·卡普（Richard M. Karp）等学者因在计算复杂性理论研究中做出先驱性工作而分别在 1976 年、1982 年和 1985 年获得图灵奖。尤里斯·哈特马尼斯和理查德·斯特恩斯则在前人工作的基础上，比较完整地提出了计算复杂性的理论体系，并首次正式命名了计算复杂性（Computational Complexity），因而被公认为计算复杂性理论的主要创始人。

1995 年度的图灵奖授予加州大学伯克利分校的计算机科学家曼纽尔·布卢姆（Manuel Blum），他是计算复杂性理论的主要奠基人之一。曼纽尔·布卢姆与前述两人互相独立地进行着相关问题的研究，并完成了他的博士论文：*A Machine-Independent Theory of the Complexity of Recursive Functions*（《与机器无关的递归函数复杂性理论》），论文提出了有关计算复杂性的 4 个公理，被称为布卢姆公理系统。目前，计算复杂性理论的绝大部分结果都可以从这个公理系统推导出来。计算复杂性理论应用于计算机安全（密码学）、软件工程的程序正确验证、算法博弈论等。

2. 算法复杂性

算法复杂性是对算法效率的度量，它是评价算法优劣的重要依据。一个算法复杂性的高低体现在运行该算法时所需要的资源，所需资源越多，算法复杂性越高；所需资源越低，则算法复杂性越低。

计算机的资源，主要是指运行时间和存储空间，因而算法复杂性有时间复杂性和空间复杂性之分。当给定的问题已有多种算法时，选择其中复杂性最低者，是选用算法时应遵循的一个重要准则。

6.3 ▶ 人工智能技术

人工智能是计算机实现的智能或与此相关的计算机学的研究领域，是使用计算机体现人类认知、推论、判断等能力的技术或其研究领域的总称。计算机等机器虽然比人类具有更强的控制、运算等能力，但并不具备以人类拥有的智能为基础的认知、推论、判断等能力。人工智能是为了在计算机上体现这种人类固有的能力而开始的。

1956 年，在美国达特茅斯学院（Dartmouth College）举行的研讨会提案书中，约翰·麦卡锡（John McCarthy）首次正式使用了人工智能一词。但是，在人工智能一词出现之前，1943 年，沃伦·麦克洛奇（Warren McCulloch）和沃尔特·皮茨（Walter Pitts）提出了人工神经元（Artificial Neuron）模型并分析了其逻辑功能，1950 年，艾伦·麦席森·图灵（Alan Mathison Turing）提议进行图灵测试（Turing Test），分析了人工智能的实现可能性。20 世纪 70~80 年代，学者们对专家系统（Expert System）的研究非常活跃。在 20 世纪 80 年代中期发现误差反向传播算法（Error Back-Propagation

Algorithm）后，学者们对人工神经网络（Artificial Neural Network）模式的研究变得活跃。20 世纪 90 年代的人工智能研究运用了统计学、信息理论等多领域的方法，具备了学习理论等坚实的理论基础。自 21 世纪以来，随着大数据的普及，机器学习得到了广泛的研究和应用。这促使适用于国际象棋、电视问答秀和自动驾驶等任务的人工智能技术取得了显著进步，实现了与人类相当甚至更卓越的表现。伴随着计算机硬件和学习算法的发展，构建深度学习（Deep Learning）模式成为可能。以此为基础，研究人员在图像的物体识别（Object Recognition）等方面开发出了比人更优秀的计算机程序。

人工智能研究在语音识别、围棋等特定领域取得良好成果，但尚未具备与人类相同的智能。学者们正在研究人类水平（Human-Level）人工智能或通用人工智能，其目标不是只适用于特定工作的人工智能系统，而是制造可以思考、学习、创造的通用机器。

元宇宙是虚拟世界与人工智能的融合，因此人工智能领域对元宇宙的构建起着至关重要的作用。在基础的视觉呈现方面，人工智能的智能算法不仅能优化显卡的三维渲染效果，完成人物、物体识别，提升数据整合等计算效率，同时还降低了搭建元宇宙的硬件和技术门槛。

社群驱动的内容比大多数营销形式更具成本效益。当人们真正关注他们所参与的内容或活动时，他们会自发地传播。随着内容本身在元宇宙环境下交换、交易、共享变得容易，内容本身也将成为一种营销资产。人工智能正确挖掘用户真正关心的问题，强化传播途径，将内容的接近性转换为实际收益。同时游戏化可以让元宇宙用户可以在虚拟的环境中接触到更多内容，比如体验赛车手、工程师或其他角色。在元宇宙的框架下，用户既是内容的创造者，也是内容的传播者。现在内容不仅可以由人产生，还可以由人工智能直接生成，人工智能算法学习用户在社区内对话的内容，生成新的内容。

6.4 网络通信技术

在元宇宙中，网络性能有三个重要指标——带宽、延迟和安全性。网络性能的高低直接或间接地影响了人们使用和设计元宇宙中的各种产品和服务的体验。

6.4.1　带宽

这里的带宽仅指计算机网络通信线路传输数据的能力。在单位时间内从网络中两个节点之间可通过的最大的数据量就是带宽，可以形象地将网络比喻成为一条高速公路，车道越多，单位时间内可通过车辆也就越多。

高带宽意味着在单位时间内可以传输更多的数据。根据我国带宽的发展历程来看，大致可分为第一代带宽为 56Kbps 的 MODEM（语音等少量数据通信应用）、第二代带宽为 10Mbps 的 ADSL（视频、网络游戏等应用）、第三代带宽为 10～100Mbps 的 LAN（高清、超清视频应用）、第四代带宽为 1～1.25Gbps 的 EPON 和 10G EPON。

元宇宙对于带宽的需求远超目前的互联网需求，根据 5G 网络的特性（下载速度能够达到 1.3Gbps 以上），元宇宙的到来也许能够改变 5G 网络应用的现状，特别是目前正在高速发展的物联网建设，千兆以上的宽带甚至以后的 6G 网络将会有用武之地。

6.4.2　延迟

延迟，作为网络术语被定义为：数据在两点之间折返所需要的时间，时间越短，用户体验越好。这里有必要引入两个概念，即同步和异步。互联网中相当多的应用是异步的，也就是单一方向流动，比如用户是不会关心发送一条文字信息的延迟是多少的，发送键按下的一瞬间，用户并不会关注对方收到信息需要多少毫秒。

当我们在某视频网站观看视频时，从点击播放视频那一刻起，为了解决延迟带来的断流导致观看体验差的问题，视频网站会提醒我们"正在缓冲"，这种操作是一种刻意控制延迟的手段，当缓冲结束开始播放的时候，实际上我们所看到的是提前下载好的视频内容，这样即使因网络波动偶尔出现断流也不会影响用户观看视频的连续性。

视频通话则属于同步，但用户对延迟的容忍度与上述所说的应用几乎一样，使用过程中音频作为轻量化数据在延迟较高的情况下会被优先传输，而视频会因延迟问题出现卡顿，这时候用户能做的是等待恢复视频数据传输。

与其他媒体应用相比，游戏体验，特别是 3A（高成本、高体量、高质量）级多人在线游戏场景对延迟容忍度最低，在同步的游戏状态下，延迟决定了玩家收到信息的时效性，以及信息传递给其他玩家的速度，延迟几乎可以作为输赢决定性的重要参数。提供服务的游戏运营方为了解决延迟带来的用户体验度问题已经做了部分解决方案，例如，建议用户匹配各自运营商线路的服务器，或者匹配距离用户地理位置最近的服务器，尽可能地解决因地理距离和运营商延迟带来的游戏体验问题。但社交产品的地理限制是不允许存在的，如果像多人在线游戏一样区分运营商线路、限制地理区域注册的话，那对于社交产品用户来说简直是不可想象的。

在元宇宙中，延迟将是一个非常重要的指标，VR 头戴设备以及不久后即将出现的 AR 眼镜都是沉浸式体验的必备设备，举个例子：实时面部捕捉生成程序，例如苹果公司产品 iPhone 上的 Animoji，这些应用均需要强大的 CPU 和 GPU 经过复杂计算来生成虚拟形象，然后将其应用到虚拟世界当中，这些应用对延迟的要求更高，相较于带宽，延迟对这些应用来说更为关键。但是延迟是所有网络指标中最难解决的问题，这与目前的网络结构密切相关。虽然互联网骨干已经采用了光纤，但光损耗是长距离传输中不可避免的一个问题，即使有放大器功能的各种设备存在也无法完全消除光的损耗。而采用铜缆等其他类型的线材进行传输会更加严重地降低信号传输速度和增加延迟。升级改造基于线缆的基础设施非常困难，需要巨大的工程量和资金投入。因此，只能加快研发新的网络传输技术，以期减小延迟带来的负面影响。

6.4.3　安全性

随着社会进步，网络安全涵盖范围也越来越大，我国网络安全发展最初起源于 20 世纪 40 年代至 80 年代，这个时期主要关注点是信号加密。20世纪 80 年代至 21 世纪初，各种安全软件如雨后春笋般涌现，例如大名鼎鼎的卡巴斯基。2000 年至 2014 年，安全关注点开始延伸到网络，这时的信息安全包括信息系统安全和网络边界安全。

2014 年至今是我国网络安全发展的加速期,用户对万物互联的关注日益增加,各类网络解决方案和服务的重要性也日益凸显。就目前来说,网络安全已不仅仅是早期网络安全(包括服务器、交换设备、备份等)、信息安全,更是扩展到了网络空间安全,这三种安全都不是传统的安全领域,这三者可以相互影响,网络安全与网络空间安全的区分边界并不清晰,甚至可以用模糊来形容。

网络安全与网络空间安全所反映的安全相较信息安全更宽泛、更立体、更多层,同时与其他安全领域有相互融合的趋势。随着 5G 技术的广泛应用和物联网的快速发展,云端安全和大数据安全日益受到关注。元宇宙作为与现实世界紧密相连的沉浸式虚拟空间,网络安全挑战重重,包括钓鱼网站、黑客攻击和各类恶意软件等。

因此,元宇宙的网络安全并不是一句空话,应该像现实世界一样加强网络安全的普法教育,也要用制度约束元宇宙的服务提供商重视网络安全,从而创造一个秩序良好的虚拟世界。

6.5　数字孪生技术

数字孪生(Digital Twin),或译作数字分身、数位双生,指在信息化平台内模拟物理实体、流程或者系统,类似实体系统在信息化平台中的虚拟模型。通过数字孪生技术,用户可以在信息化平台上实时掌握物理实体的状况,并能够对物理实体中预设的接口组件进行操控。

1991 年,随着大卫·盖伦特(David Gelernter)的 *Mirror Worlds*(《镜像世界》)出版,数字孪生技术的概念首次被提出。迈克尔·格里夫斯(Michael Grieves)博士(在密歇根大学任教)因在 2002 年首次将数字孪生概念应用于制造业并正式宣布了数字孪生软件概念而受到赞誉。

6.5.1　数字孪生技术涉及的技术领域

数字孪生是物联网中的概念,指通过集成物理反馈数据,并辅以人工智能、机器学习和软件分析，在信息化平台内创建一个数字化模拟。这个模拟可以根据实际物理实体的变化进行自动调整和更新。数字孪生的目的是实现对物理实体的精确建模和仿真，以便进行优化、预测和决策支持等应用。理想状态下，数字孪生可以根据多重的反馈源数据进行自我学习，从而几乎实时地在数字世界里呈现物理实体的真实状况。

数字孪生的反馈源主要依赖于各种传感器，如压力、角度、速度传感器等。数字孪生的自我学习除了可以依赖传感器的反馈信息，也可以通过历史数据，或者集成网络的数据学习。后者常指多个同批量的物理实体同时进行不同的操作，并将数据反馈到同一个信息化平台，数字孪生基于海量的信息反馈数据，进行深度学习和精确模拟。

尽管模拟和数字孪生都利用数字模型来复制系统的各种过程，但数字孪生实际上是一个虚拟环境，这使得它的研究内容更加丰富，可以运行任意数量的有用模拟以研究多个过程。

数字孪生技术的设计是基于双向信息流的。这种信息流首先是由对象传感器向系统处理器提供相关数据，随后，当处理器生成的信息与原始源对象共享时，信息流再次流动。数字孪生的技术体系庞大，其感知、计算和建模过程，涵盖了感知控制、数据集成、模型构建与互操作、人机交互等诸多技术领域。应用领域非常广泛，包括大数据、云计算、物联网、人工智能以及区块链的技术应用。数字孪生中的孪生数据集成了物理感知数据、模型生成数据、虚实融合数据等高速产生的多来源、多种类、多结构的全要素、全流程的海量数据。

大数据能够从数字孪生高速产生的海量数据中提取更多有价值的信息，以解释和预测现实事件的结果和过程。云计算按需使用与分布式共享的模式可为数字孪生提供庞大的云计算资源与数据中心，可以满足数字孪生的计算、存储与运行需求。其准确、高保真的虚拟模型、多源数据、实时动态虚实交互为用户提供了仿真模拟、可视监控、优化控制等应用服务。人工智能通过智能匹配最佳算法，自动执行数据准备、分析、融合，对孪生数据进行深度知识挖掘，生成各类型服务，可大幅提升数据的价值以及各项服务的响应能力和服务准确性。

区块链技术具有独立性、不可变和安全性的特点，能够确保孪生数据不可篡改、可跟踪、可追溯等。区块链技术可以为数字孪生提供可靠的安全性保证，以防止数字孪生数据被篡改导致错误和偏差，通过将数字孪生的数据存储和验证过程记录在不可篡改的区块链中，可以确保数据的完整性和可信度。

6.5.2　数字孪生的类型

根据产品放大级别，有多种类型的数字孪生，其最大的区别在于应用领域，不同类型的数字孪生在一个系统或流程中共存是很常见的，以下为数字孪生的类型。

1. 组件/零件孪生（Component/Parts Twins）

组件孪生作为数字孪生的基本单元，是功能组件的最小示例。而零件孪生的情况与组件孪生类似，但重要性稍低。

2. 资产孪生（Asset Twins）

资产孪生是对多个组件协同工作的性能进行研究的工具，通过对组件之间的相互作用进行建模，资产孪生能够生成大量可处理的性能数据。

3. 系统/单元孪生（System/Unit Twins）

下一级放大涉及系统或单元孪生，可以看到不同的资产如何组合在一起形成一个完整的功能系统。系统孪生提供了关于资产交互的可视化信息，并且可以提出性能增强的建议。

4. 进程孪生（Process Twins）

进程孪生从宏观放大级别揭示了系统如何协同工作以创建整个生产设施。流程孪生可以帮助确定最终影响整体效率的精确时间安排，确认这些系统是否全部同步以最高效率运行，或者一个系统的延迟是否会影响其他系统。

6.5.3　数字孪生市场和行业

虽然数字孪生因其提供的功能而备受推崇，但并不保证每个制造商或创建的每个产品都使用它。并非每个对象都复杂到需要数字孪生的密集且定期的传感器数据流。数字孪生是物理对象的精确复制品，这可能会使其创建成本高昂。

许多类型的项目确实受益于数字孪生模型，达到简化流程和提高效率的目的。特别是在涉及大型产品或项目的行业中，包括：汽车制造、飞机生产、轨道车设计、建筑施工、电力公司等。

举例来说，对于那些受到严格工程规则约束的大型项目，如楼房、桥梁和其他复杂结构，数字孪生可以帮助简化设计和施工过程，并提供实时的可视化信息。

数字孪生也可以应用于动力设备监测。通过创建数字孪生模型，实时监测设备的运行状态，预测潜在问题，并制定有效的维护计划。

在发电设备领域，如喷气发动机、涡轮发电机，数字孪生技术的使用可以为定期维护提供有力支持，从而提高设备的可靠性和效率。

大型工程项目，如大型建筑物和海上钻井平台，可以通过数字孪生进行改进，尤其是在设计过程中，数字孪生可用于设计这些结构内运行的系统，例如 HVAC（供热通风与空气调节）系统，以提高其效率和性能。

数字孪生在汽车制造行业中被广泛应用，因为汽车由多种复杂系统共同运作。利用数字孪生，汽车制造商可以模拟和优化车辆的各个方面，从而提升车辆性能和生产效率。

制造业也是数字孪生的重要应用领域。由于数字孪生旨在反映产品的整个生命周期，因此在制造的各个阶段都可以使用数字孪生指导产品的设计、生产和质量控制。这使得制造过程更加高效，并确保产品的质量和一致性。

在医疗保健服务领域，数字孪生不仅可以用于分析产品，还可以用于跟踪接受医疗服务的患者后续恢复情况。通过使用传感器采集到的患者数据，医生可以监测和跟踪患者的各种健康指标，从而提供更好的医疗保健服务。

在城市规划方面，数字孪生为土木工程师和其他参与城市规划活动的人员提供了巨大的帮助。数字孪生可以实时显示 3D 和 4D 空间数据，并将增强现实系统整合到建筑环境中，帮助规划人员更好地理解和决策城市发展的各个方面。

　　总体而言，数字孪生在结构设计、工业制造、项目流程管理、医疗保健服务和城市规划等多个领域都具有广泛的应用前景，为各行各业提供了更高效、更准确和更可靠的解决方案。

6.5.4　数字孪生的未来

　　数字孪生的未来充满潜力。随着技术的不断发展，越来越多的认知能力将被应用到数字孪生中，进一步提升其功能和扩大其应用范围。资产密集型行业正在经历数字化改造，这些行业正在以颠覆性的方式改变运营模式，要求综合考虑资产、设备、设施和流程的物理和数字视图。在这个调整过程中，数字孪生扮演着至关重要的角色，可以帮助企业更好地适应新的运营环境。

　　在当今时代，数字孪生正变得越来越重要。它们不断学习新的技能和能力，以应对不断变化的情况。通过分析大量数据和模拟实验，数字孪生可以提供准确的洞察力，帮助企业做出明智的决策。无论是产品设计的优化，还是流程的改进，数字孪生都能提供有价值的建议，使企业能够更好地应对挑战并提高效率。

　　数字孪生的发展也将推动各行各业的创新和变革。通过与人工智能、物联网和大数据等技术的结合，数字孪生将进一步扩展其应用领域。例如，在智能城市规划中，数字孪生可以帮助实时监控和管理城市基础设施，并提供智能化的决策支持。在医疗保健领域，数字孪生可以模拟和优化手术过程，提高医疗效果和安全性。

　　总之，数字孪生具有巨大的潜力和无限可能性。随着技术的不断进步和应用的不断扩展，数字孪生将成为各行业转型和创新的重要工具，为企业带来更好的产品和更高效的流程。我们可以期待，在未来的发展中，数字孪生将发挥越来越重要的作用，为社会的可持续发展做出积极贡献。

6.6　游戏引擎技术

　　随着元宇宙概念的逐步落实，未来的游戏行业必然会迎来蓬勃发展。

游戏引擎是目前实现元宇宙的基础工具，所有的内容、创意都需要经过游戏引擎的加工，才能输送到元宇宙的世界。

　　游戏引擎是包含驱动游戏所需的多种核心功能的软件，为开发者提供开发环境的同时，提供一系列的"函数库"和"模块化组件"。游戏引擎通常包含多个模块系统，地图编辑（场景搭建与管理）、3D 图像的渲染引擎、感知 3D 空间冲突及产生现实物理效果的物理引擎、人工智能角色的制作、光照的调节、相机效果、音效、网络引擎、程序设计语言的脚本编辑等。游戏的开发是在优先开发游戏引擎这一框架后，通过添加各种资源来完成，因此可以说游戏引擎是游戏开发的重要部分。代表性的商用游戏引擎有虚幻引擎（Unreal Engine）、Unity 等，包揽了市面上多数的角色扮演游戏（Role-playing Games）、多人在线角色扮演游戏（Massively Multiplayer Online Role-playing Games）、冒险类游戏（Adventure Games）、即时战略游戏（Real-time Strategy Games）、第一人称射击游戏（First-person Shooting Games）、模拟类游戏（Simulation Games）、运动类游戏（Sports Games）、益智类游戏（Puzzle Games）、棋牌类游戏（Table Games）等。这些游戏引擎同时支持移动设备、PC 主机等多个平台，一次编码的程序可以比较容易地转换成其他平台，因此被称为交叉平台（Cross Platform）游戏引擎。游戏引擎由开发公司自行开发的情况很多，但购买市场上的商用游戏引擎的情况也很普遍。购买并使用商用游戏引擎，可以缩短开发周期，而且可以实现该引擎保证的最低视觉质量。

6.6.1　游戏引擎的由来

　　从游戏引擎的历史来看，在 3D 图像普及之前，也存在几个制作 2D 游戏的游戏引擎。图形冒险游戏的传统名家 Lucas Arts 的 SCUMM（Script Creation Utility for Maniac Mansion）是为了轻松制作名为 *Maniac Mansion* 的图形冒险游戏而开发的初期形态的游戏引擎。实际上，SCUMM 最初只用于该游戏制作，但后来在制作《猴岛的秘密》等作品时也同样使用了这款游戏引擎。

　　游戏引擎的概念正式站稳脚跟是从 1996 年发行的第一人称射击游

Quake 之后开始的。随着 *Quake* 的开发者约翰·卡梅克公开 *Quake* 系列的源代码，游戏引擎的概念逐渐形成。这种 3D 游戏引擎刚刚推出时，价格高昂，使用它进行游戏开发的开发者较少，因此普及速度相对较慢。特别是像虚幻引擎，购买使用价格达数万美元以上，因此独立游戏开发者确实不敢购买用于开发游戏。

6.6.2　游戏引擎的作用

游戏引擎是实现游戏画面和交互的关键，画面真实性是游戏引擎的核心竞争力。为了增强内容的真实性，游戏引擎通常需要依赖两个重要的组件：渲染引擎和物理引擎。

渲染引擎对游戏的输出质量起着决定性作用。它能够实时计算并呈现出场景模型、动画、特效、光照、阴影等所有视觉效果，以达到更高的逼真度。同时，渲染引擎还能处理刚体和柔体对象，不仅能够构建坚实的建筑物，还可以模拟流动的水体等效果。刚体运动主要通过模拟受力分析、速度、位置更新、碰撞检测、解决约束等过程来呈现特殊效果。物理引擎则通过设定重力、碰撞探测等功能来模拟真实世界，决定角色跑跳的幅度，并避免出现穿模等问题。

在独立游戏开发中，游戏引擎的重要性不言而喻。它能够弥补人力和技术方面的不足，帮助制作团队进行复杂的物理计算或实现人工智能角色的移动。借助游戏引擎，制作团队能够更快地完成项目制作，提高开发效率。

6.6.3　元宇宙中游戏引擎的定位

在元宇宙中，游戏引擎扮演着至关重要的角色。元宇宙是一个虚拟的数字化世界，将现实世界与虚拟现实相结合，提供无限可能的交互和体验。游戏引擎作为构建和驱动元宇宙的技术基础，具有以下几个方面的定位。

游戏引擎需要具备强大的实时渲染能力，以呈现出逼真的虚拟环境和角色模型。在元宇宙中，用户可以自由探索、交互和参与各种活动，游戏引擎的实时渲染能力能够让用户获得流畅、逼真的视觉体验。

游戏引擎需要支持多样化的交互方式，例如手势识别、语音控制、体感操作等。这些交互方式能够增强用户的沉浸感和参与度，使其能够更加自由地与虚拟环境进行互动。

元宇宙是一个连接全球的虚拟空间，用户可以与其他玩家进行实时互动和合作。游戏引擎需要提供稳定的多人联机功能，以支持大规模的在线互动体验，并且能够处理多个玩家之间的数据同步和交互。同时需要向用户提供强大而易用的创作工具，使用户能够自主创作和定制虚拟环境、角色和物品。这样可以促进元宇宙的多样性和个性化，让用户能够根据自己的喜好和创意来打造独特的体验。

作为一个开放的平台，各种不同类型的应用和内容都可以在元宇宙中存在并相互交互。游戏引擎需要具备开放性和可扩展性，使得开发者能够轻松地集成其他技术和内容，从而实现更多元化和丰富的体验。元宇宙的本质是对现实世界的映射和延伸，游戏引擎的特性可以肩负起元宇宙中场景构建与内容创作，起到整合美术资源的作用，高效地完成兼具场景、音效、渲染等功能的 3D 数字场景。

总之，元宇宙中的游戏引擎要具备高度的逼真性、多样化的交互方式、强大的联网能力、易用的创作工具和开放的可扩展性。通过这些功能，游戏引擎能够为用户提供沉浸式、多样化且个性化的虚拟体验，推动元宇宙的发展和进步。

本章参考文献

[1] 孟小峰，慈祥. 大数据管理：概念、技术与挑战[J].计算机研究与发展，2013, 50(1):146-169.

[2] 陈焕新，张丽，程亨达. 制冷、大数据、元宇宙漫谈[J].制冷学报，2023, 44(2):28-38

[3] 宋航. 万物互联：物联网核心技术与安全[M],北京:清华大学出版社，2019.

[4] 王君洁. 计算机大数据分析与云计算机网络技术的研究[J]. 自动化应用，2023, 64(8):206-209.

[5] 沈东鸿. 云计算技术在计算机数据处理中的应用研究[J]. 软件，2022, 43(6):97-99.

[6] 李长文.云计算技术在计算机网络安全存储中的应用分析[J]. 电脑编程技巧与维护，2022(3):174-176.

[7] 米杰. 云计算技术在计算机大数据分析中的应用研究[J]. 河南科技，2022, 41(6):16-19.

[8] 陈为，沈则潜，陶煜波. 数据可视化[M]. 北京：电子工业出版社，2023.

[9] 彭三益. 大数据挖掘技术背景下隐私权的特殊保护[J]. 求索，2023(3): 170-178.

[10] 保佑智. 基于大数据技术的网络安全防御架构设计研究[J]. 中国高新科技，2023(12):117-120.

[11] 陈国良. 大数据计算理论基础：并行和交互式计算[M]. 北京：高等教育出版社，2017.

[12] 李智慧. 大数据技术架构：核心原理与应用实践[M].北京：电子工业出版社，2021.

[13] 阿卡拉卡·拉金德拉. 大数据分析与算法[M].毕冉，译.北京：机械工业出版社，2018.

[14] 维斯·马克·艾伦. 数据结构与算法分析 C 语言描述[M]. 冯舜玺，译.北京：机械工业出版社，2019.

[15] 李建中，李英姝. 大数据计算的复杂性理论与算法研究进展[J]. 中国科学：信息科学，2016, 46(9):1255-1275.

[16] 王皓，潘昱杉，潘毅. 生成式人工智能大模型赋能的元宇宙生命体：前瞻和挑战[J]. 大数据，2023, 9(3):85-96.

[17] 伊弗雷特·费尔南多. 人工智能和大数据：新智能的诞生[M]. 吴常玉，译. 北京：清华大学出版社，2019.

[18] 曹剑侠，张云. 计算机远程网络通讯技术的应用[J]. 网络安全技术与应用，2021(7):17-18.

[19] 张新长，廖曦，阮永俭. 智慧城市建设中的数字孪生与元宇宙探讨[J].测绘通报，2023(1):1-7, 13.

[20] 李欣，刘秀，万欣欣. 数字孪生应用及安全发展综述[J]. 系统仿真学

报，2019, 31(3):385-392.

[21] 聂蓉梅，周潇雅，肖进，等. 数字孪生技术综述分析与发展展望[J].
宇航总体技术，2022, 6(1):1-6.

[22] 袁科高，启文，闫永航.基于 Unidy3D 的角色扮演游戏设计与实现[J].
软件导刊，2019, 18(8):75-79.

[23] 曾梓铭，张文静，魏德样. 拥抱元宇宙：电子竞技未来图景探赜[J].
体育教育学刊，2023, 39(3):8-14.

[24] 徐跃家，陈奕彤，李煜，等. 虚拟现实复杂行为模拟下的城市空间
研究[J]. 城市发展研究，2023, 30(5):1-6.

[25] 成生辉. 元宇宙：概念、技术及生态[M]. 北京：机械工业出版社，
2022.

第 **7** 章

区块链技术

区块链的概念和原理

数字货币

元宇宙中的数字货币

元宇宙是以 5G、6G 为代表的信息传输革命，Web3.0 为代表的互联网革命，智能算法和机器学习为代表的人工智能革命，VR、AR、MR、XR为代表的可视化技术革命，大数据、云计算为代表的数据采集和数据处理的信息技术革命，数字货币为代表的区块链技术革命，建立在区块链技术之上的新型底层互联网协议。因为区块链技术凭借其独特的技术特征和运行逻辑改变了互联网传统的发展方式和治理模式，区块链技术的优势和重要性日益显著，其应用场景也愈加丰富，因而本章将就区块链技术原理以及在其基础上的数字货币进行说明，同时对元宇宙中的数字货币应用与作用进行说明。

7.1　区块链的概念和原理

7.1.1　区块链的概念

2008 年，中本聪（Satoshi Nakamoto）首次提出了一种以区块链（Blockchain）为底层技术的数字货币，称为比特币（Bitcoin），区块链的概念也首次被提出。

根据《可信区块链认证系列标准》，区块链是一种由多方共同维护，使用密码学保证传输和访问安全，能够实现数据一致存储、无法篡改、无法抵赖的技术体系。

狭义来讲，区块链是一种按照时间顺序连接数据、存储区块，形成一种链式数据结构，并以密码学方式确保其不可篡改和不可伪造的分布式账本。广义来讲，区块链技术是利用块链式数据结构验证与存储数据，利用分布式节点共识机制生成和更新数据，利用密码学保证数据传输和访问的安全，利用智能合约来编程和操作数据的一种全新的分布式基础架构与计算范式。

本质上来说，区块链建立了一种能够在不可信的竞争环境中以低成本建立信任的信任机制。从记账的角度出发，区块链是一种分布式记账技术；从协议的角度出发，区块链是一种以智能合约解决数据信任问题的互联网协议；从经济学的角度出发，区块链是一个能够提升合作效率、减少交易费用、降低交易不确定性的价值互联网。

7.1.2　区块链的原理

1. 区块链的架构

随着区块链技术的发展，从最早的应用区块链技术的比特币到区块链与智能合约相结合的以太坊，再到应用最广的联盟链，虽然它们在具体实现方式和体系结构上不完全相同，但在整体架构上存在诸多共性。当前通常把区块链平台整体分为五层，分别是数据层、网络层、共识层、合约层和应用层。

1）数据层

数据层是所有区块链平台中的最底层，负责将其一段时间内接收到的交易数据存入正在创建的数据区块中，再通过特定的哈希函数和 Merkle 树数据结构完成对区块中的交易数据的封装，并在上层协议的作用下生成一个符合算法约定的带有时间戳的新区块，再通过共识机制将其连接到主链上，形成一条链状结构。

2）网络层

区块链网络层采用不受任何权威节点控制或层次模型约束的完全去中心化的 P2P（对等网）协议作为传输协议完成组网，消息和数据的传输直接在节点之间完成，节点可以选择在任意时刻加入或退出网络，无须中间环节或中心服务器的参与，以此来实现区块链系统中各个节点之间的互联，为交易数据和新区块创建信息在节点之间的快速传输及正确性验证提供通信保障，并为每个节点参与新区块记账权的竞争提供公平的网络环境。

3）共识层

共识层借助于相关的共识机制，在一个由高度分散节点组成的去中心化系统中达成对交易和数据有效性的共识，确保整个系统所有节点记账的一致性和有效性。其中，一致性是指所有节点中保存的区块主链中已确认的区块完全相同，而有效性是指每个节点发送的交易数据都能够确保被存放在新区块中，同时节点新生成的区块数据也能够被连接到区块链上。

4）合约层

区块链 2.0 在区块链 1.0 的基础上引入了智能合约，智能合约从本质上来说是通过算法、程序编码等技术手段将传统合约内容编码成为一段可以在区块链上自动执行的程序，使区块链在保留去中心化、不可篡改等特性的基础上增加可编程的特点，区块链通过智能合约的调用和事件的触发来完成自动处理，极大拓宽了区块链技术的应用领域。

5）应用层

区块链的应用层目前经历了可编程货币、可编程金融、可编程社会三大阶段，具体的应用场景主要集中在数字货币、数字资产、金融交易、数据鉴证、供应链等方面，同时区块链与大数据、云计算、人工智能等技术也产生了不错的交互。

2. 区块链的核心技术

区块链技术是多种技术的创新式融合，包含计算机科学、加密学、社会学和经济学，其关键技术包括分布式账本、共识机制、智能合约、密码学等一系列复杂技术。

1）分布式账本

分布式账本是指可以在多个站点、不同地理位置或者多个机构组成的网络里实现共同治理及分享的资产数据库。从计算机技术的角度看，账本是一系列包含交易和信息的数据结构，账本可以记录多方资金的往来记录、物品交换记录等。在区块链系统中，交易被组织成块，然后块被组织成逻辑上的链，因此区块链是一本不断增长的账本。典型的区块链系统分布式账本设计，采用了一种按时间顺序存储的块链式数据结构。

分布式账本有基于资产和基于账户两种数据模型。在基于资产的模型中，首先以资产为核心进行建模，然后记录资产的所有权，即所有权是资产的一个字段。在基于账户的模型中，建立账户作为资产和交易的对象，资产是账户下的一个字段。相比而言，基于账户的数据模型可以更方便地记录、查询账户相关信息，基于资产的数据模型可以更好地适应并发环境。为了实现更好的性能且能及时查询账户的状态信息，现在区块链平台正朝着混合数据模型方向发展。

基于资产和基于账户的模型对比如表 7-1 所示。

表 7-1　基于资产与基于账户的模型对比

模型类型	基于资产	基于账户
建模对象	资产	用户
记录内容	资产所有权	账户操作
系统中心	状态（交易）	事件（操作）
计算中心	计算发生在客户端	计算发生在节点
判断依赖	方便判断交易依赖	较难判断交易依赖
并行	适合并行	较难并行
账户管理	难以管理账户元数据	方便管理账户元数据
适用的查询场景	方便获取资产最终状态	方便获取账户资产余额
客户端	客户端复杂	客户端简单
举例	Bitcoin、R3 Corda	Ethereum、Frabic

2）共识机制

共识机制在区块链中具有核心的地位，决定了谁有记账的权利，以及记账权利的选择过程和理由。共识机制是通过在互不信任的节点之间建立一套共同遵守的预设规则，实现节点之间的协作与配合，最终达到不同节点之间数据的一致性。

区块链的共识机制既要体现分布式系统的基本理念，又要考虑到区块链的安全问题。目前，区块链中的共识机制更具有针对性，可根据不同的区块链应用场景选择符合不同运行需求的共识机制，具有代表性的共识机制主要有工作量证明（PoW）机制、权益证明（PoS）机制、授权股份证明机制（DPoS）、基于实用拜占庭容错（PBFT）机制。

① PoW 共识机制

PoW 共识机制，即工作量证明机制，比特币区块链中就采用了高度依赖于节点算力的 PoW 机制，每个参与共识的"矿工"基于各自的算力相互竞争来共同解决一个求解复杂但验证容易的数学难题，最快解决该难题的节点将获得区块记账权和系统给予的比特币奖励。

PoW 共识机制的特点是各参与节点仅依赖于自己的算力获得对新区块的记账权，同时获得相应的奖励（该过程也实现了比特币的发行），在此共识过程中引入了经济激励机制，从而使更多的节点为了追求经济利益加入到"挖矿"过程中，这种独特的共识机制不但有利于系统的长久稳定运行，而且增强了网络的可靠性与安全性。

② PoS 共识机制

PoS 共识机制，即权益证明机制，是为了解决 PoW 共识机制中的资源浪费问题以及更高的安全性而提出来的。PoS 机制中，所有"矿工"基于算力竞争满足特定条件的哈希值，最先成功求得解的"矿工"便拥有记账权。两种算法的不同之处在于，PoW 共识是基于节点的算力来求解符合条件的哈希值，而 PoS 则是寻找最高权益的节点，即 PoS 通过权益证明来替代 PoW 中的基于节点哈希算力的证明来竞争新区块的记账权。验证节点根据持有的货币数量的比例获得生成区块的机会，持有更多货币的节点拥有更高的机会获得奖励。PoS 机制中的权益可以概括为节点拥有的资产，谁拥有资产越多，谁将会更有可能在下一个区块记账权的竞争中胜出。

③ DPoS 共识机制

为了解决 PoS 机制存在的不足，2014 年 4 月，丹尼尔·拉里默（Daniel Larimer）等人在 PoS 的基础上提出了 DPoS 共识机制，即股份授权证明机制，即每个节点相当于一个股东，所有股东选择一定数量的代表作为共同信任的委托人，由该委托人来帮助大家记账。

基于 DPoS 共识机制的区块链系统是一个中心化（针对委托人）和去中心化（针对所有股东）的混合体，每个节点都能够通过投票决定自己的委托人，有限的委托人轮流记账，大幅减少了参与记账竞争的节点数，提高了共识验证的效率，而且每一个委托人的工作状态都受到投票者的监督，在确保节点真实性的同时，也能够使那些虽然拥有较少资源（算力）但具有较强责任心的节点有机会成为委托人而获益。

④ PBFT 共识机制

与 PoW、PoS 和 DPoS 不同的是，拜占庭容错（BFT）机制无须通过竞争来确定记账者，而是让系统中的节点以投票方式来产生新区块，并实现系统中共识结果的一致性，且不会出现分叉现象。

PBFT 通过优化算法将计算复杂度从指数级降到多项式级，解决了 BFT 运行效率低的问题。PBFT 共识机制主要包括共识达成、检查点协议和视图转换三个部分。在采用 PBFT 共识机制的区块链网络中，主节点代表获得记账权的节点，而客户端请求代表交易信息。

由于 PBFT 共识中可以生成新区块的节点是唯一的，因此不会存在分叉现象。但由于每个节点都需要频繁地接收从其他节点发送过来的交易数据，同时也要将本节点的交易数据尽快发送出去，因此网络的开销较大，导致基于 PBFT 共识机制的区块链的系统性能不高，只能满足规模不大的联盟链应用场景。

PoW、PoS、DPoS、PBFT 四种共识机制的对比如表 7-2 所示。

表 7-2 PoW、PoS、DPoS、PBFT 共识机制对比

共识机制	PoW	PoS	DPoS	PBFT
中心化程度	完全去中心化	完全去中心化	部分去中心化	部分去中心化
节点准入许可	无许可	无许可	无许可	需许可
接入节点数	不限	不限	不限	受限
出块时间	长	较长	较短（秒级）	短
吞吐量	低	高	高	高
能源消耗	高	低	低	低
安全边界	恶意算力不超过 1/2	恶意权益不超过 1/2	恶意权益不超过 1/2	恶意节点不超过 1/3
代表应用	Bitcoin、Ethereum	Peercoin	Bitshare	Fabirc
扩展性	好	好	好	差

3）智能合约

1994 年，美国计算机科学家尼克·萨博（Nick Szabo）提出了智能合约（Smart Contract）的概念：一套以程序代码指定的承诺以及执行这些承诺的协议。智能合约的设计初衷是在没有任何第三方可信权威参与和控制的情况下，借助计算机程序，编写能够自动执行合约条款的程序代码，并将代码嵌入到具有价值的信息化物理实体，将其作为合约各方共同信任的

执行者代为履行合约规定的条款，并按合约约定创建相应的智能资产。

广义的智能合约是指运行在区块链上的计算机程序。狭义的智能合约可以认为是运行在区块链基础架构上，基于约定规则，由事件驱动，具有状态，能够保存账本上资产，利用程序代码来封装和验证复杂交易行为，实现信息交换、价值转移和资产管理，可自动执行的计算机程序。目前，根据使用的编程语言和运行环境的不同，我们将比特币中的智能合约称为脚本型智能合约，将主要运行在以太坊和超级账本中的智能合约称为图灵完备型智能合约，将正在研发中的 Kadena 项目中的智能合约称为可验证合约型智能合约。智能合约的操作对象大多为数字资产，其难以修改、触发条件强等特性决定了智能合约的使用具有高价值和高风险。当前智能合约仍处于探索应用阶段，如何规避风险保证其安全性并发挥价值是当前智能合约大范围应用的难点。

4）密码学

为保证账本的完整、公开、隐私保护、不可篡改、可校验等一系列特性，区块链技术高度依赖密码学技术。正是密码学的一些理论研究和技术特性，使得公有链的所有节点能一定程度上达到公平、安全、可信赖。

7.1.3　区块链的特征

区块链具有去中心化、去信任、不可篡改、集体维护、可编程、隐私保护等特点。

1. 去中心化

区块链作为一种开放式、扁平化、平等性的系统或结构，采用分布式存储和点对点通信，所有参与计算的节点都拥有完整或部分区块链账本，并且是完全公开透明的，任何人都可以进行记账，数据的生成、验证、记账、传输、存储和维护等环节都不依赖第三方机构，而是由相应的算法和协议实现，具备高度去中心化的特点。

2. 去信任

整个区块链系统中，参与数据交换的每个节点之间无须相互信任，整个系统的运行规则和结果公开透明，所有数据全部公开，在系统约定的规则和时间范围内，任何一个节点是不能也无法欺骗其他节点的。区块链技术能够实现去信任的环境，参与者可以进行可靠的交易和合作，而无须依赖中心化的机构或相互信任。

3. 不可篡改

传统的数据库具有增加、删除、修改和查询四种经典操作，而区块链技术放弃了删除和修改，只留下增加和查询两种操作，通过区块和链表这样的块链式结构，加上相应的时间戳进行凭证固化，每个区块都指向前一个区块，创建一条一直可以追溯到第一个区块的链条，因此节点上的信息交换活动都可以被查询和追踪，形成环环相扣、难以篡改的可信数据集合，实现了可追溯性和不可篡改性。

4. 集体维护

区块链引入了分布式账本，其中的所有节点都可以承担网络路由、构建新节点、验证区块数据、传播区块数据等功能，将对数据访问和使用行为等信息在短时间内大范围地进行全网广播、匹配、核查和认定，数据的写入和同步不再由单一主体单方面控制，需要经过多方验证、形成共识、集体维护，增强了数据存储的一致性。

5. 可编程

基于事先约定的规则，开发者可以通过代码运行来独立执行、协同写入，通过算法代码形成了一种将信息流和资金流整合到一起的"内置合约"，即智能合约。智能合约实现了各类去中心化应用的可编程性。

6. 隐私保护

由于节点之间是无须相互信任的，用户无须公开个人真实身份信息，因此系统中每个参与节点的隐私都得到了有效保护。

7.1.4　区块链的发展历程

从区块链技术发展以及应用领域的广泛程度划分，可将其发展分为四个阶段，从区块链 1.0 到区块链 4.0。

1. 区块链 1.0

区块链 1.0 阶段被称为可编程货币阶段，这个阶段是区块链技术创新应用阶段，实现于 2009 年的可编程货币，产生了大量以交易媒介为主要实现功能的数字货币，主要承担支付、流通等货币职能。区块链使互不信任的人在没有权威机构介入的情况下，可以直接使用比特币进行支付。

2. 区块链 2.0

区块链 2.0 阶段被称为可编程金融阶段，这个阶段是区块链技术应用注重商业实践阶段，实现于 2014 年以太坊与智能合约的创新应用。受比特币交易的启发，人们开始尝试将区块链应用在其他金融领域，使得区块链从最初的货币体系拓展到了对金融行业的使用场景和流程优化，包括股票、债券的登记与转让，以及在金融合约领域的防伪、交易、执行等。

3. 区块链 3.0

区块链 3.0 阶段被称为可编程社会阶段，这个阶段是区块链技术推广深化发展阶段，实现于 2017 年以 EOS、Hyperledger Fabric 为代表的共识协议得到了认可，解决了性能能耗问题，应用从金融延伸到各个领域，为各行各业提供去中心化或者多中心分布式的解决方案，作为价值互联网内核，区块链能够对互联网中每一个代表价值的节点信息进行产权的确认、追溯、计量和存储。随着区块链技术日渐成熟，其在各行业领域中的应用将不可避免地对未来的互联网和社会产生重大影响，促进人类各领域的组织形态变革，推动人类社会进入全面的可编程社会。

4. 区块链 4.0

区块链 4.0 阶段被称为可编程治理阶段。随着区块链技术在社会层面的推广应用，区块链技术将对人类的相互合作方式产生深远影响，人类社会治理方式、治理工具都将因此产生颠覆性变化，这意味着区块链技术将会成为国家治理、社会治理的战略性技术支撑和有效承载工具。未来区块链 4.0 将与超级计算、人工智能、大数据等领域深度结合，通过赋能传统产业改变经济价值的产出、流转和分配，促进生产力与生产关系协调发展，赋予人们更广阔的世界，形成一个覆盖全球的、可信的区块链生态经济。

目前我们仍处于区块链 3.0 阶段，现有的区块链架构与企业多样性数字化进程需求之间仍存在较大的供需矛盾。以比特币为代表的可编程货币，仅仅适用于货币支付与流通等场景；以以太坊为代表的可编程金融，尽管智能合约支持 DApp 的开发，但是到目前为止还未实现令人瞩目的成就；以 EOS、Hyperledger Fabric 为代表的可编程社会项目中的大部分企业面临区块链人才短缺、技术开发能力不足、效率低、成本高昂、缺乏区块链+思维等痛点问题，同时，多个联盟链之间存在无法实现跨行业跨链的数据共享与互联互通，没有形成统一的监管模式标准等问题，这些问题都成为区块链与传统行业进一步融合，实现数字经济时代价值流转网络的阻力。因此区块链 4.0 时代要解决效率低、能耗高、隐私保护、监管难题等实际面临的问题，遵循共享、共建、共赢理念的科技生态格局，促进生产力与生产关系的协调发展，为国家治理体系与治理能力现代化提供技术支撑。

7.1.5 区块链的应用

1. 区块链的分类

区块链技术应用并非必须是完全分布式，完全去中心化的架构模式，按照系统是否具有节点准入机制，可将区块链分为许可区块链和非许可区块链。

非许可区块链也称为公有链，是一种完全分布式的开放区块链，即任何人都可以加入网络并参与完整的共识记账过程，信息是完全公开的，彼此之间不需要信任。公有链以消耗算力等方式建立全网节点的信任关系，具备完全去中心化特点的同时也带来资源浪费、效率低下等问题。

许可区块链是一种分布式的半开放区块链，只有指定的成员可以加入网络，且每个成员的参与权各有不同。许可链往往通过颁发身份证书的方式事先建立信任关系，具备部分去中心化特点，相比于非许可区块链拥有更高的效率。

许可区块链按照拥有控制权限的主体是否集中，可分为联盟链和私有链。联盟链由多个机构组成的联盟构建，账本的生成、共识、维护分别由联盟指定的成员参与完成。私有链相较联盟链而言中心化程度更高，其数据的产生、共识、维护过程完全由单个组织掌握，被该组织指定的成员仅具有账本的读取权限。

区块链的公有链、私有链、联盟链的不同存在方式意味着在数字经济下可以产生不同的社会合作模式，能促使区块链技术的自动化、透明度、可审计和低成本特征适应于不同分工领域的应用，对于仅涉及有限人群的私有领域的协作可以选择私有链形式，对于公共领域涉及社会不同人群参与协作的领域则可以选择公有链形式，对于介于两者之间的分工协作领域则可以选择联盟链的形式。这意味着不同类型的区块链组织形式能提升区块链技术应用的适应性，减少运行成本，形成社会自组织合作方式的各种类型的颠覆性创新。表 7-3 对这三种区块链进行了对比说明。

表 7-3　三种区块链的对比

类别	公有链	联盟链	私有链
访问权限	公开读写	受限读写（预先定义节点）	受限读写（通常为单一节点）
性能	慢	快	快
共识机制	证明类共识算法（PoW、PoS、PoC 等）	传统共识算法（Raft、PBFT 等）	传统共识算法（Raft、PBFT 等）
身份	匿名、假名	已知身份	已知身份
举例	Bitcoin、Ethereum	Hyperledger Fabric	R3 Corda

2. 区块链的价值

区块链技术被广泛认知，得益于其最早在数字货币的应用，如比特币已经通过数字货币领域发展而被普通大众所认可，现在我国央行也已经推出了人民币数字货币。实际上，区块链技术不仅可以在数字货币领域大显身手，而且在社会合作分工领域也将产生更深远的影响，将推动人类进入到"算法社会"，让人类社会的自组织发展模式成为主流。

区块链的价值在于它从技术底层解决了互联网技术发展中的数据孤岛、数据确权、数据安全保存与传输等信息时代重组信息的难题，可以为信息的整合、处理、分析提供新的社会化组织合作模式，由此能建立起新的信任模式。从对"人"以及人所建立的"组织平台"与"制度"的主观信任转化为对"数学算法"的信任，对客观、科学的信任，从而为构建更为可靠的合作信任机制奠定了技术基础。

3. 区块链的应用模式

当前区块链已经形成三种典型应用模式，在不同行业领域实现了成功应用。链上存证类是区块链成为链上存证的信任账本，主要应用于全网数据一致性要求较高的业务、提升公共服务数字化能力，改善数字经济市场效能，如溯源、审计、票据等；链上协作类是区块链提供多方协作的信任机器，在去中心化的大规模多方协作业务中，发挥出数据共享、数据互联互通的重要作用，从打通多部门政务服务一体化向实体产业多协作场景渗透，如政务数据共享、医疗数据共享；链上价值转移类是区块链构建价值传递的智能互联信任基础设施，以资产的映射、记账、流通为主要业务特点，主要应用于承载价值传递，为数字化资产建立信任背书，通过引发技术业务协同创新重构金融业务，如 DCEP（数字货币和电子支付工具）、跨境支付等。三种区块链应用模式的具体应用场景如表 7-4 所示。

表 7-4　三种区块链应用模式的具体应用场景

类型	实体经济				公共服务		
	金融	农业	工业	医疗	政府	司法	公共资源交易
链上价值转移	数字票据、跨境支付	农业信贷、农业保险	能源交易、碳交易	医疗保险	/	/	/
链上协作	证券开户信息管理	农业供应链管理	能源分布式生产、智能制造	医疗数据共享	政务数据共享	电子证据流转	工程建设管理
链上存证	供应链金融	农产品溯源、土地登记	工业品防伪溯源、碳核查、绿电溯源	电子病历、药品追溯	电子发票、电子证照、精准扶贫	公证、电子存证、版权确认	招投标

4. 区块链的应用场景

区块链技术不仅对生产关系有促进作用，而且本身可以作为生产力要素促进生产力发展，可以推动经济社会高质量发展。

1）区块链助力农业产业现代化

区块链技术可增强农业产业融资过程中对信息的采集能力并提升所获

取信息的质量，运用数据自动采集上链、时间戳、共识机制、经济激励、智能合约等手段和新工具，把农业生产周期中生产资料投资、经营过程详情、在植农产品生长状况等相关信息上链，建立对农业产业融资业务所需各类信息进行快速搜集、可靠保存与及时处理的自动化机制，确保在保障农业产业融资主体隐私安全的前提下实现对农业产业信息的全面、高质量收集汇总，形成可靠的贷前调查、贷中动态风险管控、贷后管理等环节，让金融机构能够获得更全面、可靠、精准的各类农业产业融资信息，从而缓解农业产业融资面临的信息不对称问题，提升融资效率。

此外，区块链还实现了农产品质量安全追溯，将农产品的种植过程、加工过程、存储过程、运输过程及销售过程中的数据上链存储，从而实现农产品全周期全链条的透明化监管。同时，将供应链上的农业生产者、农资企业、分销商、零售商、监管机构和消费者等参与主体连接起来，链上数据由所有参与主体进行共同验证和维护，有效解决信息不对称问题。

2）区块链助力制造业数字化、智能化

数字时代背景下，制造业智能化、数字化是大势所趋。区块链可以为工业设备提供可信标识。区块链中公私钥机制能够有效地与工业设备标识相结合，对区块链公私钥进行统一的分发、管理和权限设置，能够为工业设备提供可信的标识认证。区块链助力跨企业供应链协同管理。区块链共享账本技术以信息共享为基础，实现供应链上下游企业在链上实现各种生产经营活动协同，实现工业产品全生命周期追溯，同时结合物联网的多个智能终端设备数据上传，进行交叉验证以确保上链数据真实性。区块链还可促进流程优化，实现运输凭证签收无纸化，将单据流转及电子签收过程写入区块链存证，实现承运过程中的信息流与单据流一致，为计费提供真实准确的运营数据。

3）区块链助力智慧金融

在智慧金融领域，区块链不可篡改的特征可以保证链上数据和交易信息的真实性和可追溯性，降低票据业务的信用风险和造假风险，共识机制可以提高信息的核对和资金的清算效率，智能合约可以保证数字票据交易系统对应交易的有效执行；区块链在跨境支付时可以实现点对点直接交易，降低成本并提高效率；在保险领域有助于推动理赔流程自动化、防范保险欺诈和释放数据价值；在供应链金融领域，区块链的可追溯性可以规范数据使用、提高数据质量、获得强信任背书，从而解决供应链金融业务中的信息孤岛问题。

4）区块链服务和改善民生

在民生领域，区块链的应用场景丰富。在交通行业，区块链能保证交通数据的完整性、真实性、不可篡改性，打破各交通运输部门间的信息壁垒，同时民众和交通运输部门也可实时监测各节点的数据；在医疗行业，区块链可实现在保护患者隐私情况下的全流程监管，智能合约可完成患者、医院与保险机构之间的费用清算；在公益慈善行业，区块链技术可以实现整个公益慈善流程的高度透明，有效解决公益慈善过程中的暗箱操作滋生的信任危机问题，智能合约自动执行也可有效弥补当前公益慈善过程中依赖人工审核的问题。

5）区块链助力国家治理体系与治理能力现代化

区块链技术作为一种新兴技术工具推动了生产关系的重大变革，将改变价值创造参与者的生产地位和利益结构，改变传统国家治理体系中政府处于主导地位、承担信用背书的社会责任；还将促使人类社会合作，推动人类从自己构建起的组织与制度的信任驱动模式逐步过渡到数学算法信任的驱动模式，最终形成科学客观共识模式。随着区块链技术在政务领域逐渐广泛运用，分布式架构和信息互动方式的改变，会促使政府组织结构由层级架构逐渐扁平化，其治理及政府服务过程也将透明化、智能化、高效化，能有效降低政府治理运行成本，提高运行治理效率，高质量地提供公共服务，促进可编程社会的到来，从而更快地实现国家治理体系和治理能力全面现代化目标。

7.1.6　区块链与数字货币

区块链技术的提出创新了分布式架构的金融业务模式，实现每个节点之间的相互交互，提高了交易的工作效率，数字货币也随着区块链技术的发展而快速发展。

数字货币又称加密货币（Cryptocurrency）或虚拟货币（Virtual Currency）。

按照发行主体划分，数字货币可分为法定数字货币和私人数字货币两类。法定数字货币是指由中央银行依法发行，具备无限法偿性，具有价值尺度、流通手段、支付手段和价值贮藏等功能的数字化形式货币。目前我国央行也已经发布了数字人民币，并进入了大规模试点阶段。

私人数字货币理论上不应称为货币，而更像是数字资产，其本质是市场机构或个人自行设计发行，并约定应用规则的数字化符号，性质上类似于在一定范围内可流通的商品。

区块链技术的进步推动了数字货币在使用便捷性、应用的多样化性和数字货币的安全存储性等方面的进一步发展，下一节将会重点描述数字货币。

7.2 数字货币

区块链技术作为数字货币的底层技术，具有数据隐私保护、去中心化和不可篡改的特性优势，这些特点恰好可以弥补传统数字货币的不足，受到全世界研究学者的重点关注。相对于传统货币，数字货币成本低、效率高，数字货币取代现有纸币、硬币等信用货币是历史的必然选择。

7.2.1 数字货币的概念

1. 数字货币形态演变的动因

（1）数字经济发展需要建设适应时代要求、安全普惠的新型零售支付基础设施。随着大数据、云计算、人工智能、区块链、物联网等数字科技快速发展，数字经济新模式与新业态层出不穷。中国电子支付尤其是移动支付快速发展，为社会公众提供了便捷高效的零售支付服务，在助力数字经济发展的同时也培育了公众数字支付习惯，提高了公众对技术和服务创新的需求。同时，经济社会要实现高质量发展，在客观上需要更为安全、通用、普惠的新型零售支付基础设施作为公共产品，促进国内大循环畅通，为构建新发展格局提供有力支撑。

（2）现金的功能和使用环境正在发生深刻变化。随着数字经济发展，我国现金使用率近期呈下降趋势。同时，现金管理成本较高，其设计、印制、调运、存取、鉴别、清分、回笼、销毁以及防伪反假等诸多环节耗费了大量人力、物力、财力。

（3）加密货币特别是全球性稳定币发展迅速。自比特币问世以来，私营部门推出各种加密货币。同时，加密货币多被用于投机，存在威胁金融安全和社会稳定的潜在风险，并成为洗钱等非法经济活动的支付工具，给国际货币体系、支付清算体系、货币政策、跨境资本流动管理等带来诸多风险和挑战。

（4）国际社会高度关注并开展央行数字货币研发。当前，各主要经济体均在积极考虑或推进央行数字货币研发。国际清算银行最新调查报告显示，65 个国家或经济体的中央银行中约 86% 已开展数字货币研究，正在进行实验或概念验证的中央银行数量占比从 2019 年的 42% 增加到 2020 年的 60%。

2. 数字货币的定义

区块链技术应用空间广泛，作为一种综合性技术框架衍生出多种类型的技术结构，从共识算法上衍生出 PoW、PoS、DPoS 和 CBFT 等，从开放程度上衍生出公有链、联盟链与私有链，从底层模型上衍生出 CCXO 模型和账户模型，从底层账本衍生出区块链和 DAG 以及跨链和侧链技术。人工智能的广泛应用和大数据的创新发展，促使全球金融生态发生深刻变革，数字货币将会成为 21 世纪国际金融竞争的关键领域。央行数字货币的发行对技术具有较高的要求，拥有去中心化分布式数据库、智能合约和共识算法等技术优势的区块链技术便成为中央银行发行数字货币技术基础的重点备选技术。区块链技术的去中心化、密码学加密性能、可追溯等特点在中央银行数字货币的信用安全、交易安全和防止经济犯罪方面存在着明显的优势，对中央银行数字货币的发展具有很大的促进作用。虽然各国对区块链技术的研究进展不断，但是区块链技术的发展仍然有很大的成长空间，区块链技术在实施上不仅存在着法律和监管方面的问题，而且中央银行数字货币的集中管理需求与区块链技术去中心化的特性还存在着一些矛盾。

区块链技术的发展和完善，对各国中央银行数字货币研发和布局具有重大的意义。

2015年，英国央行最先提出法定数字货币的概念。2016年1月20日，中国人民银行数字货币研讨会在北京召开，数字货币研究专家分别就数字货币发行的总体框架、货币演进中的国家数字货币、国家发行的加密电子货币等专题进行了研讨和交流，提出在前期工作的基础上继续推进。目前，中国人民银行推出了中国法定数字货币（DCEP），并开始在深圳、苏州、成都等城市进行试运行，这意味着中国数字货币进入了崭新的发展阶段。

关于数字货币内涵的界定，也是一个伴随实践发展逐步深化认知的过程。目前，全球尚未对央行数字货币（CBDC）的定义形成共识。2018年国际清算银行（BIS）发布报告《中央银行数字货币》，专门对数字货币的定义、特点、潜在影响进行了探讨。根据其定义，CBDC是不同于现金及传统准备金的中央银行直接负债，是一种新的数字化的央行货币，但不包括准备金及结算账户中的电子货币。CBDC是以现有货币单位计量的央行负债，承担支付手段与价值贮藏职能。国际货币基金组织（IMF）报告指出，数字货币是以数字化形式实现价格尺度、价值储藏和支付交易等货币职能。

国际清算银行（BIS）、国际货币基金组织（IMF）等国际组织及各国发布的数字货币白皮书均基于各自的研究与实践提出了CBDC的定义。以数字人民币为例，数字人民币是人民银行发行的数字形式的法定货币，由指定运营机构参与运营，以广义账户体系为基础，支持银行账户松耦合功能，与实物人民币等价，具有价值特征和法偿性。

7.2.2 数字货币的种类

国际清算银行将根据CBDC的可获得性及央行在货币体系中发挥的功能不同，将数字货币分为批发型和零售型。零售型CBDC的本质是数字现金，批发型CBDC的本质是创新型支付清算模式。零售型CBDC是央行的直接负债，不会给支付体系的参与者带来任何信用风险。零售型CBDC有两种形式，一种是类似现金的形式，允许基于代币的访问和匿名支付，该选项将允许个人用户使用私有公钥加密的密码式数字签名访问 CBDC，而无须个人身份验证。另一种形式则基于对账户的访问，对用户身份进行验证，并能兼顾监测支付体系中非法活动与保护用户隐私（通过适当设计的支付认证流程可使个人数据免受商业机构甚至是公共部门的监控）。零售型 CBDC 有利于增强国家零售支付系统弹性。当私营部门支付基础设施因技术问题中断时，人们可通过 CBDC 进行数字支付。零售型 CBDC 还可利用数字记录，进行反洗钱（AML）和打击恐怖主义融资（CFT），减少非正式经济活动。

目前，绝大多数国家和地区倾向于研发零售型 CBDC，如美国、挪威、瑞典、英国、丹麦、乌拉圭、冰岛；只有部分国家和地区推出批发型 CBDC 研究项目，如加拿大、新加坡、日本。根据国际清算银行的调查，截至 2020 年 7 月中旬，至少 3 个国家（厄瓜多尔、乌克兰和乌拉圭）完成零售型 CBDC 试点；6 个零售型 CBDC 试点项目（柬埔寨、巴哈马、中国、东加勒比货币联盟、韩国和瑞典）正在进行中；有 18 家中央银行发布了有关零售型 CBDC 的研究报告；另有 13 家中央银行宣布批发型 CBDC 的研究或开发工作。此外，约有 35% 的中央银行认为其在未来三年内会发行零售型 CBDC，没有中央银行认为其在未来三年会发行批发型 CBDC。表 7-5 是两种法定数字货币的特点。

表 7-5　零售型和批发型 CBDC

	零售型 CBDC	批发型 CBDC
发行对象	面向所有个体和公司发行	基于通证、面向银行等大型金融机构
用途	小额零售交易	金融机构之间的大额交易结算和跨境跨币种支付
发行动机	1. 提高支付安全水平和效率 2. 发展普惠金融 3. 维护金融稳定	1. 提升跨境支付效率 2. 改善证券交易结算体验 3. 更好地发展资本市场

7.2.3　数字货币的特点

国际清算银行与美联储、欧央行、英国央行、日本央行、加拿大央行、瑞士央行、瑞典央行联合成立央行数字货币工作组，旨在共同研究央行数字货币的原则与特征、设计方案与技术选择、潜在收益与风险及在各自辖区内的应用场景等问题。该工作组发布多篇报告，表明西方主要经济体对 CBDC 的共识初现。工作组确立了 CBDC 研发的三项重要原则：无害、共存、创新高效。

法定数字货币在经济学上具备以下特征，与电子货币或数字加密货币存在显著区别。

1. 法定数字货币与现有法定货币等值

作为中央银行发行的新支付手段，法定数字货币是"央行版"的电子货币，其主要目的是替代现金用于支付结算。因此，法定数字货币没必要具有独立计价单位，而是应当沿用既有法定货币的计价单位，其币值与现钞货币相等同，通常情况下较为稳定。

2. 法定数字货币属于流通中的现金

法定数字货币替代的对象是现钞，持有人账户中的法定数字货币不是任何一家银行类金融机构的存款，因而在经济学上属于 M0（流通中现金）。持有人账户中的法定数字货币不能被用于放贷，法定货币的持有人与保管法定数字货币的机构之间不存在货币投资关系，因而持有人不面对信用风险，也不因持有法定数字货币获得利息。相比之下，电子货币通常直接或间接以银行存款的形式存在，属于 M1（狭义货币供应）或 M2（广义货币供应）。同时，在商业银行各种管理规定的限制范围内，商业银行可以将客户账户中的资金用于投资放贷，因而电子货币的持有人要面对银行倒闭的信用风险，当然，也可以获得利息。

3. 法定数字货币的服务应当免费

法定数字货币作为现钞货币的替代形式，是一种社会基本公共服务，社会公众不应当因使用国家法定货币而支付费用，因此，法定数字货币的支付与清结算应当对使用者免费。商业银行在代理中央银行经营管理数字货币业务的过程中所产生的费用，可以向中央银行请求。相比之下，电子货币的支付清算服务由商业银行、第三方支付公司、信用卡组织等机构提供，这些机构均为商业机构，因而提供的也是有偿服务，用户需要为支付清算服务支付一定数额的手续费。在现实操作中，机构直接从向用户支付的利息中预先扣除支付清算服务费。

数字加密货币在实际使用中也会产生支付清算费用。例如，随着比特币全网交易笔数的增长，进行一笔比特币的转移需要向参与记账的节点以比特币的形式支付"挖矿费"，支付的"挖矿费"越多，交易得到确认的速度就越快，否则很有可能需要数小时才能得到交易确认。

虽然各国在法定数字货币的基本特征方面已经达成一定的共识，但是各国的法定数字货币会根据自身的国情而具有一些独有的特点，以数字人民币为例。

数字人民币设计兼顾实物人民币和电子支付工具的优势，既具有实物人民币的支付即结算、匿名性等特点，又具有电子支付工具成本低、便携性强、效率高、不易伪造等特点。数字人民币具有以下特性。

（1）兼具账户和价值特征：数字人民币兼容基于账户（Account-based）、基于准账户（Quasi-account-based）和基于价值（Value-based）三种方式，采用可变面额设计，以加密币串形式实现价值转移。

（2）不计付利息：数字人民币定位于 M0，与同属 M0 范畴的实物人民币一致，不对其计付利息。

（3）低成本：与实物人民币管理方式一致，人民银行不向指定运营机构收取兑换流通服务费用，指定运营机构也不向个人客户收取数字人民币的兑出、兑回服务费。

（4）支付即结算：从结算最终性的角度看，数字人民币与银行账户松耦合，基于数字人民币钱包进行资金转移，可实现支付即结算。

（5）匿名性：数字人民币遵循"小额匿名、大额依法可溯"的原则，高度重视个人信息与隐私保护，充分考虑现有电子支付体系下业务风险特征及信息处理逻辑，满足公众对小额匿名支付服务需求。同时，防范数字人民币被用于电信诈骗、网络赌博、洗钱、逃税等违法犯罪行为，确保相关交易遵守反洗钱、反恐怖融资等要求。数字人民币体系收集的交易信息少于传统电子支付模式，除法律法规有明确规定外，不提供给第三方或其他政府部门。人民银行内部对数字人民币相关信息设置防火墙，通过专人管理、业务隔离、分级授权、岗位制衡、内部审计等制度安排，严格落实信息安全及隐私保护管理，禁止随意查询、使用用户个人信息。

（6）安全性：数字人民币综合使用数字证书体系、数字签名、安全加密存储等技术，实现不可重复花费、不可非法复制伪造、交易不可篡改及抗抵赖等特性，并已初步建成多层次安全防护体系，保障数字人民币全生命周期安全和风险可控。迄今为止，数字货币发展如此迅速，关键在于其加密的特性。反过来讲，数字货币之所以需要具备加密特性，一是数据确权，现今透明公开化的互联网络，便利大众生活同时也给互联网机构非法攫取数据提供可能性；二是隐私保护，网络活动轨迹极易被暴露在专业平台，身份、健康、教育、资产等隐私性信息均有泄露风险；三是安全保障，现今并不规范的数字网络交易容易被域外人士察觉信息痕迹。因此，数字货币的加密特性为以上经济行为提供了保障。

（7）可编程性：数字人民币通过加载不影响货币功能的智能合约实现可编程性，使数字人民币在确保安全与合规的前提下，可根据交易双方商定的条件、规则进行自动支付交易，促进业务模式创新。属于区块链技术核心的分布式共享账本具有数字货币可编程性特点，并体现在金融机构账目方面数字符号间的增减。数字货币若想完成交易，需要计算机代码完成程序之间的账户信息交换。这样的信息交换是预先编写好的智能合约，只要利益涉及方按照约定条件达成，分布式共享账本将自动履约，任何相关方均无法违背。这里可以明确，数字货币的可编程性使金融机构具备了资金流向的追溯能力，货币政策、市场流动的精准执行和预测也成为可能。就金融清算方面来说，数字货币可编程性赋能经济交易实时清算功能，充分避免了传统金融结算中海量核算工作，极大地提高了资金的周转速率。

7.2.4　数字货币展望

目前区块链技术支撑下的数字货币，在现实应用中存在着一定的技术上和监管制度上的挑战，但数字货币的应用和发展前景广已经是普遍共识。在未来，数字货币的发展将有以下特点。

一是应用领域将不断扩展，为经济社会发展提供新动力。数字货币因其所具有的低成本、匿名性、安全性、便捷方便等特点，不仅会在资金转移和小额支付等常见的交易支付领域深化其应用，而且会不断加深与传统金融领域的融合发展，如在消费金融、票据金融、衍生金融和供应链金融等领域都会得到大力的发展，应用前景非常广阔。

二是监管制度将会不断完善，数字货币本身也将成为监管制度的一部分。尽管数字货币具有匿名性、安全性等特点，但是在一些应用场景和技术条件下，其安全隐患和监管问题仍然存在挑战，需要相关法规和监管制度完善来推动数字货币可靠应用。同时，数字货币本身所具有的记录性，使得资金流的信息可以全程追踪，有利于反腐败、反洗钱、反恐怖融资、反逃税等领域的风险防范，因此，数字货币本身成为监管制度中的一种应用工具以及宏观经济调控的新工具，将对社会经济发展产生更深远的影响。

三是应用方式将突破传统货币领域，提供新的发展机遇。数字货币具有的低成本、便捷、可靠的支付特点，尤其是智能合约的应用，让交易可以不再以即时性为主，而基于智能合约的非即时性交易方式将会推动社会分工体系加速适应智能时代发展的需要，产生出更多样化的交易方式和应用场景，涌现出更多的发展机遇。

7.3 元宇宙中的数字货币

元宇宙是超越现实和互联网的新一代数字生态系统，将推动数字化深化发展，促进现实世界的全面数字化，将构建起全新的数字人类社会形态，而促进人与人数字化交往的区块链技术将是元宇宙发展的基础性支撑技术。元宇宙的数字经济系统的运转依赖于基于区块链技术的数字货币的运用和发展。

7.3.1 数字货币在元宇宙中的作用及应用

元宇宙中数字经济系统运转就是数字化价值的社会性流转，是数字资产或数字权益的社会化交易。这种数字权益的相互交换的广泛性、规模性和便捷性的需求，使得元宇宙的数字经济系统必须以数字货币为支撑，因为货币作为经济系统中的价值交换工具，已经在人类几千年的经济发展史和货币发展史中得到了充分的证明。数字时代必然需要数字化的货币形态支撑元宇宙数字经济系统的运行与发展。

1. 数字货币在元宇宙中的作用

货币的数字化是元宇宙经济系统发展的必然要求。元宇宙经济系统是彻底的数字化形态的经济系统，经济行为主体的权益、经济主体行为决策、价值的流转过程和手段等都是以数字化方式存在的，而数字化形态是具有高度可复制性和抽象性的，使得元宇宙经济系统的价值流转也呈现出高度虚拟性，这种非现实性的特征导致其价值流转承载物必须在形态上与之相匹配，才能实现可持续的发展。

数字货币在元宇宙经济系统中的作用会超越传统货币在传统实体经济形态中的作用，这与元宇宙的数字化形态密切相关。因为数字化形态使得元宇宙经济主体的权益、价值创造过程、价值流转过程、价值实现过程都实现了形态上的统一，因而能以同样的方式来实现原先传统经济形态中以不同方式和环节来完成的经济过程。这使得元宇宙经济系统运行的不同环节实现形式和实际运行过程的统一，更高效地整合经济资源，提高资源配置效率。

数字货币在元宇宙中的作用主要有三个方面。

（1）数字货币成为元宇宙经济价值的衡量尺度。元宇宙创造的经济价值将以所选择的数字货币来衡量，为市场机制下的等价值交换提供基本的支撑。元宇宙经济系统创造的财富将以数字货币的形式存储于经济系统中的不同经济主体手中。数字货币成为元宇宙经济财富的尺度。

（2）数字货币成为元宇宙经济价值交换的媒介。元宇宙的经济主体间的价值交换通过数字货币流转来完成，数字货币在经济主体间的经济交易行为中承担支付工具的作用。

（3）数字货币成为元宇宙经济行为的监管工具，这是数字货币与传统货币在经济中最大的不同。数字货币的智能合约的嵌入可以对经济合作行为进行预先设定要求和规范，达到同时从宏观层面和微观层面监管目标的效果。这也让数字货币超越了传统货币仅仅是价值尺度或交易媒介的作用,直接影响社会分工方式和过程。

2. 数字货币在元宇宙中的应用

数字货币在元宇宙中的应用将包含元宇宙经济形态的所有方面,是保障元宇宙经济系统持续平稳运转的基础性条件。具体而言,可以从宏观、微观两个层面来进行说明。

在宏观层面上,数字货币能够提供元宇宙经济运行的制度性保障功能,如解决传统宏观经济政策和金融系统的寻租问题。基于区块链技术的数字货币,因为其本身的技术特点,能够在宏观货币政策的制定和实施上以更加精准的方式实现政策目标,消除政策外部性和寻租的潜在风险。而基于数字货币的元宇宙金融系统,能够利用数字货币的智能合约手段,让金融交易的契约以程序化、非托管、可验证、可追溯、可信任的方式来完成,大幅降低金融系统中潜在的寻租、腐败和暗箱操作等侵权行为产生可能性。

在微观层面上,数字货币能够推动元宇宙经济主体间的社会化合作的有序进行。数字货币不仅能够让元宇宙经济形态下的经济主体间的价值流转交易通过可靠数字化的等价值交换来完成,而且能够通过智能合约的嵌入,让元宇宙经济主体间的社会化合作分工的权利分配和责任制约高效完成,大幅降低经济合作的纠纷,降低经济交往的交易成本,提高交易效率。同时数字货币的智能合约的应用将促使社会组织的治理模式的转变,让自主性组织形态成为元宇宙经济系统中越来越重要的组成部分。

当然,要使数字货币在元宇宙经济系统中充分发挥其作用,还需要构建起一系列相关的配套经济法律制度。

7.3.2 构建元宇宙的货币

当前,元宇宙经济形态还处于初级阶段,大量的元宇宙平台涌现,各自也在其系统内部发行了促进流通的货币。但是这些元宇宙平台缺乏足够密切的联系，其货币的交换还需要借助其他媒介来完成。在可预见的未来，由于技术限制和利益分配问题，这些平台难以实现融合统一。要让元宇宙真正获得发展，必须寻求具有最大公约数的数字货币形态，而央行的数字货币是当前来说最具有竞争力和最合理的选择。

数字人民币建立在区块链技术之上，其本身所具有的可编程性，是其能够应用到元宇宙中的最重要特征。《中国数字人民币的研发进展白皮书》明确提出，"数字人民币可以通过加载不影响货币功能的智能合约实现可编程性。在确保安全与合规的前提下，可根据双方交易的条件、规制进行自动交易，从而促进业务创新，提升扩展能力，促进与应用场景的深度融合。"因而，数字人民币这样的央行数字货币能够通过数字货币智能合约等多元化方式满足元宇宙不同应用场景对数字货币形态的多样化需求。

央行的数字货币在元宇宙中的应用具有明显优势。

（1）价值稳定性高。央行的数字货币具有国家信用背书，在保持币值稳定和有序流动方面具有天然优势。而现在的各种代币不论是比特币还是以太坊或者其他代币，存在的一个最大问题是价值不稳定，原因在于其价值决定系统的不稳定，这就使得其作为价值交换的等价物的价值会远低于其资产化投机的价值。因而这些代币并不适合承担经济价值流转中的价值尺度功能。

（2）支付方式灵活。央行数字货币的推广能够得到国家支持，能够在更多领域应用并实现跨领域流通，在数字税征收、跨境支付等用途上优势明显，也更容易和实体经济形态实现更高效的融合。

（3）保障元宇宙经济运行的有序性。央行数字货币可以避免现在多种类型代币流转中存在的无序发展风险，降低元宇宙经济运行的成本。因为央行数字货币一般会与拥有者的身份信息绑定，有效的身份识别将有效地解决元宇宙经济系统潜在的无序风险，从而保障元宇宙经济运行的可持续稳定发展。

本章参考文献

[1] NAKAMOTO S, Bitcoin: A Peer-to-Peer Electronic Cash System[J]. Bitcoin, 2008, 4(2):1-9.

[2] 庄雷，赵成国. 区块链技术创新下数字货币的演化研究：理论与框架 [J]. 经济学家，2017, 5(5):76-83.

[3] 刘向民. 央行发行数字货币的法律问题[J]. 中国金融，2016(17):17-19.

[4] 李鸣，张亮，宋文鹏，等. 区块链：元宇宙的核心基础设施[J]. 计算机工程，2022, 48(6):24-32, 41.

[5] 李建军，朱烨辰. 数字货币理论与实践研究进展[J]. 经济学动态，2017(10):115-127.

[6] 杨宇光，张树新. 区块链共识机制综述[J]. 信息安全研究，2018, 4(4):369-379.

[7] 余宇新，孟庆涛. 区块链技术促进农业产业现代化发展[J]. 广西：改革与战略，2021, 37(5):48-59.

[8] 余宇新，章玉贵. 区块链为国家治理体系与治理能力现代化提供技术支撑[J]. 上海经济研究，2020(1):86-94.

[9] 张亮，刘百祥，张如意，等. 区块链技术综述[J]. 计算机工程，2019, 45(5):1-12.

[10] 范一飞. 中国法定数字货币的理论依据和架构选择[J]. 中国金融，2016(17):10-12.

[11] 林小驰. 关于区块链技术的研究综述[J]. 金融市场研究，2016(2): 97-109.

[12] 林晓轩. 区块链技术在金融业的应用[J]. 中国金融，2016(8):17-18.

[13] 姚前，汤莹玮. 关于央行法定数字货币的若干思考[J]. 金融研究，2017, 445(7):78-85.

[14] 姚前. 中国法定数字货币原型构想[J]. 中国金融，2016(17):13-15.

[15] 姚前. 数字货币与银行账户[J]. 清华金融评论，2017(7):63-67.

[16] 袁园，杨永忠. 走向元宇宙：一种新型数字经济的机理与逻辑[J]. 深圳大学学报（人文社科版），2022, 39(1):84-94.

[17] 袁勇，王飞跃. 区块链技术发展现状与展望[J]. 自动化学报，2016, 42(4):481-494.

[18] 徐忠，邹传伟. 区块链能做什么，不能做什么?[J]. 金融研究，2018(11):16.

[19] 郭上铜，王瑞锦，张凤荔. 区块链技术原理与应用综述[J]. 计算机科学，2021, 48(2):271-281.

[20] 龚强，班铭媛，张一林. 区块链，企业数字化与供应链金融创新[J]. 管理世界，2021(2):22-34.

[21] 余宇新，史建民. 洞穿变局：数字时代与新商业文明[M]. 上海：上海人民出版社，2022.

[22] 钟伟. 数字货币[M]. 北京：中信出版社，2018.

8.1 扩展现实技术

扩展现实技术（Extended Reality，XR），是指通过计算机将真实与虚拟相结合，打造一个可人机交互的虚拟环境，是虚拟现实（VR）、增强现实（AR）、混合现实（MR）等多种技术的统称，通过将三者的视觉交互技术相融合，为体验者带来虚拟世界与现实世界之间无缝转换的"沉浸感"，是元宇宙重要的底层技术和核心特征。

8.1.1 虚拟现实技术

虚拟现实（Virtual Reality，VR）技术，是利用计算机技术构造与真实世界相似的数字化虚拟环境，通过输出设备提供给用户视、听、触等感官模拟，使用户仿佛身临其境，即时、无限制地观察三维空间内的事物，通过各种输入输出设备与虚拟环境中的事物进行交互。20 世纪 80 年代初，美国 VPL 公司杰伦·拉尼尔（Joaron Lanier）提出 Virtual Reality 一词。20世纪末，这项综合性信息技术才真正兴起。

虚拟现实技术具有三个基本特性，构成现实的沉浸（Immersion）、交互（Interaction）和构想（Imagination）三角形，即通常所说的"3I"，强调人在虚拟系统中的主导作用。

（1）沉浸感，指用户在模拟环境中所感受到的真实程度。借助各类先进的传感器采集数据信息，用户进入虚拟环境之后，由于他所看到的、听到的、感受到的一切内容非常逼真，因此，他相信这一切都"真实"存在，而且相信自己正处于所感受到的环境中。

（2）交互性，指用户对模拟环境内物体的可操作性和从环境得到反馈的自然程度。用户进入虚拟环境后，不仅可以通过各类先进的传感器获得逼真的感受，而且可以用直观自然的方式对虚拟环境中的物体进行操作，如搬动虚拟环境中的一个虚拟盒子，甚至还可以在搬动盒子时感受到盒子的重量。

（3）构想性，指虚拟环境使人沉浸其中并获取新知识，提高感性和理性认识，深化认知。虚拟环境的逼真性与实时交互性使用户产生更丰富的联想，构想性是获取沉浸感的一个必要条件。

近年来，随着大数据等技术的兴起，虚拟环境自适应性的提升成为新一代虚拟现实技术亟待解决的难题，在此情况下，智能化或许将成为未来虚拟现实技术另一个重要特征。

要建立虚拟环境，首先要对环境建模，然后在建模的基础上进行实时绘制、立体显示，形成虚拟世界。围绕虚拟现实建模、显示、传感、交互等重点环节，虚拟现实主要包括以下关键技术。

（1）动态环境建模技术。虚拟环境的建立是虚拟现实技术的核心内容，目的是获取实际环境的三维数据，并根据应用的需要建立相应的虚拟环境模型。

（2）实时三维图形生成技术。三维图形的生成技术已经较为成熟，其中关键的是三维图形实时生成。为保证实时性，图形的刷新频率应不低于15 帧/秒，最好高于 30 帧/秒。

（3）立体显示和传感器技术。虚拟现实的交互能力依赖于立体显示和传感器技术的发展，在虚拟现实系统中让用户能够直接操作虚拟物体并感觉到虚拟物体的反作用力，从而产生身临其境的感觉。虚拟现实中的人机交互远远超出了键盘和鼠标的传统模式，利用数字头盔、数字手套等复杂的传感器设备，三维交互技术与语音识别、语音输入技术成为重要的人机交互手段。

（4）系统开发工具。虚拟现实应用的关键是寻找合适的场合和对象，选择适当的应用对象可以大幅度提高生产效率，减小开发难度，提高产品质量。想要达到这一目的，则需要研究虚拟现实系统的开发工具。

（5）系统集成技术。由于虚拟现实系统中包括大量的感知信息和模型，因此系统集成技术起着至关重要的作用，集成技术包括信息的同步技术、模型的标定技术、数据转换技术、数据管理技术、识别与合成技术等。

虚拟现实技术作为新一代信息技术的重大前沿领域，深刻改变着人类的生产和生活方式，在制造、教育、医疗、文娱等领域不断催生新场景和新业态。

VR+教育。虚拟现实技术凭借三维虚拟环境带来的身临其境的沉浸感，构建了一个基于"直接经验"进行学习的新世界，为用户呈现传统学习中很难直接观察到的客观事物或过程。用户戴上 VR 眼镜后，仿佛是在直接接触这些事物。三维虚拟环境带来的沉浸感近似于为用户提供了"有目的的直接的经验"。例如，World of Comenius Project 是基于 Oculus Rift 和 Leap Motion 的用于生物学习的 VR 产品。借助 Leap Motion 的手势感应，用户可以通过手指点击实现抓取、翻转、放下等操作，不仅可以以不同比例观察人体的构成，还可以对人体的骨骼或器官进行"拆卸"，以便进行360°观察。Totisubmarine VR Experience 是一款可在苹果应用商店（App Store）上免费下载的 App。用户只需佩戴 Google Cardboard，即可"进入"潜水艇内部，并在系统的引导下，"实地"参观学习潜水艇各个舱的内部结构以及主要部件的功能。MoleculE VR 则能够带领用户进入人体细胞的微世界，在细胞世界里为用户"现场"讲解细胞如何在周围环境中接收和发送信息，以及如何与其他细胞进行通信，并协同完成各种生物过程。谷歌公司则推出了基于安卓系统和 Google Cardboard 的 Expeditons Pioneer Program。Expeditons Pioneer Program 是一个虚拟现实资源集成平台，提供大量建筑物、博物馆、水下、太空等各类三维虚拟场景，还有个人用户上传的三维虚拟场景。用户可以利用 Expeditons Pioneer Program，到世界的各个地方进行参观，并配合相应的学习活动。

VR+制造。虚拟现实技术凭借交互式的三维动态视景和实体行为的系统仿真为用户带来的沉浸感，逐渐被应用到制造业领域，尤其是自动化系统的数字化设计领域和虚拟仿真开发领域。企业可以将虚拟现实技术应用到新生产线设计、旧生产线整改、人力资源配置、生产过程仿真，灵活添加新品种到旧生产线等场景中。例如，基于虚拟现实技术的智能制造平台建立的三维可视化的智能制造单元，该单元由中央控制台及其智能管理软件、料仓、数控铣加工单元、数控车加工单元、检测工位、传送带、桁梁式机器人、关节式机器人、合格品库、不合格品库等组成，能实现各种棒料型零件自动上料、铣削加工、车削加工、检测、自动判别、分拣等全自动混流加工功能。应用系统化设施布置规划（Systematic Layout Planning，SLP）理论对制造单元在车间的布局进行合理设计，并对各个工位的机械设备进行数字化建模，导入智能制造平台软件中，在平台中按照设计布局对各工位进行组装，最后完成整个系统加工流程的仿真并对排产进行优化。

VR+医疗。虚拟现实技术与医疗融合的主要应用方向包括虚拟手术培训、强化临床诊断、远程医疗、心理疾病治疗、康复训练、产品研发等。在模拟手术领域，经验丰富的外科医生可以利用虚拟手术室学习和探索新技术，进一步深化掌握具体手术操作步骤。在培训领域，医学生能够以身临其境的方式学习人体解剖、临床等相关知识。例如，VR 剖腹产手术模拟，通过虚拟现实技术模拟真实手术室环境，全方位沉浸式体验剖腹产手术流程。软件使用高精度孕妇模型，皮肤、内部脏器、胎儿完全模拟真实人体解剖结构。用户在操作过程中能获得实时交互反馈，还能接受理论知识考核，实现交互实操与理论相结合。软件还能模拟突发状况，训练用户临场应对能力，同时包含教学模式与考核模式，以更好地掌控用户的学习进度。VR 胸腔穿刺术模拟通过虚拟现实技术模拟胸腔积液或气胸患者，模拟胸腔穿刺抽取积液或气体手术。系统完全还原患者病情，操作时会对用户逐步提示，用户每一步操作都会有相应反馈。医学生无法进入手术室学习，VR 手术直播培训可同步播放手术室中的实时情况，使医学生能身临其境地观摩学习手术。国内已将虚拟现实技术应用于脑脊髓血管解剖、脑血管造影手术的专业直播与技术培训中。

8.1.2　增强现实技术

增强现实技术（Augmented Reality，AR），是在虚拟现实技术基础上发展而来，是虚拟现实技术的进一步拓展。增强现实技术是将真实世界信息和虚拟世界信息无缝集成的新技术，把原本在现实世界的一定时间、空间范围内很难体验到的实体信息（视觉信息、声音、味道、触觉等）通过计算机等科学技术，模拟仿真后再叠加，将虚拟的信息应用到真实世界，被人的感官所感知，真实的环境和虚拟的物体实时地叠加到同一个画面或空间，从而达到超越现实的感官体验。增强现实技术不仅展现了真实世界的信息，而且将虚拟的信息同时显示出来，两种信息相互补充、叠加。在增强现实技术中，用户利用头盔显示器，把真实世界与计算机图形多重合成在一起，从而可以看到周围的真实世界。随着 CPU 运算能力的提升，增强现实技术的用途越来越广。

增强现实技术具有以下三个特点。

（1）虚实融合。增强现实技术可以将显示器屏幕扩展到真实环境，使计算机窗口与图标叠映于现实对象，由眼睛凝视或手势指点进行操作；让三维物体在用户的全景视野中根据当前任务或需要交互地改变其形状和外观；对现实目标通过叠加虚拟景象产生类似于 X 光透视的增强效果。

（2）实时交互。增强现实技术使交互从精确的位置扩展到整个环境，从简单的人面对屏幕交流发展到将用户融合于周围的空间中。运用信息系统不再是自觉而有意的独立行动，而是和用户的当前活动自然而然地成为一体，交互系统不再是具备明确的位置，而是扩展到整个环境。

（3）三维注册。也可理解为三维配准，是决定增强现实最终效果是否理想的关键，其中数字虚拟内容与物理现实环境并不是简单随意的叠加，而是无缝融合。借助三维配准在数实共存的基础上实现虚拟信息和真实环境的精确重合以及一一对应，才能产生令人真假难辨的感受。

增强现实技术的关键主要有显示技术、人机交互技术、跟踪和定位技术和虚实结合技术。

（1）显示技术。显示技术是维护增强现实系统正常运转的基石，目前应用在增强现实领域的显示器按照穿戴方式的不同主要分为头盔式显示器（Head Mounted Display，HMD）和非头盔式显示器。其中，头盔式显示器根据具体的实现原理分为视频透视式与光学透视式两种类型，非头盔式显示器主要分为手持式和投影式。

（2）人机交互技术。增强现实系统的最终任务是实现用户与场景中的虚拟信息之间的自然交互，增强现实系统需要通过跟踪定位设备获取数据以确定用户对虚拟对象发出的行为指令，对其进行解释，并给出相应的准确的反馈。

（3）跟踪和定位技术。要实现虚拟信息和真实环境的无缝融合，须将虚拟信息显示在现实世界中的正确位置，这个定位过程称为注册（Registration）。注册过程需要从当前场景中获取空间数据，再根据真实物体确定虚拟物体与观察者之间的关系，然后通过正确的几何投影将虚拟物体投影至观察者的视域范围。因此增强现实系统必须实时地检测摄像头的位置、角度及运动方向，帮助系统决定显示虚拟信息，并按照摄像头的视场建立坐标系，这个过程称为跟踪（Tracking）。

（4）虚实结合技术。在跟踪、定位、注册的基础上，增强现实系统还需要自动获取环境的光照和反射信息，根据真实场景图像反馈求出真实场景的光源数目、光照方向和强度，用它们绘制虚拟物体，生成新光照条件或新视点下同一场景的图像。

AR 技术凭借第一视角、解放双手等特点，在尖端武器、飞行器的研制与开发、数据模型的可视化、虚拟训练、娱乐和艺术等领域具有广泛的应用，而且由于其具有能够对真实环境进行增强显示输出的特性，在医疗研究与解剖训练、精密仪器制造和维修、军用飞机导航、工程设计和远程机器人控制等领域，具有比虚拟现实技术更加明显的优势。

AR+制造。AR 打破二维平面桎梏，在研发、装配、检修、培训等多方面加速制造业效率提升。例如，AR 技术可以应用在电力行业现场故障抢修、巡视等单兵作业工作领域，将电力单兵作业与 AR 技术结合，贯穿电力工作全过程，这是一种全新的工作方式，基于智能可穿戴设备的电网业务应用向电力系统工作人员提供更为智慧的工作模式，通过智能硬件前端的定制，结合智能眼镜的优势，音视频实时交互和便捷性操作，摒弃现有离线式作业缺点，满足现场工作人员的需求，结合高效、智能的交互设计，从而对电力业务的全过程工作提出创新、改革的技术路线。除了电力行业维修领域，基于 AR 技术的智能可穿戴设备在通信应用领域具有良好的应用场景。目前，现场工作人员仍通过手机、对讲机等传统工作方式进行实时通信，双手未得到完全解放，沟通成本高，效率较低。通过整合多媒体技术、音视频通信技术，以智能可穿戴设备为媒介实现远程协助应用的辅助性功能，实现现场工作人员解放双手，在通话的同时与远端专家实时互动，在不影响可视环境的前提下叠加显示信息，很大程度上提高了电力现场工作的效率，节约了沟通成本。

AR+文娱。AR 是一种新兴的交互式媒体技术，将计算机生成的图像叠加到现实生活环境中，AR 已经成为文化娱乐行业的一项重要技术。AR 技术自 2012 年首次被应用在央视春晚舞台，已经连续多年为观众带来创新的视觉盛宴。从最初的高清单机位到现在的 4K 超高清多机位，渲染引擎从最初传统的图形渲染到现在的"次世代"引擎渲染，AR 舞台应用落地场景愈加丰富多元，观众通过屏幕可以感受到丰富多彩、美轮美奂的增强现实节目效果；北京冬奥会闭幕式上，运动员入场时，荧幕中的 AR 中国结给雪花火炬台"穿上"新衣，流光溢彩；2022 年全国两会期间，津云新媒体联合千龙网、长城新媒体推出《云瞰京津冀》系列访谈节目。节目创新采用 5G+MR+AR 技术，邀请三地代表委员、专家学者云上连线，齐聚"协同号"虚拟空间站，说心声、谈变化、话未来，为京津冀协同发展再向广深行积极建言献策。

AR+商业。利用 AR 技术，针对集社交、娱乐、美食、零售等功能于一体的商业综合体、购物街区、公共空间等业态打造全场景 AR 智慧商业解决方案。基于 AR 空间计算技术，实现室外、室内店铺、公共设施 AR 实景导航，提升消费者购物体验。结合 AR 导航，利用空间定位技术在物理空间中布置品牌优惠券、红包等 AR 互动内容，吸引顾客到店，盘活线下流量，促进销售转化。基于 AR 空间计算技术，在各类商业空间中布置视觉震撼的三维虚拟景观，达到虚实融合的效果，打造沉浸式商业空间购物新体验。与 AR 导航相结合，在无限的三维空间中投放 AR 立体互动或者平面视频广告，在不占用任何物理空间的情况下为商场带来更多广告收益，并有效实现品牌方广告诉求。通过 AR 空间计算技术，商业公共空间进行三维重建并布置各类风格沉浸式展览，提升商场、商业综合体、购物街区等商业公共空间的文化性和艺术性，从而满足广大消费者的精神需求。

AR+金融。在金融领域，多家银行引入了 AR 技术。例如，工商银行、广发银行、平安银行、光大银行等多家银行 App 集成了 AR 扫一扫功能，用 AR 相机扫描标识（Logo）或信用卡卡面可以查看信用卡宣传视频、AR 互动游戏、AR 场景等，有效吸引新用户开卡，在促进用户量增长的同时以全新形式传达品牌理念。用户能够通过招商银行掌上生活 App 扫描招行 Logo 召唤 AR 智能客服为客户提供专属服务，可有效解决因人工坐席繁忙而导致的无法为客户及时提供服务的问题。

8.1.3　混合现实技术

混合现实（MR）技术通过在现实场景呈现虚拟场景信息，在现实世界、虚拟世界和用户之间搭起一个交互反馈的信息回路，以增强用户体验的真实感。MR 技术是一套技术组合，不仅可以为用户提供新的视觉体验，还可以提供新的输入方法，这些输入、输出方法的相互结合进一步推动了技术创新。MR 技术的关键点就是与现实世界进行交互和信息的及时获取。MR 技术涵盖了 AR、VR、XR 技术，与人工智能（AI）和量子计算（QC）并称为三大未来将显著提高生产率和改善人们生活体验的科技。随着人类科技的迭代发展，尤其是 5G 网络和通信技术的高速发展，各行各业都将大规模应用 MR 技术。

MR 技术合并现实和虚拟世界产生新的可视化环境，在新的可视化环境里物理对象和数字对象共存，并实时互动。MR 技术具备三个主要特点。

（1）虚实融合。虚拟物体和现实世界可以同时显示在用户视野中。

（2）三维注册。虚拟物体可与现实世界精确对准。通过 MR 显示设备，用户可以同时看到真实环境和虚拟全息影像，通过手势、语音、视觉等方式的加持实现两者互动，真正搭建起虚拟世界和现实世界沟通的桥梁。

（3）实时交互。用户可与现实世界和虚拟物体进行实时地自然交互。

需要注意的是，MR 技术的应用场景要能与现实世界各事物实现良好交互，关键是要及时获取到信息。

MR 技术的实质性突破，可以帮助用户同时看到真实世界（AR 的特点）和虚拟物体（VR 的特点），其关键是可实现虚拟世界和真实世界最直接、最广泛的交互，极大拓展了人机交互的可能性。但三者之间又有着本质区别：虚拟现实是利用 VR 设备模拟产生一个三维的虚拟空间，提供视觉、听觉、触觉等感官的模拟，让使用者如同身临其境一般。简而言之，就是"无中生有"。在 VR 中，用户只能体验到虚拟世界，无法看到真实环境。增强现实是 VR 技术的延伸，能够把计算机生成的虚拟信息（物体、图片、视频、声音、系统提示信息等）叠加到真实场景中并与人实现互动，简而言之，就是"锦上添花"。在 AR 中，用户既能看到真实世界，又能看到虚拟物体。混合现实（Mixed Reality，MR）是 AR 技术的升级，将虚拟世界和真实世界合成一个无缝衔接的虚实融合世界，其中的物理实体和虚拟物体满足真实的三维投影关系，简而言之，就是"实幻交织"。在 MR 中，用户难以分辨真实世界与虚拟世界的边界，如图 8-1 所示。

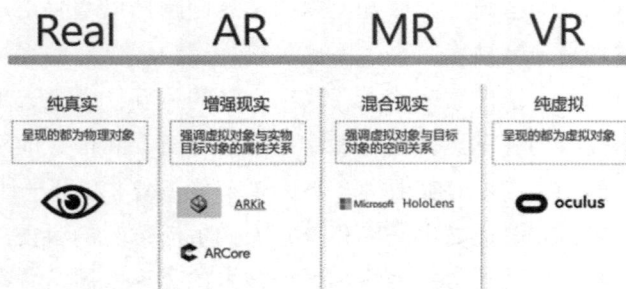

图 8-1　MR 与 AR、VR 的区别

MR 技术有工业、教育、展览、建筑、医疗等多方面应用，MR 技术所涉及的应用领域不断增加，与传统行业结合形成诸多成功的落地场景，如 MR+教育、MR+医疗、MR+工业等。

MR+教育。MR 技术极大地改变了教育工作者传授知识的固有模式，不断变革人类获取知识的模式和路径，让学习者所见即所用，让传统教育中曾经不敢想、无法做的事情成为可能。学习者利用 MR 技术，通过观察、操作、体验等多种实践活动的开展，进行有效的探究性学习。在传统探究性学习过程中，遇到抽象原理、思维逻辑、不可重复的高成本实验等情形，学习者的理解程度参差不齐。MR 技术的模型渲染以及路径展示功能，结合人工智能算法，助力学习者对所学知识进行具象化理解。

MR+医疗。MR 技术可以将电子计算机断层扫描（CT）、核磁共振成像（MRI）等二维医学图像在与现实环境相融合的情况下转化成直观的三维虚拟模型，这使得 MR 技术对于治疗对象形态结构精细、功能复杂的口腔颌面外科具有重要意义。MR 技术在口腔颌面外科的实际应用可以提高手术的精确性、减少手术的时间，降低复杂手术的难度。

MR+工业。将 MR 技术应用到工业制造环境中，从车间入手改进制造流程。通过数字技术实时更新信息，工厂可以减少人力和机器资源浪费，极大程度地节约生产、管理、维修成本。例如，将 MR 技术融入整条生产线，员工培训—操作监督—远程指导—数据沉淀—实时扩充，整个生产线形成了完整高效且"有据可查"的闭环。MR 技术主要应用于以下环节。

（1）维护和操作。MR 显示设备为维修工人提供指标、指令和远程支持。传感器收集诊断数据并利用机器学习算法分析数据。

（2）生产。智能机器人自动化生产，MR 显示设备及运动传感器帮助实现新员工培训，智能设备如安全背心和安全帽实现工人身体监测功能。

（3）设计与开发。装配仿真，实现先进的测试和远程协作，MR 显示设备对工人全身运动跟踪并通知工作区和装配线，帮助工厂完善生产线设计。

（4）报告和分析。工厂内的数据收集设备连接到一个数字化管理系统，设备数据信息存入数据库，有利于预测分析需求，同时优化生产模式。

（5）质量控制。MR 显示设备使用传感器等检测设备评估产品质量，提供产品三维模型给质检人员，以了解生产过程中所有产品规格。

8.1.4 典型的机器感知智能

机器感知智能的核心在于模拟人的视觉、听觉和触觉等感知能力。机器感知智能目前用于完成人可以简单完成的重复度较高的工作，比如人脸识别、语音识别等。感知智能的核心业务目标是提高效率、降低成本。机器在感知方面，比人类有优势，人类都是被动感知的，但是机器可以主动感知，如激光雷达、微波雷达和红外雷达。不管是波士顿动力工程公司研制的"大狗"（Big Dog）机器人，还是自动驾驶汽车，因为充分利用了深度神经网络（DNN）和大数据技术，机器在感知智能方面已越来越接近人类。

自动驾驶汽车是机器感知智能技术的一项典型应用，自动驾驶汽车利用计算机代替人类实现驾驶功能，在有人驾驶汽车的基础上增加感知定位系统、计算平台、控制执行系统等一系列能够实现车辆环境感知、决策和驾驶动作执行的系统。为了辅助各系统的正常运行，通信总线，控制单元以及整车的电子电气架构都进行了相应改进甚至重新设计，这些硬件系统共同构成自动驾驶汽车的硬件平台。自动驾驶汽车将为出行提供很多便利，如减少交通拥堵、减少尾气排放、减少停车烦恼、降低运输成本和降低道路基础设施建设成本等，为老年人和残疾人的出行带来便利。

"大狗"（Big Dog）机器人，机器感知智能技术的另一项典型应用，"大狗"机器人由波士顿动力公司研制。"大狗"的四条腿完全模仿动物的四肢设计，内部安装有特制的减震装置。机器人的长度为 1 米，高为 0.7 米，重量为 75 千克，从外形上看，它很像一条真正的大狗。"大狗"机器人的内部安装有一台计算机，可根据环境的变化调整行进姿态，而大量的传感器则能够保障操作人员实时地跟踪"大狗"的位置并监测其系统状况。这种机器人的行进速度可达到 7 千米每小时，能够攀越 35° 的斜坡，它可携带重量超过 150 千克的武器和其他物资。"大狗"既可以自行沿着预先设定的简单路线行进，也可以进行远程控制，能够在战场上发挥非常重要的作用，例如，在交通不便的地区为士兵运送弹药、食物和其他物品。它不但能够行走和奔跑，而且还可跨越一定高度的障碍物，如图 8-2 所示。

图 8-2 "大狗"机器人

但是，感知智能在产业落地方面仍面临诸如成本高昂、智能能力有限、业务突破性价值有限等众多挑战。在成本方面，图像识别的机器成本、样本标注成本都非常高；在智能能力方面，感知智能主要集中在模式识别层面，重在提升视觉、语音等单一场景中的效率，不具备理解和推理能力；在业务突破性价值方面，人工智能在产业中落地时只有集合领域的专业知识，提升对业务场景的认知与决策能力，才能创造核心价值，例如，在发票自动识别、审批和审计，以及工业品质量检测等场景中，需要对基于感知智能获取的图像信息进行审计和检测等知识推理；在与人类行为相关的用户营销、生产安全管理等场景中，企业不仅需要对用户的行为进行感知与识别，更需要对其动机和后果结合专业知识进行认知、理解、预测和判断，例如在生产安全管理场景中，企业可以通过监控设备感知来识别用户的行为，结合安全专业知识、企业业务安全规则，判断其是否违规。

8.2 计算机与认知智能

作为元宇宙重要的物理层设备，计算机是打造人机交互、虚实相生元宇宙空间的必要设备。

8.2.1 便携式计算机

便携式计算机作为移动计算的重要工具，在交互与感知领域扮演着关键角色。笔记本电脑、平板电脑等便携设备的轻便性和强大性能使其适用于各种情境。随着交互与感知技术的不断发展，这些便携设备正日益催生出创新的交互方式和丰富的感知体验。

1. 便携式计算机在增强现实和虚拟现实中的应用

便携式计算机在增强现实和虚拟现实领域的应用不断拓展。AR 技术通过将数字信息叠加在现实世界中，为用户提供丰富的感知体验。便携式计算机可以搭载摄像头、传感器等设备，实现实时的环境感知和虚拟信息的投射，从而为用户呈现沉浸式的 AR 体验。类似地，便携式计算机还能为 VR 体验提供计算支持，让用户沉浸于虚拟世界之中。便携式计算机推动了 AR 和 VR 技术在教育、娱乐、培训等领域的广泛应用。

2. 便携式计算机创新人机交互方式

便携式计算机的触摸屏、手写笔等交互工具为用户提供了更加自然的人机交互方式。随着人机交互技术的进步，手势识别、眼动追踪等交互技术正不断融入便携设备，使用户能够以更直观、身临其境的方式与数字内容互动。这种创新的交互方式不仅提升了用户体验，还推动了人机交互技术的发展。

3. 便携式计算机提升个性化和场景化的感知体验

便携式计算机的传感器和计算能力赋予它们实现个性化和场景化感知体验的能力。通过感知用户的环境、位置、动作等信息，便携式计算机能够为用户提供定制化的服务和内容。例如，基于用户当前所在位置和兴趣，便携式计算机可以推送导航路线、娱乐内容等相关信息，实现更加智能化的交互。

随着人工智能、传感技术和计算能力的不断进步，便携式计算机在交互与感知领域的作用将继续扩大。我们可以期待更加智能、个性化的交互体验，以及更加多样化、创新的感知方式。便携式计算机将继续推动感知技术发展，为人们带来更加丰富、深入的数字世界。

8.2.2 桌面计算机

虽然桌面计算机不如便携设备具有移动性，但其高性能和可扩展性在某些情况下不可替代。在这一节中，我们将深入探讨桌面计算机在虚拟现实创作、大规模数据处理以及复杂模拟等方面的应用。同时，我们还将探讨桌面计算机如何在计算机认知智能领域取得突破，为复杂任务提供支持。

1. 虚拟现实创作中的应用

虚拟现实技术正在催生创作领域的一场革命。桌面计算机凭借其强大的计算能力，为虚拟现实创作者提供了一个强大的平台。从电影特效制作到建筑设计，桌面计算机为创作者提供了实时渲染、模拟和可视化工具，使他们能够更加直观地探索和表达想法。

2. 在大规模数据处理中的作用

大规模数据处理对计算性能的需求巨大。桌面计算机的高性能处理器、大容量内存和高速存储设备使其成为处理海量数据的有力工具。从科学研究到商业分析，桌面计算机能够加速数据挖掘、模拟计算和模型训练等任务，为决策制定和创新提供支持。

3. 在复杂模拟与计算中的应用

复杂模拟和计算任务需要强大的计算资源。桌面计算机通过其多核处理器、高性能图形处理器和并行计算能力，为科学家、工程师和研究人员提供了进行复杂模拟和计算的平台。从气象模拟到蛋白质折叠，桌面计算机在解决现实世界中的复杂问题方面发挥着关键作用。

4. 在计算机认知智能领域的突破

桌面计算机在计算机认知智能领域也有着显著贡献。复杂的机器学习和人工智能算法能在桌面计算机上快速训练和运行。从自然语言处理到图像识别，桌面计算机为计算机认知智能的前沿研究和应用提供了强有力的支持。

随着硬件技术的不断进步，桌面计算机将继续在交互与感知领域发挥关键作用。随着虚拟现实、人工智能和大数据等技术的融合，桌面计算机在创新、研究和应用方面持续发挥着不可或缺的作用。

8.2.3　车载计算机

车载计算机是专门针对汽车特殊运行环境及电器电路特点开发的具有抗高温、抗尘、抗震功能并能与汽车电子电路相融合的专用汽车信息化产品，一种高度集成化的车用多媒体娱乐信息中心。能实现所有家用计算机功能，支持车内上网、影音娱乐、卫星定位、语音导航、游戏、电话等功能，同时也能实现可视倒车，故障检测等特定功能。

1. 驾驶辅助和安全性提升

车载计算机在驾驶辅助系统中起到关键作用，帮助驾驶者更好地应对不同的驾驶情境。从自动紧急制动到盲点监测，车载计算机通过对传感器数据实时分析，提供及时的警告和干预，减少事故发生。这些系统大大提升了汽车的安全性，同时为自动驾驶技术的发展奠定了基础。

2. 车内娱乐与乘车体验

车载计算机也在车内娱乐领域发挥着重要作用。乘客可以通过车载娱乐系统享受音乐、视频、游戏等多样化的内容，使长途旅行更加愉悦。此外，车载计算机为乘客提供互联网功能，使他们能够在车内轻松地进行社交媒体互动、在线购物等活动，改善了乘车体验。

3. 导航与路径优化

车载计算机的导航系统通过 GPS 和地图数据为驾驶者提供准确的导航指引，不仅可以显示实时交通情况，还能提供路径优化建议，帮助驾驶者避开拥堵区域。这些功能大大提升了驾驶的效率，减少了通勤时间和能源消耗。

4. 感知技术与环境互动

车载计算机通过感知技术，如摄像头、雷达和激光传感器，对车辆周围的环境进行实时感知。这使得车载计算机能够识别其他车辆、行人、障碍物等，并做出相应的决策和干预。这种感知技术有助于提升汽车的安全性，降低事故的风险。

5. 安全性与舒适度的平衡

在车载计算机的发展中，平衡安全性和驾驶者舒适度是一个重要的考量。车载计算机的设计需要确保驾驶者在与系统互动时不会分散注意力，从而保障驾驶的安全。同时，也要考虑如何提供用户友好的界面和人机交互方式，以增强驾驶者的体验。

随着自动驾驶技术的进一步发展，车载计算机将扮演更为重要的角色。从自动驾驶的辅助系统到完全自动驾驶，车载计算机将不断演化，为驾驶者和乘客带来更加智能化、安全和便捷的交通体验。

8.2.4　典型的机器认知智能

认知智能（CI，Cognitive Intelligence）是让机器像人一样"能理解会思考"，即机器思维，如计算机下棋、计算机绘画、计算机作曲、计算机辅助设计、计算机证明定理等。例如，最新一代的 AlphaGo Zero（如图 8-3 所示）具有自我学习能力，使用强化学习（RL，Reinforcement Learning）技术将价值网络和策略网络整合为一个架构，经过 3 天的训练就以 100 比 0 的比分在围棋上击败了上一代 AlphaGo。陪伴儿童成长的智能机器人被询问了一个它不懂的问题，第二次再问时它就学会了，这就是它自我学习的能力。认知智能是人工智能领域比感知智能更高一个层次的人工智能应用，它从类脑的研究和认知科学中汲取灵感，结合跨领域的知识图谱、因果推理、持续学习等理论，赋予机器类似人类的思维逻辑和认识能力，特别是理解、归纳和应用知识的能力。认知智能的难点在于，要让人工智能技术真正具备阅读海量数据、理解数据价值、挖掘数据价值，最终还要输出人类听得懂的价值线索的能力。

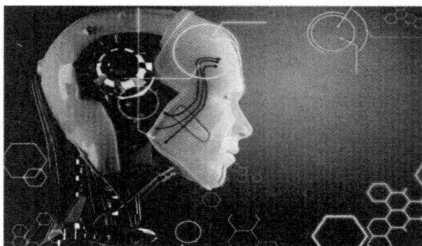

图 8-3　AlphaGo Zero

概念、意识、观念和推理等是人类认知智能的表现，概念是一个知识框架的组成部分。机器认知（MR，Machine Recognition）是研究如何用机器来模拟、延伸和扩展人的认知能力。因此，实现认知计算要解决三个问题，首先，认知智能需要具有对采集的信息进行处理、存储和转化的能力，在这一阶段需要运用计算智能、感知智能的数据清洗、图像识别能力。其次，认知智能需要拥有对业务需求的理解及对分散数据、知识的治理能力。最后，认知智能需要能够针对业务场景进行策略构建和决策，提升人与机器、人与人、人与业务的协同、共享和博弈的能力。与更传统的人工智能技术相反，认知机器人技术将动物认知视为机器人信息处理发展的起点。目标机器人的认知能力包括感知处理、注意力分配、预期、计划、复杂的运动协调，对其他行为者甚至对自己的心理状态的推理。机器人认知体现了智能主体在物理世界（在模拟认知机器人的情况下为虚拟世界）中的行为。随着认知智能技术逐步发展，认知智能已能够为各类场景提供更专业、更个性、更有互动感的服务，典型应用覆盖金融、制造、教育、零售、医疗、公安等，涉及城市数字化转型的方方面面，深刻地改变着人们生产和生活方式。

认知智能+金融。当前，金融业正面临从"手工业"升级到"工业"的拐点，无论是传统金融还是互联网金融，都面临运营成本高、产品服务单一、交易欺诈风险高等行业痛点。特别是近年来，金融数据爆发式增长，金融机构要对海量、实时、多维度的数据进行解析和判断，但这些无法通过感知智能技术解决，而是要依靠知识图谱、自然语言处理、图像理解、情感计算等认知智能技术提供解决方案。得益于深度学习算法上的突破，近年来认知智能在金融领域已有较为广泛的应用。通过对金融数据进行结构化提取和智能化分析，构建金融行业知识图谱，认知智能广泛服务于智能风控、智能投研、智能投顾、智能理赔等场景，满足金融机构当前面临的海量化、碎片化、多元化的金融服务需求，显著优化金融服务的效率与成本。

认知智能+制造。认知智能技术应用于制造业，可以实现制造体系的全局决策优化。认知智能以知识图谱技术为基础将工厂车间、人工资源、物料组件、设备制具、工艺流程、故障情形等制造业基础数据进行分类和建模，结合自然语言处理等技术，推动技能和经验在"人—机器—系统"之间相互转移，从而进行全流程多方面的协调管控，实现仿真模拟、智慧排产、运营维护、故障排查、质量保障、节能降耗、供应链优化等场景应用，对问题及时进行预防性处理，达到缩短研制周期、降低资源消耗、提高生产效率、创新业务模式等目的。现阶段国内认知智能+制造企业集中在工业知识图谱、工业互联网、故障分析处理等领域，主要是行业领先制造业企业、智能装备制造商、工业自动化集成服务商等基于自身行业积累开展市场布局。

认知智能+零售。近年来，以"线上服务+线下体验+现代物流"为核心的新零售业务兴起。大数据、人工智能、移动支付、虚拟现实等技术革新，进一步催生智能试装、语音购物、VR 逛店、自助结算、无人物流等新业态。消费者购物场景愈发多样化，以消费者为中心的会员、支付、服务、库存、场景等数据全面打通，呈现多噪声、多模态、数据源分散、深度认知缺乏等特质。认知智能应用于零售行业，主要是通过构建消费者知识图谱，结合情感计算、知识推理、知识工程自动化等技术应用，及时掌握、理解消费者购买意图与关联需求，为电商平台或商家打造"消费者—商品—场景"闭环生态，并借助智能搜索、智能营销、虚拟导购等提升消费体验，提升获客效率和购买转化率。

8.3 手持终端设备

　　手持终端设备是元宇宙重要的物理层设备，是具备通信、存储、数据采集、电话、蓝牙、网络、拍照、计算、定位等多种功能的便携式终端设备，手持移动终端是以计算机和网络为基础，运用数字化和电子技术的硬件产品，是具有数字化服务功能的综合体。随着硬件配置越来越强大，手持移动终端的定位已不再只是一个简单的移动通信工具，同时也是一个综合信息处理终端，可以被广泛应用在物流、零售、医疗、制造、交通、能源、金融、政府公用等行业领域，并在其中扮演着不同的角色。

　　手持终端设备按照使用领域可分为消费类手持终端和工业级手持终端。消费类手持终端主要指智能手机、掌上电脑、平板电脑等，如图 8-4 所示。工业级手持终端包括工业 PDA（Personal Digital Assistant）、条形码手持终端、RFID（Radio Frequency Identification）手持机等，如图 8-5 所示。工业级手持终端因其具备优秀的自动识别能力和操作便利性，在制造业中得到广泛应用。

图 8-4　消费类手持终端设备

图 8-5　工业级手持移动终端

工业 PDA 是为工业工作场景设计的。在功能方面，工业 PDA 内置了蓝牙、网络摄像头、呼叫、GPS、多模式无线网络和数据通信等功能，以应对各种苛刻的环境。工业 PDA 有数据采集功能，例如条码扫描、射频识别（分为低频、高频、超高频）、指纹识别。工业 PDA 有以下主要的应用场景：仓储管理、运输管理和实时的快递链路跟踪。通过相关配套接口程序从 ERP（Enterprise Resource Planning）或其他运营管理控制系统获取资产信息，创建一个资产二维码标签，资产入库、发放、调拨、盘点、保养、维修、报废等环节需要通过工业 PDA 扫码记录，做到物流、信息流、资金流统一，实现资产全生命周期可追溯管理的目标，提升企业整体信息化水平。工业 PDA 应用于商店零售领域，适用于连锁店，商店，商场柜台，可以实现数据收集传输，例如库存管理、库存调度、会员管理等。工业 PDA 应用于医疗卫生领域，例如移动护士站、移动输液、智能纱布管理和药物监督，帮助医院实现资源整合和流程优化，达到降低运营成本，提高服务质量和管理技术水平的目的。工业 PDA 应用于物流配送领域，使用腕带 PDA 和手指环扫描仪，在 WMS（Warehouse Management System）的支持下，实现仓库操作全过程的可视化，为智能控制，高效使用提供操作基础数据。

在零售行业，手持终端又称为 PDA 或盘点机，主要应用于货品盘点、出入库管理等方面，减轻了店员的工作强度，提高了工作效率。盘点机配备专业激光扫描引擎，防水、防尘、防摔，支持 WiFi 无线通信，信号接收能力强、抗干扰能力强。具有商品盘点、商品复盘、价格查询、盘点查询、数据分析等功能。结合不同任务与不同货架的选择，盘点机可同时对多类商品进行盘点，自动生成盘点差异，具有一机多用，省时高效，维护便捷等特点。盘点机一般在工业环境中使用，具有针对工业现场设计的高稳定性、高防护性、快速响应、安全可靠等特点。

在物流行业，手持终端又被称为巴枪，主要应用于快递员收派件管理、站点管理、车线管理、转运站管理。专为物流快递行业定制的手持终端，配备专业的激光扫描引擎，具备 IP67 级的防水、防尘、防摔标准，超大容量锂离子智能电池，能胜任-20～50℃的工作温度及雨雪沙尘等恶劣环境下的高强度移动使用工作。支持条码扫描、RFID、超高频段射频识别、NFC识读等多种数据采集方式，同时具备 GPS 定位、高清摄像、4G 全网通、双频高速 WiFi 等功能，可随时随地进行数据处理。

手持巡检终端主要应用在电力巡检、供水管道巡检、燃气管道巡检、森林防护巡检等领域，不仅提高了巡检质量和效率，而且规范了巡检作业行为和标准，大幅简化过去复杂的巡检流程。手持巡检终端能实现精准而高效地采集数据，可扫描一维、二维条码，具备 12 小时续航，拥有 IP67级安全防护，能够确保设备在污物、灰尘、喷溅水花环境中长时间工作。

作为容错率极低的特殊行业，医疗行业对效率和准确的要求已臻极致，医用设备企业近年来一直专注于智能手持终端产品研发与行业移动信息化需求的挖掘，通过智能手持终端将临床数据进行集中、分析、共享和查询，以提升医护人员工作效率和患者护理质量，减少医疗差错，助力智慧医疗信息化建设。

8.4 体感

体感，或称躯体感觉，是触觉、压觉、温觉、痛觉和本体感觉（关于肌肉和关节位置和运动、躯体姿势和运动以及面部表情的感觉）的总称。元宇宙的关键功能就是体感交互，体感交互的第一阶段是利用外部的设备与虚拟世界互动，第二阶段是大脑与虚拟世界直连，第三阶段是人脑意识上传。要实现人机交互和万物互联，需要同时具备传感器、数据集成和分析（智能中枢）、促动器三大要素，传感技术作为收集信号并发出数据的桥梁，在实现虚拟向现实迈进的过程中发挥着举足轻重的作用。在交互技术应用中，结合体感、环境的传感技术能为元宇宙用户提供各种更加真实的体感，比如视觉、触觉、听觉、嗅觉、味觉等。在物理世界中，将万物融入单个呈现载体（体感设备），并根据主体产生的不同物理状态传达出对应指令，还需要物联网技术的支持，把传感器融合到感知层中。体感装置可实时捕捉人体运动姿态，将体感数据传输至信号接收装置，与其他智能设备连接实现数据通信，进而实现体感功能。

8.4.1 智能可穿戴设备

可穿戴体感套件包括体感手套、体感帽、体感衣与体感信号接收装置，如图 8-6 所示。信号接收装置与其他智能设备相连接实现数据通信，进而实现体感功能。体感套件各部分均可独立工作，根据应用场合的不同进行相应调整实现定制化。可穿戴体感套件可应用于体感游戏、VR 辅助、影视特效制作、动画制作、机器人、机械控制等领域。

图 8-6　可穿戴体感套件

智能可穿戴设备有别于用户日常穿戴于手腕、头部和身体其他部位的服装饰品，特指应用信息技术将信息通信终端设计成用户日常穿戴的产品形态，配有各类传感器和智能运算芯片，具备健康医疗监测、智能运算、近程/远程通信等功能，并可直接或间接地接入互联网，能实现个人身体健康或地理位置信息实时监测并随时与服务器进行数据交流。从技术发展来看，智能可穿戴设备是传统终端沿着智能化和便携性两条路线不断演进的新形态终端产品。

由于智能可穿戴设备的便捷性和功能新颖性，它广泛应用于医疗、养老、工业和教育等多个行业和领域，极大改变了传统工作方式，大大提高了工作效率。智能可穿戴设备产品业界分类方式很多，分类准则也有多种维度，例如，按设备佩戴部位可分为头部、腕部、眼部和其他部位；按功能复杂性及其与手机关系，分为手机辅助类设备和独立功能性设备等；按主要功能可划分为三大类：生活健康类、信息咨询类和体感控制类，其中，生活健康类的可穿戴设备有运动腕带、体测腕带和智能手环，信息咨询类的设备有智能手表和智能眼镜，体感控制类的设备有各类体感控制器等。目前，市场已经出现了众多门类的产品，既有众多厂家参与，具有高中低端多种产品定位和功能的智能手环、智能手表等腕带式产品，也有谷歌、微软等 IT 巨头参与研发、推广，市场化产品相对较少的智能眼镜、VR 头戴式设备，还有类似于可实现计步功能的智能鞋，能够记录海拔、便捷拍照的登山手杖等用户群体较小的冷门类别智能可穿戴产品。在功能方面，以计步、信息通知和通话提醒等功能为主。在制造商分布方面，以 ICT 领域的传统手机、计算机等电子产品制造商居多。此外，主流手机制造商纷纷推出自己的智能腕带设备，并将其定位为智能手机的延伸，作为补充性设备为用户提供健康监测、信息通知等多种功能。国内外不乏一些通过智能可穿戴设备产品崛起的单一产品型新企业，如 Pebble、Fitbit、Jawbone、咕咚、华米科技和映趣科技等，有些企业市值达到百亿美元，充分说明了 ICT 传统设备商和新兴企业对于智能可穿戴设备的重视和关注。

但是，由于产品空间和技术限制，目前智能可穿戴产品普遍还存在一些用户体验不足的地方，例如，产品续航无法满足用户需求，大部分设备需要每天充电；与手机连接稳定性不好，时常闪断；客户端界面用户体验差；很多产品的定位、计步和心率等传感器精度较差；设备与人体直接接触部分材料和辐射安全性有待改进等。

8.4.2　可植入式设备

伴随网络、芯片和智能传感器等领域技术不断推陈出新，新的信息服务模式和产品不断涌现，信息技术逐渐向其他领域渗透，作为最终面向用户的重要设备，终端设备形态将变得更加多样化、便携化，功能上也将更加智能化。可穿戴技术预计将演变为一种过渡技术。终端设备将迅速从外部穿戴转向内部植入。可以预见，可植入或称为可嵌入将是可穿戴设备的未来。终端产品的演进路线如图 8-7 所示。

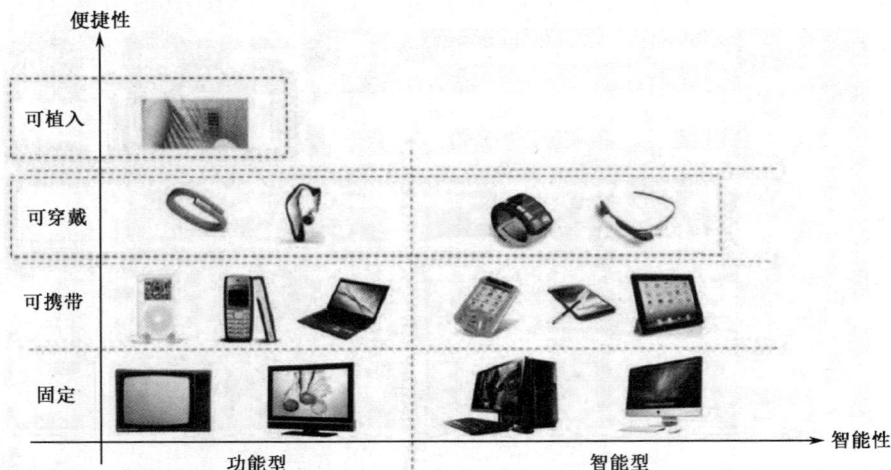

图 8-7　终端产品演进路线

1. 可植入式智能手机

现在我们几乎已经无时无刻不在与手机紧密联系着，那么如果我们的身体能够真正地与手机连在一起，将会怎样呢？这种情况已经开始发生。例如，艺术家安东尼·安东尼利斯（Anthony Antonellis）接受了一项将 RFID 芯片植入自己胳膊的手术，这个芯片可以将艺术作品储存并传递到他的手持智能手机里。研究人员正在尝试用可植入式传感器将人体骨骼变为有逼真效果的扬声器。还有一些科学家正在研究眼植入物，眨一下眼睛即可捕捉到一张图像，并且可以传输到任意本地储存设备中（例如植入手臂的 RFID 芯片）。但如果把手机植入了你的身体，屏幕该用什么代替呢？Autodesk 的技术人员正在试验一种可通过人造皮肤来显示图像的系统，图像或许可以出现在你植入眼睛的设备中。

2. 愈合芯片

当前，患者可以将可植入式设备直接智能手机应用相连，以实时监控并治疗疾病。例如，在美国波士顿大学，科研人员正在测试一个新的仿生胰腺，这个仿生胰腺带有一个微型传感器，可以直接与智能手机的应用程序通信，实时监测糖尿病患者的血糖水平。在伦敦，科学家们正在开发一种口服胶囊大小的电路，以监测肥胖患者的肥胖程度并产生能引发饱腹感的基因物质。这种方法可能成为传统手术或其他植入性治疗手段的一种有效替代方案，用来治疗严重性肥胖。此外，针对其他医学问题，如心脏杂音、焦虑等，更多可植入式设备的应用正在探索之中。

3. 可与医生对话的网络药片

网络药片不但能与智能手机进行沟通，它还能与医生"聊天"。在一个名叫"Proteus"的项目中，英国的研究团队正在开发一种含有微型传感器的网络药片，药片可以直接从患者体内给医生"发短信"，它能采集患者身体信息，来帮助医生了解患者是否正确服药，以及服药疗效。

8.5　在场感

在场感又被称为临场感或存在感，指的是某一主体处在某种特定的情景下时，不但能够感受到现场感与参与感，同时也能让他人感知到主体的存在，由于在场感本身的属性，其在交互性较强的情景中显得尤为重要，而元宇宙（Metaverse）正是利用科技手段连接和创造与现实世界映射交互的虚拟世界，因此在场感是元宇宙的决定性品质。与今天的互联网不同，元宇宙力图给人一种到场的幻觉。马克·扎克伯格（Mark Zuckerberg）将元宇宙描述为一个嵌入式互联网（Embodied Internet），它的核心议题在于如何在空间不在场的前提下实现人的在场，如何复制面对面交流的真实感，这一真实感则取决于它将用户传输到该环境中的程度，以及用户的物理行为与其化身之间边界的透明度。

自信息革命以来，如何在各种传播媒介中模拟出在场感，成为数字技术的兴趣和使命。从计算机到智能手机，再到可穿戴式设备和虚拟现实头盔，这些数字革命催生出的新媒介无一例外都在用"远程在场"代替"肉身在场"，正如美国学者约翰·杜翰姆·彼得斯（John Durham Peters）所说："把身体径直放在争论的中心，这不是时尚，而是当务之急——因为科学家、工程师正在对它进行重构和重组。"

8.5.1　光线追踪

想要创造一个全新的虚拟世界，首要的关键元素是光。光线追踪技术通过算法模拟真实世界中光线的物理特点，精确地渲染出阴影、反射、折射以及全局光照，在虚拟的场景下，让物体更加具有真实感，让用户有在场感。

光线追踪（Ray Tracing），又称为光迹追踪或光线追迹，是一种在二维屏幕上呈现三维图像的技术。这是一种来自几何光学的通用技术，它通过追踪与光学表面发生交互作用的光线，得到光线经过路径的模型，通常应用于光学系统设计，如照相机镜头、显微镜、望远镜以及双目镜等。同时光线追踪也是三维计算机图形学中一种特殊的渲染算法，通过跟踪从眼睛发出的光线而不是光源发出的光线，以此生成编排好的场景，并得到相应的数学模型。这样得到的结果类似于光线投射与扫描线渲染方法的结果，但是这种方法有更好的光学效果，例如对于反射与折射有更准确的模拟效果，并且效率非常高。

相较于扫描线渲染等其他渲染方法，光线追踪能够更加真实地模拟光线的物理效果，如反射和阴影，这些效果对于其他算法来说难以实现，对于光线追踪算法来说却是一种自然结果。但光线跟踪的主要缺点在于就是性能，扫描线算法以及其他算法利用数据的一致性从而在像素之间共享计算，但是光线跟踪通常是将每条光线当作独立的光线，每次都要重新计算。光线追踪技术的原理如图 8-8 所示。

由于运算的复杂性和算力的约束，光线追踪技术在最初的几十年中仅被运用在影视特效中做静帧渲染，随着显卡技术的不断升级，游戏成为光线追踪技术最主要的应用场景，并吸引了大量的投资。在图形渲染方面，它的主要应用之一，或者对它来说计算压力最大的场景应用就是高画质的游戏。除此之外，光线追踪未来还将可能在元宇宙当中得到应用。比如元宇宙增强现实技术，如果与光线追踪技术结合，一切渲染出来的内容都将更加具有真实性。细化到商业化领域的具体应用，比如线上购物，在购买家具的时候，通过光线追踪技术，用户可以更直观地观察家具外形，以及它放在卧室或者其他房间的任意角落的视觉效果，极大提升用户的购物体验。

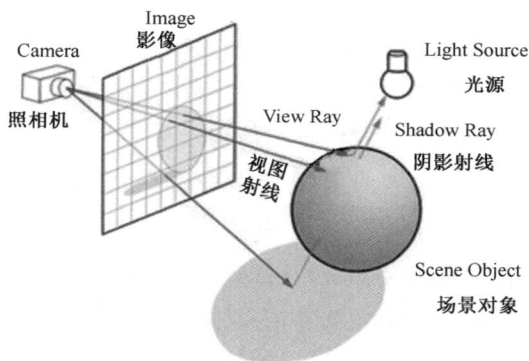

图 8-8　光线追踪技术的原理

8.5.2　气味数字化

虚拟现实世界中的在场感和沉浸感不仅依赖于视觉和触觉体验，还需要嗅觉来帮助用户识别并区分气味，这能够使用户的使用体验上升一个维度。作为人类五感之一，嗅觉让我们的世界变得更加丰富和立体，我们可以用嗅觉去感受这世间不同于其他四感的美妙信息。因此，没有气味的元宇宙无法算是真正的元宇宙，只有在其中添加上嗅觉维度，将嗅觉数字化，才有望打造一个"全真"的虚拟世界。通过将气味分类、编码进行数字化，可实现嗅觉的数字化存储和传输，通过 NFT 技术还可以让其成为数字资产，上传到区块链后即可永久保存下来。这样，气味不仅成为有价的数字资产，在元宇宙的游戏、社交、旅行、学习教育、健身等虚拟场景也会有良好的互动体验，更有助于进一步打开我们从现实世界迈向虚拟世界的大门。

数字嗅觉，或称气味数字化，属于人工智能领域的分支，即使用人工智能技术学习识别气味，数字嗅觉主要是通过数字技术捕捉和产生气味。法国数字嗅觉公司 Aryballe 将生物传感器、光学技术和机器学习技术相结合，分析气味特征，再通过软件模拟出大脑识别和区分气味的过程，捕获气味后，生物传感器和光学系统智能识别这些气味，与数据库中的气味做比对。美国的 Google 公司也早就开始使用图神经网络来识别气味分子，利用机器学习技术帮助预测气味。气味的组成单位是小气味分子，可以用不同的小气味分子给气味关系建模，未来人工智能通过气味编程能够产生各种气味。气味储存是一大难题。为了将气味储存，需要研发特殊的密闭结构，采用特殊的流道设计来控制气味释放，例如，将 DSP（数字信号处理技术）芯片、高分子材料、播放控制系统相结合，将气味做成胶囊，再通过 App（应用程序）、API（应用程序编程接口）等控制胶囊在各种场景中释放不同的味道。

近年来，得益于微机电系统（MEMS）的微纳米加工工艺、物联网、大数据等技术深入发展，越来越多企业加入数字嗅觉领域，通过应用气体传感器和数字嗅觉元器件，实现食品质量、人体健康、工业材料品质、空气质量等方面的监测，以低成本方式更好地替代人工，提升工作效率，推动气味数字化产业的发展。气味数字化产业是一个新兴产业，更是市场蓝海，应用场景十分广阔。气味数字化不仅能应用于电影、旅游、游戏，在元宇宙的社交、学习教育、健身、旅行、游戏等虚拟场景也会有很好的互动式体验，智能家居、智慧医疗、汽车电子、食品安全以及环境监测也正成为重要的气味数字化应用场景。根据前瞻产业研究院数据，由于智能家居、智慧医疗、汽车电子以及电影、旅游、游戏等产业处于高速发展期，2020 年，中国气体传感器、数字嗅觉元器件等市场规模达到 600 亿元以上。现在国内外气体传感器主要围绕单一气体感知的传感器或模块为主，国产企业约占整体市场规模的 5%，头部集中度不高，并且中高端气体传感器都主要被外国企业所垄断。

8.5.3　环境感知系统

环境感知，是通过对环境信息的采集、解析，来获取（估计）目标的多项属性、状态的过程。要实现人机交互和万物互联，需要同时具备传感器、数据集成和分析（智能中枢）、促动器三大要素，传感器技术作为收集信号并发出数据的桥梁，在实现虚拟向现实迈入过程中发挥着举足轻重的作用。

传感器是环境感知系统的核心技术。针对不同使用环境、不同种类的数据、不同功能需求，都有其适合的传感器类型。传感器获取的数据大多用来监测系统的自身的状态或感知周围的环境。现如今主流的环境感知方式可以根据传感器的工作原理大致分为基于电磁波信息的感知和基于图像信息的感知两种类型，如图 8-9 所示。

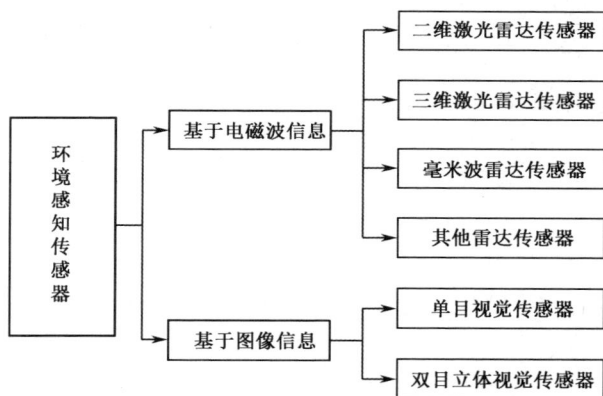

图 8-9　环境感知传感器的分类

随着工作环境越来越复杂，任务越来越多样化，同时使用多种传感器，实现时间同步、坐标系同步、特征提取、传感器信息权重融合是当下人工智能和交互感知领域的热点和重要发展方向。

环境感知系统在智能驾驶和移动机器人等领域有广泛的应用。自动驾驶依靠环境感知帮助车辆观察周边情况并决策规划出目标轨迹，使车辆能够快速、准确跟踪目标轨迹，进而实现如速度调整、车距调整和变道超车等基本操作。环境感知主要通过视觉传感器、激光雷达传感器与毫米波雷达传感器完成，视觉传感器（摄像头）用来捕捉二维的视觉数据，帮助汽车实现道路信息读取和路线规划等功能，但二维数据难以做到对车辆间及路障的距离检测，因此需要激光雷达传感器与毫米波雷达传感器来获取距离信息。自动驾驶中常用的三维点云就是利用激光雷达传感器完成的。激光雷达每秒可生成拥有 200 万个点的点云，利用漫反射回来的信号绘制出三维模型，感知车辆周围物体轮廓形状。激光雷达分辨率高，可探测 150 米以内的环境，但会受雨雪等恶劣天气影响，难以正常测距。毫米波雷达传感器与激光雷达传感器工作原理相似，也通过接收波反射信号来准确获取环境信息，其可探测 200 米及以外的环境，分辨率较激光雷达更低但不受恶劣天气影响。移动机器人运动行为由自主导航系统决定，自主导航系统主要包含感知、规划、控制与定位四个模块，感知模块是连接机器人与环境的桥梁，负责获取和提取环境信息，思路是使用各种环境感知传感器获取机器人周围环境原始数据，通过感知算法提取目标特征，让机器人知道自己在环境中的位置，知道自己周围环境情况，知道环境中的物体含义，以及物体之间的联系；规划模块是连接感知与控制的桥梁，其作用是分析和理解环境内容，并输出可执行控制命令，因此感知、规划模块是决定导航系统智能程度的关键。

8.6 脑机接口

脑机接口（Brain-machine Interface，BMI）是指不依赖常规的脊髓、外周神经肌肉系统，在脑与外部环境之间建立一种新型的信息交流与控制通道，实现脑与外部设备之间的直接交互。脑机接口涉及信息科学、认知科学、材料科学和生命科学等领域，对人工智能、生物工程和神经康复等产生了越来越重要的影响。通过脑机接口技术实现脑与外部设备的交互，称为脑机交互。脑机交互是全新的人机交互方式，有望推动对大脑的更深入研究，并促进大脑智能和外部机器智能的融合增强（混合智能），具有重大研究价值和应用前景。脑机交互中设备复杂、数据差异大、计算方法多样化，对脑机交互系统关键步骤进行标准化有助于规范脑机交互系统的构建、降低研究的门槛，切实推动脑机交互的发展。

根据获取脑信号方式的不同，可以将脑机接口分为非植入式和植入式两种。

  非植入式脑机接口直接从大脑外部获取脑信号，所记录的脑信号信息量较小、时间分辨率较低，只能执行简单的操作控制，比如拨打电话、控制轮椅、控制运动假肢、打字等。非植入式脑机接口方便人体佩戴，但需要克服颅骨对信号的衰减作用和对神经元发出的电磁波的分散和模糊效应。典型的非植入式脑机接口采用的信号包括 EEG 和 P300 信号。由于非植入信号的无创性，产业界踊跃开发非植入式脑机接口应用系统，图 8-10 所示是日本本田公司生产的意念控制机器人，操作者通过想象自己的肢体运动来控制身边机器人进行相应的动作，这项技术可以应用于指挥机器人从事端菜、给植物浇水等家务。在军事活动中，人在千里之外可以驾驶无人战斗机进行目标打击，与传统遥控无人机相比，人脑直接控制无人机会更加灵活。在医疗康复领域，病人可以用意念控制计算机，并通过机器肢体恢复失去的运动功能，完成复杂的日常任务，如进食、行走等。随着进一步发展，脑机接口已经不再仅限于肢体运动，开始执行数字任务，2021 年 12 月，一位澳大利亚瘫痪患者成为第一个仅靠意念直接发送推文的人。

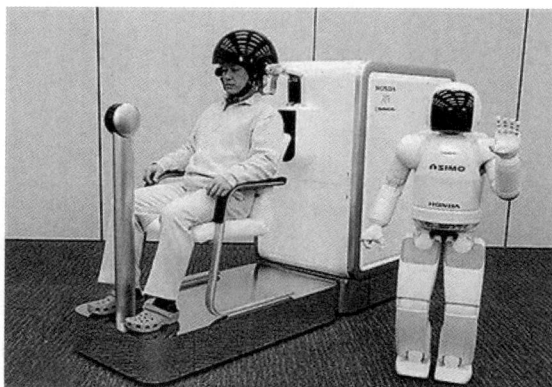

图 8-10 日本本田公司的意念控制机器人

  植入式脑机接口通过在大脑中植入芯片以获取脑信号，相较于非植入式，植入式脑信号具有更高的时间和空间分辨率，记录的信息更加丰富，可以实现更复杂的控制。植入式脑机接口能直接获取大脑皮层的神经集群信号，信息量大、时空分辨率高，锋电位（Spike Potential）信号解码能够实现对外部设备多自由度的实时、精确控制。21 世纪以来，*Nature* 和 *Science* 等刊登了一系列植入式脑机接口的重大研究成果，相关研究促进了人们对神经系统的认识，极大地推动了神经、信息与认知等学科的发展。埃隆·马斯克创立的 Neuralink 公司专注于植入式脑机交互技术，2021 年，该公司在猴子大脑中成功测试了脑机接口技术并发布最新研究成果：一只名为"Pager"的猴子仅通过大脑意念就可以玩模拟乒乓球电子游戏。从马斯克现场演示猴子通过脑机接口玩电子游戏，再到中国浙江大学医学院附属第二医院使用脑机接口技术治疗抑郁症、帮助高位截瘫老人通过脑机接口技术实现部分日常生活功能等，脑机接口技术不断开发着对动物的意识操控，也在干预人类的思维模式，将人与机器的互动统一于人类身体上。尽管植入式脑机接口在提高脑信号质量和提升人机互动体验方面具有显著优势，但它也伴随着高风险。植入式脑机接口意味着开颅手术，将电极植入脆弱的脑组织，某种意义上，这背后的风险甚至比死亡更可怕。正因如此，虽然植入式脑机接口已经发展了数十年，却仅停留在临床预试验阶段。迄今为止，全球仍未出现一款植入式脑机接口正式迈入临床试验阶段。图 8-11 所示是马斯克现场演示中 Pager 通过意念玩游戏的情景。

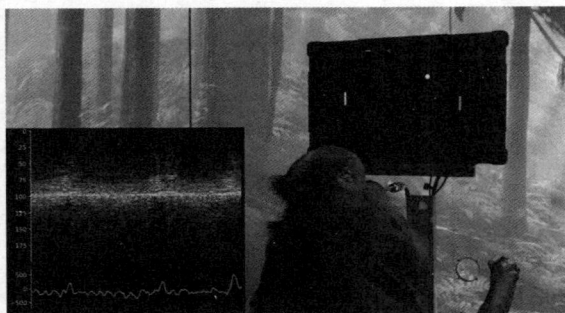

图 8-11　Pager 用意念玩游戏

随着脑机接口技术的普及，其影响力也会日益增强。脑机接口技术虽然能够为身体功能受损的人群提供帮助，但也有可能掩盖另一场潜在的伦理灾难。因此，在人工智能与人类的身体和大脑互动之前，我们必须慎重考虑技术的隐患。

元宇宙的核心价值在于产业价值。在发展数字经济的过程中，"数字产业化"是手段，"产业数字化"是目的。元宇宙最关键的应用场景是产业场景，发展元宇宙绝不是"脱实向虚"，而是要实现数字经济与实体经济深度融合，切实赋能实体经济全面升级，让各行各业都能找到"第二曲线"新发展空间。元宇宙的发展会经历一个漫长、逐步迭代、持续扩展边界的过程。元宇宙的发展进程将并不是线性的，不是努力投入资源就可以实现突破，关键在于底层性技术创新和基础设施建设。

本章参考文献

[1]   汤卓慧，朱培毅. 虚拟现实、增强现实和混合现实及其在轨道交通行业中的应用[J]. 铁路通信信号工程技术，2016, 13(5):79-82.

[2]   徐一夫. 虚拟现实技术发展浅谈[J]. 科技传播，2018, 10(23):3.

[3]   汤朋，张晖. 浅谈虚拟现实技术[J]. 求知导刊，2019(3):19-20.

[4]   刘振生. 虚拟现实的教育应用现状及面临的挑战[J]. 长春师范大学学报，2022, 41(5):143-148.

[5]   胡江川. 虚拟现实技术在智能制造中的应用探讨[J]. 价值工程，2020, 39(2):240-241.

[6]   鲁馨. 增强现实（AR）、虚拟现实（VR）和混合现实（MR）技术[J]. 办公自动化，2018, 23(10):36-38.

[7]   刘建明，施明泰，庄玉琳，等. 增强现实、虚拟现实和混合现实技术在电力系统的应用研究[J]. 电力信息与通信技术，2017, 15(4):4-11.

[8]   刘增文. 浅谈汽车自动驾驶技术的原理及应用[J]. 中国设备工程，2022(12):209-211.

[9]   《学术前沿》编者. 机器人与人工智能[J]. 人民论坛·学术前沿，2016(15):4-5.

[10] 吴丽华，龙海侠，冯建平. 智能机器的认知学习机理及计算模型研究[J]. 电子技术与软件工程，2021(21):106-109.

[11] 赵志鑫，郝丽宁，樊婕，等. "体感+"可穿戴体感套件[J]. 物联网技术，2018, 8(8):14.

[12] 刘晋兴，王黎媛，刘斌. 智能可穿戴设备发展趋势：统一标准、细分市场[J]. 世界电信，2015(12):54-57.

[13] 范金灵，田文汇，廖宇龙，等. MOOC 学习者教学临场感的影响因素研究[J]. 电脑知识与技术，2022, 18(12):102-104, 110.

[14] 许博玮，马志勇，李悦. 多传感器信息融合技术在环境感知中的研究进展及应用[J]. 计算机测量与控制，2022(9):30.

[15] 孙锴，王跃明. 脑机交互研究及标准化实践[J]. 信息技术与标准化，2015(4):10-13.

元宇宙的基础设施

云边计算与元宇宙

物联网与元宇宙

通信网络与元宇宙

元宇宙旨在构建一个虚拟的数字世界，就像《头号玩家》中的绿洲一样，元宇宙将会实现虚拟世界与现实世界的连接。同时，元宇宙的构建将会在社交、商业以及游戏等多个领域发挥出重要的作用。从技术实现的角度来说，元宇宙由数目庞大的各类设备构成，并且能够同时容纳海量的用户。然而，元宇宙的成功应用需要经过长期的基础设施建设。正如俗话所说，"工欲善其事，必先利其器"，这也适用于元宇宙的构建。其中云边计算、物联网、通信网络等技术被广泛地应用于元宇宙的基础设施建设中，以保障元宇宙为用户提供高效、可靠的服务，如图 9-1 所示。

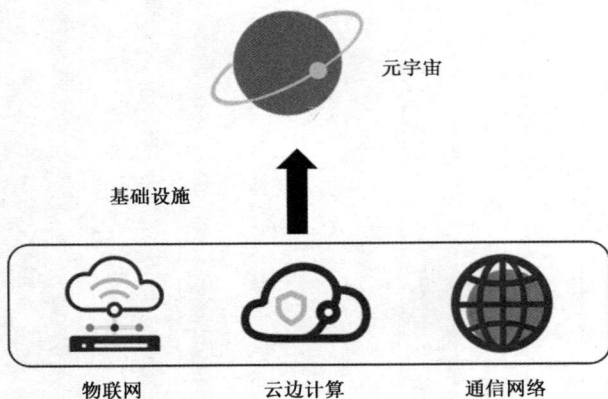

图 9-1　元宇宙的基础设施

（1）云边计算：云计算在元宇宙的建设中扮演了重要的角色。元宇宙在运行中产生的数据量是十分庞大的，云计算可以存储元宇宙产生的海量数据，同时也可以为元宇宙提供足够强大的计算能力来处理大量数据和支持应用程序的运行。作为元宇宙发展的基石，云计算技术的发展和进步与元宇宙的发展息息相关。边缘计算则是对云计算的补充，也是元宇宙中不可或缺的部分。边缘计算位于设备端，它能够保证元宇宙服务可以低延迟地实时与用户进行响应，从而提供更好的用户体验。

（2）物联网：物联网通过大量传感器对现实世界的数据进行收集。通过物理设备与互联网的连接，物联网可以对设备数据进行实时收集和传输。物联网技术收集的数据在元宇宙世界中建立起现实世界的投影，并通过各种现实世界的数据，为用户带来身临其境的体验。例如，通过收集现实世界的温度、天气等数据，元宇宙世界能模拟实现现实世界的天气，为用户提供更加真实的体验。

（3）通信网络：通信网络是元宇宙中信息交换的基础。通过通信网络，元宇宙才可以实现设备与用户、用户与用户的信息交换。元宇宙需要可靠的通信网络来实现数据的传输和交互。高速、低延迟、可靠的通信网络也是构建元宇宙的关键。通过通信网络，用户可以在元宇宙中进行交流与信息共享，这种体验更加符合真实世界中的社交过程。

综上所述，云边计算、物联网和通信网络是构建元宇宙所必需的重要基础设施。它们为元宇宙提供了存储、计算、数据采集与信息交换等核心功能，使用户在虚拟世界中可以获得更加逼真的用户体验。随着这些技术的不断发展和进步，元宇宙将会为人们日常生活和工作带来更多的便利，成为人类社会必不可少的一部分。

9.1　云边计算与元宇宙

9.1.1　云计算

云计算是一种基于互联网的进行计算和服务的方式，即计算资源与服务都部署在云端，用户通过向云端发起请求的方式来获得相应资源，满足计算需求。云计算的概念最早可以追溯到 20 世纪 60 年代，美国计算机科学家约翰·麦卡锡提出了"公用计算机"的概念，目的在于实现多个用户可以同时共享一台计算机的计算资源。伴随着科技与互联网的进步，20 世纪 90 年代初期，Salesforce 作为第一个商业云计算服务被推出。2000 年，马克·贝尼奥夫提出了"软件即服务"（SaaS）的理念。这个理念的核心思想在于用户不需要在本地安装软件，而是将应用程序交由互联网提供和管理。2006 年，亚马逊推出了 AWS（Amazon Web Services），AWS 被认为是云计算史上的一个里程碑，标志着云计算正式进入商业化阶段。

云计算的优势在于其高效、灵活与经济。具体表现在计算资源和服务集中在云端，减少了用户自己购买、安装的成本与时间。用户只需要通过互联网发起请求，便可以获得所需的资源与服务。正是云计算具备的这些优势，让它成为许多企业和组织在数字化时代的首选解决方案。云计算通常包括三个层级：基础设施即服务（IaaS）、平台即服务（PaaS）和软件即服务（SaaS），三个层次属于递进的关系。在 IaaS 层级上，云服务提供商需要为客户提供硬件资源，例如服务器、存储或者网络，用户目的是在这些硬件资源上部署自己的应用程序与服务。IaaS 常见的例子包括阿里云、华为云等。在 PaaS 层级上，云服务提供商为客户提供应用程序开发平台，以便他们能够快速、便捷地开发和部署应用程序和服务。而在 SaaS 层级上，云服务提供商则需要为客户部署好相应的程序与服务，客户可以直接使用或者定制这些应用程序和服务。

虚拟化技术也是云计算的一个重要方面，虚拟化技术可以让有限的资源被更加高效地利用。云服务提供商通过虚拟化技术可以将物理计算机资源划分为多个虚拟机，只需要提供给客户访问虚拟机的权限就可以实现物理计算机资源的高效利用，在提升硬件资源利用的同时降低客户的使用成本，实现了按需分配资源的目的。除此之外，云计算在分配资源时提供了弹性和可扩展性，即用户可以按照自己的需求去向云端请求增加或者减少计算资源。其次，云计算提供了高可用性和容错性，即用户的数据通常会在多个数据中心或者服务器中进行复制和备份，在当前计算资源宕机时可以防止数据丢失或者服务中断。最后，云计算为用户提供了一种更经济的计算资源，用户无须购买和维护昂贵的硬件和软件资源，只需要按照自己请求的计算资源进行付费。

9.1.2　云计算应用

在云计算中，云计算应用因其高效、灵活与经济的优势而备受客户青睐。这些云计算应用能够帮助企业和个人提高生产力、降低成本、提高安全性等。常见的云计算应用有以下五类。

（1）云存储应用：云存储是指通过互联网在云端进行数据资源的存储与访问，作为云计算中一个重要的部分，云服务提供商可以为客户提供安全、可靠、高效的存储服务。客户可以便捷地通过互联网进行数据存储与访问。同时云存储相比本地存储还具有数据备份与恢复的功能，即使本地设备出现故障，用户也可以通过互联网将云端的数据进行恢复。例如，国内广泛使用的阿里云存储、华为云存储等。

（2）云计算平台：用户通过向云端发起请求来申请云计算资源和服务的平台。用户可以通过云计算平台去按需申请自己所需要的资源。云服务商为客户提供了高效、灵活、可扩展的计算服务，用户可以按照自己的需求去向云端请求增加或者减少计算资源。云计算应用在提升了硬件资源使用效率的同时，也可以帮助用户快速构建自己的业务和应用程序。

（3）云应用程序：云应用程序是部署在云端的应用，用户可以通过互联网直接访问应用，它代替了将软件安装在本地的传统方式。云应用程序具有高度可扩展性和灵活性，可以帮助企业和个人快速构建自己的业务应用程序，例如 AutoCAD Web 等。

（4）云安全应用：云安全应用是一种为云计算提供安全保障的应用程序。云计算中的数据和应用程序可能会受到网络攻击、数据泄露等问题的影响，因此云安全应用的作用非常重要。它们可以为用户提供安全防护、数据加密、访问控制等功能，以确保用户的数据和应用程序安全可靠。

（5）云数据分析应用：云数据分析应用是一种将云计算和大数据技术相结合的应用程序。它可以为企业和个人提供数据分析、数据挖掘、数据可视化等功能，帮助用户深入了解自己的数据，从而做出更加明智的决策。

9.1.3　边缘计算

随着各种传感器设备的应用以及移动设备的普及，数据的产生量也在爆炸式增加。海量的数据需要通过互联网进行传输和处理，实时性在数据的传输与处理中至关重要，这就对带宽以及计算资源有了较高的要求。传统的云计算在处理大规模物联网设备的数据传输和处理需求时，往往无法做到实时地进行响应，因此催生出了边缘计算（Edge Computing）。

边缘计算是将数据处理和存储部署到物理空间接近数据源头的分布式计算模式，旨在解决传统云计算中遇到的延迟、带宽、安全等问题。边缘计算主要由以下组成部分构成。

（1）边缘设备：边缘设备是指在网络边缘部署的智能设备，如各类传感器、路由器、交换机、智能手机等。

（2）边缘网关：边缘网关作用于边缘设备和云服务之间，它主要负责云端和边缘设备间的信息交换，通过边缘网关可以将边缘设备收集到的数据传输到云端，并将云端处理结果传回边缘设备。同时，边缘网关也可以提供如缓存、过滤等本地服务。

（3）边缘服务器：边缘服务器可以看作边缘设备与云服务器之间的一个节点服务器，通常位于设备附近。边缘服务器可以在处理数据时，提供更高效的处理能力和更快的响应速度。

（4）边缘应用：边缘应用是指在边缘计算环境中运行的应用程序，旨在利用边缘设备的计算能力来为用户提供更实时可靠的服务。

相比传统的云计算，边缘计算并不在云端进行数据的存储与处理，而是将这些操作转移到离数据源最近的边缘设备上，由边缘设备，例如智能手机、传感器、路由器、交换机等去实时响应和数据分析，这有效地减少了数据传输导致的延迟，在提高数据处理效率的同时，也避免了数据在传输过程中的安全隐患。边缘计算的目标是在边缘设备处进行数据的分析，以此来减少数据传输和处理的时间和成本，提高响应速度和安全性。元宇宙的构建离不开大规模数据采集与传输，元宇宙与边缘计算的结合可以有效提升数据传输与处理的效率，减少云计算的压力。

边缘计算起源于 2003 年微软首次提出的"雾计算"概念。雾计算的目的是扩展云计算到网络的边缘，然而，当时的个人终端设备并未得到大量普及，同时各类计算资源代价较高，因此，边缘计算在那个时代并未得到较好的发展。随着越来越多的终端设备、传感器通过网络进行连接，在数据采集源头进行数据处理也变得越来越重要。尤其在万物互联的时代，各类终端设备的成本得到了极大的降低，在对真实世界数据进行采集的同时，大量的数据处理也在边缘设备上进行。同时，网络技术的飞速提升也为边缘计算的发展提供了更好的条件，5G 时代的网络带宽得到了很大提升，保证了数据传输的实时性。

从数据安全性角度来看，传统的云计算需要通过互联网来实现数据从边缘设备到云端处理程序的传输，在这个过程中就可能会面临数据被黑客窃取、服务器被黑客攻击等安全威胁。而边缘计算则是将数据处理和分析在边缘设备上进行，数据在本地被处理，从而进一步保证了数据的隐私性和安全性。

9.1.4　边缘计算应用

边缘计算利用边缘设备代替云端服务器进行数据的存储和处理，有效地减少了数据传输导致的延迟，使数据处理更加高效，同时为数据的隐私保护和服务的实时响应也提供了更好的支持。边缘计算在各个领域都有着广泛的应用，以下是三个边缘计算的具体应用案例。

（1）智能制造：在智能制造领域，大量的传感器被部署在工业生产线上进行数据采集，这些设备产生的大量数据需要实时地进行分析与处理。为此，可以在工业生产线上部署边缘计算设备，通过边缘计算设备实时地对制造过程进行监测和决策以保障生产的效率。例如，边缘计算可以帮助监测生产过程中的各个参数，包括温度、湿度和压力等，以保证生产线高效运行。

（2）智慧城市：边缘计算也可以应用于智慧城市的各个领域，帮助城市实现更加高效、安全、环保的管理和服务。例如，针对垃圾分类问题，可以在垃圾桶上部署边缘计算设备，并结合人工智能技术来实现实时且准确的垃圾识别与分类，有效地提升城市的环保水平。

（3）智慧农业：边缘计算可以用于处理传感器数据，完成识别作物病害、精准施肥等任务。通过在设备端进行数据分析和处理，可以减少数据传输导致的延迟和网络带宽限制，提高农业生产效率和决策的准确性。

9.1.5 云边计算与元宇宙的结合

虽然云计算和边缘计算是两种不同的计算架构,但是二者的设计理念和基础架构与元宇宙有着密切的联系。众所周知,元宇宙基于互联网、物联网等技术,为用户提供了一个共享的虚拟世界,因此,元宇宙的设计必须是跨时空、不限设备的。这让我们很容易联想到通过云服务来实现元宇宙。也就是说,云计算和边缘计算可以提供稳定快速的网络服务、数据存储等技术支持,为元宇宙的实现提供基础设施和计算能力。

云计算是一种集中式的计算架构,可以提供强大的计算和存储能力。元宇宙需要处理海量的图像数据信息,这些信息可以在云端进行存储和处理。云计算可以提供高效、稳定、安全的数据存储和计算资源,不仅为元宇宙的构建提供了重要的支撑,也降低了终端设备的负载。通过云计算技术,元宇宙的用户可以享受到高速的数据传输和处理能力,实现更为流畅的虚拟世界体验。

边缘计算作为一种分布式的计算架构,将计算资源和应用程序部署到离终端设备更近的地方。这种设计模式可以为用户提供更短的响应时间和更低的延迟,这正是元宇宙所需要的——降低响应时间。当用户在元宇宙中享受虚拟现实世界时,可以得到实时的交互体验,这便是边缘计算提供的更佳的服务性能和用户体验。

为了进一步提高元宇宙的性能并且改善用户体验,我们可以将云计算和边缘计算结合使用,形成云边一体化的计算架构。这种计算架构可以将计算能力和应用程序分别布置在云端和边缘,根据应用程序的需要进行动态调整和统一管理。例如,当处在元宇宙虚拟世界中时,可以将大量的计算和存储任务分配到云端,同时将一些实时的交互和反馈任务分配到边缘设备处理,以得到更短的响应时间和更高效的计算能力。

总之,云计算和边缘计算技术可以为元宇宙平台提供强大的实时计算和海量数据存储能力,可以在降低响应时间的基础上,为用户带来更加多彩的虚拟世界场景和更加丰富的交互体验。

9.2 物联网与元宇宙

9.2.1 物联网

在当今数字化时代，物联网（Internet of Things）已经成为多种技术的重要支撑之一。例如，在人工智能领域，摄像头结合人工智能算法可以实现实时交通路段检测，以及为各类数据分析应用采集数据。飞速发展的物联网覆盖了人们日常衣食住行的各个方面。物联网技术可以追溯到 20 世纪末的基于 RFID（Radio Frequency Identification）技术的产品识别系统。后来，研究人员开始思考将更多的设备通过网络连接起来，以实现设备与设备之间的信息交互，这就是物联网概念的雏形。物联网的主要用途是通过互联网将遍布各地的传感器进行互联，其中传感器可以收集外界环境的物理信息，而互联网则负责处理和分析传感器收集到的数据，以实现实际的应用。随着计算机技术的高速进步和无线网络技术的普及，物联网正在逐步渗透到人们的日常生活和工作的各个领域。从智能家居、智慧城市到智能制造等多个领域，物联网正在开创出一系列的全新应用场景，给人们带来前所未有的便利和效率。同时，不断发展的物联网应用也在持续影响和改变人们的生活。

从技术上来说，物联网通过网络将各类传感器进行连接，实现了对环境数据的采集（例如温度、光照、压力等），采集到的数据通过网络传输到计算设备来进行数据的处理与分析，分析后的结果则传输到各类程序中实现环境监测、医疗保健等现实生活中具体的应用。物联网的实现需要多种技术的支持，如传感器技术、嵌入式系统技术、通信技术和云计算技术等。物联网通常被分为三个层次，如图 9-2 所示。

（1）感知层：感知层是物联网最底层的关键组件，也被称为物联网设备层。该层由各种传感器设备构成，如温度传感器、湿度传感器、压力传感器、摄像头和 RFID 标签等。这些传感器可以采集环境中的各种数据，并将其转换为数字信号发送到上层网络，这些真实数据有助于系统做出更好的决策。因此，感知层需要具备较高的可靠性和实时性，只有保障数据的可靠性和实时性，才能确保上层系统决策的准确性。作为物联网的基础，感知层实现了对现实环境的感知，为上层网络提供了丰富、准确的数据，为物联网的发展奠定了坚实的基础。

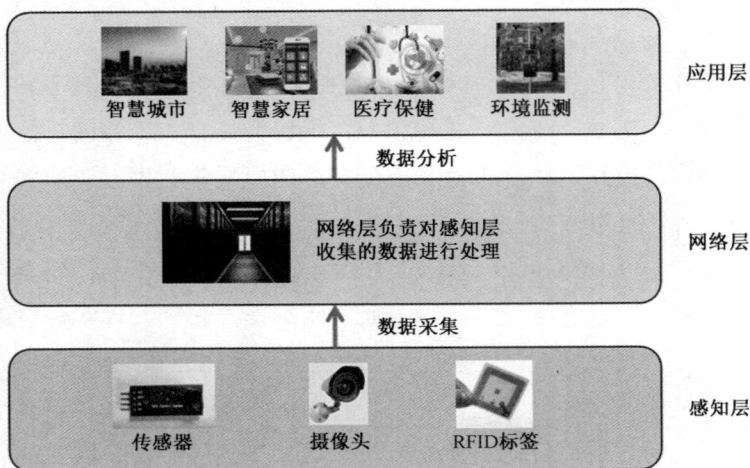

图 9-2　物联网的三层结构

（2）网络层：网络层是物联网的核心组件之一，也被称为物联网平台层。它承担着将感知层上传的数据接收、处理并传递到应用层的重要作用。除了基本的数据传输服务以外，网络层还提供了数据存储和安全控制等附加功能，以确保设备之间的数据交互更加高效和稳定。在整个物联网架构中，网络层是连接设备与应用之间的桥梁，它的正常运作对于物联网的顺畅运行至关重要。同时，网络层也可以提供多种接口和协议来方便开发者访问数据，实现物联网应用的研发。网络层在物联网体系结构中扮演着至关重要的角色，它连接着上下各部分的组件，并为开发者提供接口以更好地实现物联网应用的研发。

（3）应用层：物联网的应用层是用户最直接接触的组件。在物联网的应用领域，它提供了多样化的应用软件和服务来满足用户不同的需求，这些应用软件通过与感知层传感器的交互，帮助用户更好地实现环境的控制、监测。通过应用层，用户可以大大提升工作效率，例如，在智慧农业领域，用户可以直观地观察庄稼的生长状态并进行决策。

总的来说，感知层、网络层和应用层是构成物联网体系结构的三个关键组件。感知层实现对真实环境的感知和监测，为上层网络提供丰富、准确的数据；网络层作为连接设备与应用之间的桥梁，负责将感知层上传的数据接收、处理并传递到应用层；应用层则提供多样化的应用软件和服务来满足用户不同的需求，通过与感知层传感器的交互实现环境的控制和监测。这三个组件共同协作，为物联网的发展奠定了坚实的基础，并在各个领域中发挥着越来越重要的作用，例如智慧农业、工业自动化等。

9.2.2　物联网的应用

物联网具有广泛的应用领域，以下是两项重点领域的应用。

（1）智慧家居：智能家居系统是基于物联网技术的一种智能化解决方案，家庭中的智能设备可以通过物联网技术相互连接从而实现一体化、智能化的目标。例如，用户可以通过手机 App 或者语音助手控制接入互联网的智能家电，对家庭中的灯光、摄像头等设备进行控制和管理，为家庭带来更加智能、便捷、舒适的生活体验。

（2）智慧城市：通过应用物联网技术，可以对城市各处的传感器进行交互，实现对城市各个领域的智能化管理，进而实现智慧城市系统的构建。例如，遍布大街小巷的摄像头通过物联网技术可以实现智能化的监控，极大提升了城市的安防能力；自动垃圾分类、空气质量监测等应用则提升了城市的环境质量。通过应用物联网技术，可以对城市进行高效且智能化的管理，为居民提供更加舒适、便捷的城市生活。

总的来说，物联网技术具有广泛的应用领域，可以从衣食住行各个方面为用户提供服务。在未来的发展中，物联网技术将会在更多领域广泛应用，为人们带来更多的便利。

9.2.3　物联网与元宇宙的结合

物联网和元宇宙的关系密不可分，物联网技术是构建元宇宙的基础设施之一。通过在现实世界中部署传感器，物联网技术可以收集各个领域大量的真实数据，这些数据对于元宇宙建设非常重要。元宇宙作为现实世界的投影，需要大量智能设备和传感器来构建虚拟世界。物联网的互联互通功能，可以将真实世界中的信息同步到虚拟世界中，例如用户生理特征、外界环境数据等。这些数据可以作为元宇宙中的输入，有利于开发出更加智能化的应用，使元宇宙可以更加真实地反映现实世界的状况。同时，元宇宙也可以作为物联网的应用场景。通过将物联网设备连接到元宇宙中，人们可以更加直观地了解设备之间的关系和运行状况，进而更好地管理和控制这些设备。例如，利用物联网技术收集的数据，元宇宙可以将现实世界的场景在虚拟世界进行呈现，用户可以在虚拟世界中更加真实地感受这些场景，达到更加直观的体验。物联网技术和元宇宙的结合可以为人类带来更加智能、高效、安全、便捷的生活和工作方式。随着技术的不断进步和发展，元宇宙和物联网结合的应用场景将会越来越广泛。

9.3 通信网络与元宇宙

9.3.1 通信网络

在当今信息时代，通信网络已经成为我们日常生活中不可或缺的基础设施。从最早的电话和无线电通信，到如今的互联网和移动通信技术，通信网络以多样化的形式方便着我们的生活。随着科技的迅猛发展，通信网络技术也因此经历了多次迭代，最早可以追溯到 19 世纪末期的有线电报技术。随着无线电通信技术的进步，在 20 世纪初期，人们开始利用无线电波进行信息传输，无线电逐渐代替了有线电成为主流通信方式。进入信息化时代之后，随着互联网的广泛普及以及计算机技术的飞速发展，人们通过手机借助移动通信技术实现快捷高效的通信。通信网络的迅速发展极大地改变了我们的生活方式，从过去需要使用书信才能交流信息，到现在的微信聊天，我们的信息交流体验得到了极大的提升。

通信网络可以连接不同的设备、系统和用户，主要实现设备与用户、设备与设备、用户与用户之间的信息传输和处理等功能。为确保不同设备之间的互通性和兼容性，通信网络包括一系列协议、标准和技术。组成通信网络的关键要素主要包括传输介质、网络设备、通信协议和通信服务等。传输介质是指数据传输的物理媒介，如光纤、网线等。网络设备包括路由器、交换机、网关等，它们的作用是通过传输介质串联不同的设备。通信协议是指通信设备之间遵循的规则和标准，如 TCP/IP、HTTP、SMTP 等。此外，通信服务也是通信网络的重要组成部分，例如视频会议、电子邮件等，这些服务是基于通信网络而提供给用户的。

总的来说，通信网络已经成为我们生活中必不可少的基础设施，它连接了不同的设备、系统和用户，实现信息交流、传输和处理等功能。通过不断发展的科技和创新，通信网络变得越来越高效和多样化。通过它，我们可以便捷地实现信息交流。

9.3.2　通信网络的应用

在现代社会中，通信网络的应用已经无处不在，并且不断地改变我们的沟通交流方式。从最早的人与人直接沟通，到后来的机器之间的互联互通，通信网络已经成为人类社会运转的基石之一。通过通信网络的互联互通，人们可以更加便捷地进行各种活动，从而提高效率和生产力。以下是通信网络的一些具体应用。

（1）视频会议：随着 5G 技术的普及，远程视频会议已成为人们主流沟通方式之一。而通信网络是视频会议成功实现的基础，它提供了实时音视频数据传输，同时保证了共享屏幕等功能的实时性，其通信网络的质量直接影响视频会议效果。

（2）物联网：物联网与通信网络的关系密不可分，它们是互相依存的。基于通信网络，物联网才可以实现不同设备间的互联和数据交换，同时，用户也可以通过通信网络对物联网中的各类智能设备进行控制，例如，用户可以通过 App 实现对家中空调、电视等智能家电的控制。物联网的发展也对通信网络提出了更高的要求，随着物联网中接入设备的增多，通信网络需要不断地改进带宽、延时等指标来满足不同设备的数据传输。

（3）远程医疗：通信网络在医疗领域的应用同样非常重要。医生可以通过视频通话、在线接诊的方式，为异地患者提供实时的医疗问诊。这种方法不仅可以有效节约患者的时间，还可以缓解医疗资源紧张的问题。

（4）电子商务：通信网络是电子商务发展的基础。通过通信网络，消费者可以足不出户地选择自己心仪的商品，商家不租赁门市也可以出售自己的商品，消费者和商家都可以从中获益。随着通信网络的不断升级和改进，电子商务也将得到更加广泛和深入的应用。

9.3.3 通信网络与元宇宙

通信网络是元宇宙必不可少的基础设施。依靠通信网络，用户在元宇宙社区中才可以进行交流与协作，同时，元宇宙与物理世界也需要借助通信网络进行信息的交换。例如，物联网收集的真实世界数据只有基于通信网络才可以反馈给元宇宙。通信网络在元宇宙的应用主要可以体现在以下几个方面。

（1）元宇宙中的用户交流：作为元宇宙社区中用户之间交流的基础，通信网络扮演着至关重要的角色。首先，它为用户提供了实时的语音和视频交流方式，能够帮助他们更好地合作和沟通。这种实时交流方式可以加强用户之间的联系，促进信息共享和资源分配。其次，通信网络还可以让用户在元宇宙中分享信息和资源。通过元宇宙构建的虚拟社区，用户可以更全面地与其他人交流和分享，使得跨越空间的交流变得更加顺畅和便捷。因此，通信网络作为元宇宙社区的纽带，是实现用户之间良好互动的关键。

（2）元宇宙中的数据传输：在元宇宙的构建过程中，存在着大量的数据传输过程。例如，用户需要上传自己个人信息、虚拟身份等数据到元宇宙，元宇宙需要从大量部署在物理世界的设备上收集天气信息、用户个人数据、硬件设备信息等。这些数据传输过程都离不开通信网络。通信网络在元宇宙的数据传输任务中是最关键的一环，只有高效稳定的通信网络才可以保证元宇宙的正常运行。

综上所述，元宇宙已成为当下科技领域的热门话题。而要实现元宇宙的构建，必须依赖于高度互联的基础设施。其中云边计算、物联网和通信网络三者的协同作用尤为重要。首先，云边计算技术是构建元宇宙的基石之一。在元宇宙中，应用程序需要对大量的数据进行存储、处理和分析，而云边计算可以提供相应的技术支撑。通过云边计算，元宇宙中的各种应用程序可以快速地获取和处理数据，从而实现高效的资源共享与信息处理，为元宇宙的发展提供了坚实的支撑。其次，物联网的出现更是为元宇宙的构建带来了全新的可能性。物联网通过遍布各地的传感器对物理世界的数据进行采集，然后输入到元宇宙中以建立真实世界的镜像。同时，云边计算技术可以对传感器产生的海量数据进行存储、分析与决策，可以实现对元宇宙中各种设备和传感器的实时监控和控制，为元宇宙的发展注入新的动力，也让元宇宙更加接近真实世界。最后，通信网络是构建元宇宙的另一个核心组成部分。它将连接所有的网络设备和用户，直接决定了用户在元宇宙中的体验是否流畅。只有通信网络为用户提供高速、可靠、低延迟的数据传输服务，才能让用户体验到身临其境的感觉。因此，通信网络的发展和应用也至关重要。综上所述，云边计算、物联网和通信网络的发展和应用，将为构建元宇宙提供坚实的基础设施，并推动元宇宙的快速发展。

除了上述技术，其他因素也会影响元宇宙的发展，例如，人工智能技术也是影响元宇宙发展的另一个重要因素。在元宇宙的构建过程中离不开智能代理，而现代人工智能技术，可以让智能代理更接近真实人类。例如，OpenAI 推出的 ChatGPT 等技术不仅使得智能代理可以模仿真正的人类与用户进行对话，而且还能够更加高效地处理用户输入并提供反馈，从而提供更加贴近真实人类的人机交互体验。此外，人工智能技术还可以帮助分析元宇宙产生的海量数据，并从中提取有用信息，这些信息可以用于改进应用程序的性能和优化用户体验，例如情感分析、三维重建等。通过利用人工智能技术，元宇宙将能够更好地解决复杂问题和挑战，并为用户和企业带来更大的价值。

本章参考文献

[1] 王文喜，周芳，万月亮，等. 元宇宙技术综述[J]. 工程科学学报，2022，44(4):744-756.

[2] 方凌智，沈煌南. 技术和文明的变迁——元宇宙的概念研究[J]. 产业经济评论，2022, 48(1):5-19.

[3] 罗军舟，金嘉晖，宋爱波，等. 云计算：体系架构与关键技术[J]. 通信学报，2011, 32(7):3-21.

[4]   施巍松，张星洲，王一帆，等. 边缘计算：现状与展望[J]. 计算机研
      究与发展，2019, 56(1):69-89.

[5]   孙其博，刘杰，黎羴，等. 物联网：概念、架构与关键技术研究综述
      [J]. 北京邮电大学学报，2010, 33(3):1-9.

[6]   李建中，高宏. 无线传感器网络的研究进展[J]. 计算机研究与发展，
      2008, 45(1):15.

操作系统

经济系统

开发引擎

计算机世界以及我们日常使用的互联网，是一个需要借助设备访问的二维虚拟世界。回首计算机的发展历程，我们会发现，这其实是一个不断进化的过程。在图形用户界面出现之前，计算机仅靠文本命令运行。而现在，元宇宙承诺为大众提供比以前想象的画面更吸引人、更沉浸式的三维体验。这说明互联网正在向一个更直观、更身临其境的环境发展。

毋庸置疑，元宇宙将会是跨平台的。这意味着，要充分体验它，我们需要一个能够处理二维和三维环境的平台。但是，我们查看现有流行的操作系统列表就会发现，目前没有一个系统适合用来编写虚拟世界或元宇宙代码。这是一个麻烦的事情。这意味着元宇宙的发展完全依赖于 Windows、macOS、Android 和 Linux 等，这些平台都不是为了实现真正意义的去中心化而开发的，因此，我们需要考虑编写一个专门用于开发元宇宙的平台。

10.1 操作系统

操作系统（Operating System）诞生于 20 世纪 70 年代，操作系统的发展和广泛应用，是计算机软件领域近几十年来的重大进展之一。虽然我们并没有一个对操作系统的完整定义，但大家普遍认为：操作系统是用来管理硬件资源、控制程序运行、提供交互界面、提供多种服务的集合，操作系统位于应用软件和硬件之间，可以合理组织计算机工作流程，是一种为用户有效使用计算机提供良好运行环境的一种系统软件，如图 10-1 所示。

操作系统是计算机系统中最基本的软件之一，它负责管理计算机硬件资源和提供各种服务，是计算机系统中必不可少的核心部分。操作系统的主要功能包括：CPU 管理、文件管理、进程管理、存储管理、设备管理等。随着计算机技术的不断发展，操作系统也在不断地发展和完善，从最初的批处理操作系统到现在的分时操作系统、实时操作系统和分布式操作系统等。目前，世界上流行的主流操作系统包括：微软公司的 Windows、苹果公司的 macOS、开源的 Linux 等。在移动互联网时代，出现了谷歌公司的Android、苹果公司的 iOS、华为公司的鸿蒙等移动操作系统。作为现代计算机系统不可或缺的重要组成部分，操作系统为人们建立各种各样的应用程序奠定了开发和运行基础。简而言之，开发操作系统的主要目标可归结为三个提高：提高计算机资源利用率、提高计算机工作效率、提高计算机工作可靠性和安全性。

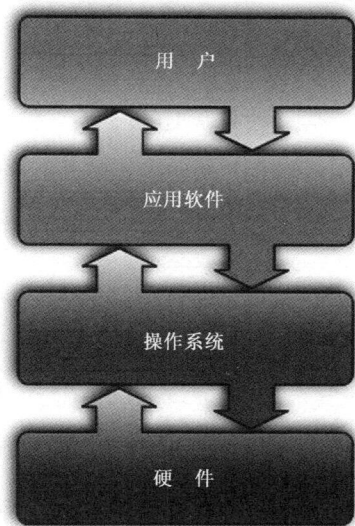

图 10-1　操作系统在计算机中的位置

为了更好地理解操作系统，我们从以下特点来了解其为我们使用计算机带来的便利。

（1）便于用户使用计算机：操作系统提供用户与计算机之间的接口，使得用户不必关心计算机硬件的底层实现，就可以达到控制计算机的目的。

（2）扩展硬件机器功能：通过管理组织硬件设施和提供新的服务来扩展机器功能。

（3）管理系统和硬件资源：操作系统整合和管理了计算机的所有资源，从而实现了对底层硬件资源的充分使用。

（4）提高效率：操作系统可以合理组织好计算机的工作流程，从而提高工作效率和运行性能。

（5）开源环境：遵循国际标准，构建一个开放、开源的软件环境。

10.1.1　客户端

元宇宙的客户端是指用于连接和访问元宇宙的应用程序。元宇宙是一个虚拟的、基于网络的环境，需要通过特定的客户端应用程序来访问。这些客户端应用程序通常提供一个三维虚拟环境，允许用户创建自己的虚拟化身，与其他用户交互、探索虚拟环境，甚至可以进行商业交易或者进行其他虚拟活动。

目前，元宇宙的客户端应用程序还在不断发展和创新，未来可能会提供更加复杂和高级的功能，如增强现实应用、虚拟现实应用等，为用户带来更加逼真的虚拟体验。以下是三个已经在全世界范围内广泛应用的元宇宙客户端。

（1）Horizon Worlds：2021 年 12 月，Meta 公司（原 Facebook）正式发布了其自主研发的元宇宙平台 Horizon Worlds。在 Horizon Worlds 中，玩家可以自由地进行社交和游戏。在这个虚拟的世界当中，玩家使用 Oculus 虚拟现实头盔进入世界并创建游戏角色，在 Horizon Worlds 任情遨游、交流，感受 Meta 打造的元宇宙世界，如图 10-2 所示。

图 10-2　Oculus 虚拟现实头盔

（2）The Sandbox：这是一个去中心化的、社区驱动的游戏，玩家可以在游戏里面共享独特的体素资产，不仅可以获得良好的游戏体验，同时还可以从游戏中获取收益。通过使用 The Sandbox 提供的软件，如 VoxEdit

和 GameMaker，各类用户不仅可以获取资产，更能够很好地享受其带来的真实体验，包括游戏、艺术展览等各种活动。通过与其他用户的交流分享，用户还可以通过该平台获得现实收入。

（3）NFT Worlds：同样是一个完全去中心化、可定制、社区驱动的大型多人（Massive Multiplayer Online）的元宇宙游戏平台。它基于游戏《我的世界》开发，由上万个独特的三维像素世界组成，这些像素世界全部通过程序生成，具有不同属性。在 NFT Worlds 中，每个 NFT 世界都是一个完全独立的三维像素世界，它们的视觉外观和游戏中的体验是通过区块链相连接的。此外，NFT Worlds 还使用了区块链基础设施，可以建设激励游戏玩家的收益机制，这意味着玩家能够以 NFT 的形式保持对游戏内数字资产的所有权，并通过赚取加密货币来获得游戏奖励。

中国公司也开发了类似的元宇宙客户端。随着元宇宙概念的提出，中国的 AI 巨头百度公司同样布局了元宇宙客户端。在 2021 年的 AI 开发者大会上，百度正式推出了自主研发的元宇宙客户端——"希壤"，这是一款提供完全虚拟世界的游戏，为玩家提供了高度自由的操作维度。"希壤"的城市设计融入了大量的中国元素，包括将山水园林、文化故事、悠久历史等都融入到了虚拟世界的搭建和用户的互动体验当中。在这里，用户不仅可以遇到各种超级英雄，还可以游览少林寺、三星堆等历史遗迹，如图 10-3 所示。

图 10-3　"希壤"虚拟世界中的少林寺

"希壤"主要针对视觉、听觉、用户交互三个方向追求技术上的创新和突破。每一个用户在注册之后，都可以新建一个独特的虚拟形象，在桌面端或手机端登录"希壤"世界后，可以进行旅游、逛街、与其他用户交流等多种高自由度活动。除此之外，"希壤"为用户提供了多种虚拟现实场景解决方案，包括 VR 教育、VR 高校实验室、VR 云展会、VR 电商、VR 广告等。在硬件支持上，"希壤"提供了多种技术方案和产品，包括三维秀 FC-30，如图 10-4 所示，适合拍摄尺寸在 12cm×12cm×15cm 内的小型物品，如钥匙、小型手办等；三维成像智能摄录系统 VRMAKER-40，如图 10-5 所示，适合拍摄尺寸在 25cm×25cm×25cm 内的中小型物品，如珠宝首饰、手表配饰等。

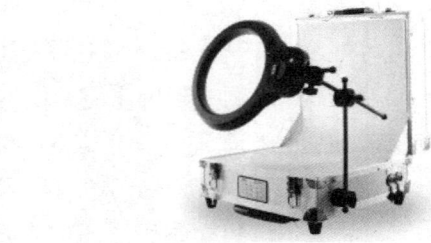

图 10-4　三维秀 FC-30　　　　图 10-5　三维成像智能摄录系统 VRMAKER-40

国内交友软件 Soul 也尝试通过元宇宙来丰富未来的社交形式，其上线的"脸基尼"视频匹配功能，可以让使用者定制自己的脸基尼形象，之后便可以在遮挡脸的情况下出镜，与交友匹配者交流。这一功能为用户在虚拟的世界中交友聊天的同时提供类似现实世界的感受，同时也为部分腼腆害羞的用户降低了交友门槛，扩大了软件的用户范围。

10.1.2　服务器

仅从基础功能上而言，服务器和我们的个人计算机几乎一模一样。服务器可以理解成一个超级计算机，其与个人计算机的区别在于：服务器对稳定性、安全性、数据处理能力有更高的要求。举例来说明，我们几乎每天都会浏览各种网站，那你是否有过这样的疑问：为什么网站可以全天 24 小时被我们访问呢？原因其实很简单。因为支持网站运行的服务器 24 小时都不会关机，服务器不仅要长时间地稳定运行，并且要可以承受大量用户的同时访问。对于个人计算机而言，24 小时不停歇运行很容易造成硬件损坏，所以个人计算机无法代替服务器的功能。而服务器可以满足长时间稳定工作的要求，是因为其在硬件方面有着非常高的标准。放置服务器的机房如图 10-6 所示。

图 10-6　某放置服务器的机房

元宇宙的服务器是指支持和驱动元宇宙运行的计算机服务器设备。元宇宙是一个需要多个服务器协同工作的分布式系统，以提供虚拟环境、存储虚拟资产、交易处理等服务。根据不同的功能和服务，元宇宙的服务器通常包括以下类型。

（1）区块链节点服务器：用于处理数字资产交易、安全验证和记录数据等，是元宇宙的核心服务器之一。区块链节点服务器是指运行在区块链网络中的计算机，它们通过连接到网络并运行特定的软件来成为区块链的一部分。节点服务器的作用是验证和转发交易与区块，并维护整个区块链网络的安全性和稳定性。节点服务器可以分为全节点和轻节点两种类型。全节点服务器在区块链网络中完全复制整个区块链的节点，它们会下载和保存所有的区块和交易信息。轻节点服务器则只存储部分区块链信息，它们可以通过其他节点来获取所需的数据。在搭建节点服务器时，需要选择适合的硬件和软件，并设置好节点的配置信息。常用的区块链节点软件包括比特币的 Bitcoin Core、以太坊的 Geth 和 Parity 等。在设置节点服务器时，需要配置一些重要参数，例如节点的 IP 地址、端口号、最大连接数等。

（2）存储服务器：用于存储虚拟资产和数据，包括用户账户信息、虚拟地产、数字艺术品等。存储服务器是一种用于存储大量数据的计算机服务器，它可以支持来自不同标准计算机系统的客户端，并提供有效的数据存储、处理和管理的功能。它的主要功能是提供强大的文件共享和存储能力，可以存放各种格式的文本、图片、视频、文件夹和其他各类数据文件。

存储服务器以其可靠性和安全性而闻名，因为它们提供完善的安全机制，包括用户身份验证和安全传输等。存储服务器使用了高容量的存储解决方案，例如，独立磁盘冗余阵列（RAID）技术、磁带库、智能网络存储解决方案或是一体化的存储服务。它们提供了计算量有限但廉价的存储能力，减少了持续运行的中断，并提供了高性能的负载均衡方案。存储服务器用低廉的成本为客户端提供强大的性能，所以说，存储服务器比自有计算机系统更为经济有效。

（3）游戏服务器：用于支持游戏机制、运行游戏程序和处理游戏交互。游戏服务器和我们通常接触的其他服务器的区别在于：一是它们处理的流量类型。当玩家与游戏进行实时交互时，游戏服务器会处理实时流量，这需要服务器具有高性能和低延迟。因为，服务器的任何响应延迟都会影响游戏体验，而网站服务器主要处理静态流量，因为用户通常请求不经常更改的静态网页。二是服务器处理的工作负载类型。游戏服务器必须处理和存储大量数据，因为它必须跟踪游戏状态、玩家操作和其他与游戏相关的信息，而网站服务器主要提供 HTML、CSS 和 JavaScript 文件等静态内容，也可能运行服务器端脚本以生成动态内容。一般来说，游戏服务器比网站服务器更复杂，资源更密集，因为它们必须处理实时流量和处理大量数据，而网站服务器更简单，需要的资源更少，因为它们主要提供静态内容。

（4）网络服务器：用于处理元宇宙中的数据通信、数据传输和网络连接。网络服务器主要负责处理用户发出的请求，将请求转发到其他服务器，从而实现信息在网络中的传输。在网络中，网络服务器担任着重要的中介角色，它处理着用户发送的信息、连接请求，以及传送过程中的文件。此外，它还承担着网络信息服务的三大职能：提供资源、管理网络信息，以及向客户端提供服务。

（5）虚拟环境服务器：用于运行虚拟环境和处理虚拟环境中的交互和动作，提供用户访问元宇宙的接口。

这些服务器设备需要提供高度可靠的性能和安全保障，确保元宇宙中的数字资产和数据得到安全存储和处理，提供流畅的虚拟环境和交互体验，同时，服务器还需要支持高并发访问和扩展性，以满足元宇宙用户数量的增长需求。

10.1.3 区块链

区块链是什么？根据百度百科的定义："区块链，就是一个又一个区块组成的链条。每一个区块中保存了一定的信息，并按照各自产生的时间顺序连接成链条。这个链条被保存在所有的服务器中，只要整个系统中有一台服务器可以工作，整条区块链就是安全的。这些服务器在区块链系统中被称为节点，它们为整个区块链系统提供存储空间和算力支持。如果要修改区块链中的信息，必须征得半数以上节点的同意，并修改所有节点中的信息。而这些节点通常掌握在不同的主体手中，因此，篡改区块链中的信息是一件极其困难的事。相比于传统的网络，区块链具有两大核心特点：一是数据难以篡改，二是去中心化。基于这两个特点，区块链所记录的信息更加真实可靠，可以帮助解决人们互不信任的问题。"可能这样描述过于笼统。接下来，我们通过一个小例子来简单描述一下：当我们在互联网上要购买一件物品时，在不考虑烦琐的退货、换货流程的情况下，用户可能要经历以下过程。

第一步，用户下单并把钱打给支付宝（或者微信）；

第二步，卖家通过支付宝获取了用户付款的记录，并进行发货；

第三步，收到商品之后，用户可以在淘宝（支付宝）上选择确认收货，推进交易流程；

第四步，当支付宝感知到用户确认收货，也会通知商家交易结束。

尽管用户正在与卖家交易，但所有关键的流程都是与支付宝进行交互。这种做法的好处在于，如果在交易过程中出现任何问题，卖家和买家都可以通过支付宝来解决，支付宝充当了具有裁决能力的第三方角色。这便是根据中心化思维构建的最基础的交易模型。它的价值在于建立权威（支付宝）。通过权威的认证来获得多方的信任，同时依赖权威的资本能力和技术支持来确保数据（金钱）的安全性和交易的可靠性。但是，一旦支付宝出现严重问题，用户的交易也将受到极大的影响。这就是中心化最大的弊端——过分依赖中心和权威，也就意味着失去了自己在整个交易过程当中的话语权。因此，我们需要讨论去中心化的可能性，这也就是区块链技术提出的背景。接下来，我们需要了解构建区块链需要的技术支持。

1. 区块链是一个分布式数据库（系统）

与传统的中心化数据库不同，区块链是分布式的，这意味着它的数据存储在多个节点上，而不是集中在一个节点上，这些节点通过一系列共识机制来达成共识。分布式的数据库虽然带来了很多优点，但是需要复杂的算法确保数据的一致性和完整性。由于数据存储在多个节点上，并且这些节点都可以参与到读写和更新的过程中，因此区块链技术本身具有高度的安全性和去中心化特性，但它并不是放置在绝对安全的环境中的。事实上，大多数区块链都是在互联网上运行的，这使得它们同样需要采取安全措施来保护其节点和数据免受恶意攻击。

2. 区块链采用密码学的方法来保证已有数据不可能被篡改

每个区块都包含一个哈希值，这个哈希值是由区块中的所有数据使用密码学哈希函数计算得出的。如果任何一个区块中的数据能轻易被篡改，那它的哈希值也会改变，这将导致它与链中后续的区块不匹配，使整个链条的完整性受到破坏。此外，区块链中的每个区块都使用数字签名来证明其来源和完整性。数字签名是使用公钥加密技术生成的，只有私钥持有者才能生成数字签名，从而实现了区块的身份验证，保证了区块完整性。综上所述，区块链采用密码学方法来保证已有数据不可能被篡改，这也是区块链技术具有高度安全性的原因之一。

3. 区块链采用共识算法来达成新增数据共识

在区块链中，共识算法的目的是确保每个参与方都同意将新交易添加到区块链的下一个区块中。由于区块链是去中心化的，没有一个中央机构来验证和确认交易，因此，需要共识算法来确保每个节点都同意添加新的交易。区块链上最常见的共识算法是工作量证明（Proof of Work）算法和权益证明（Proof of Stake）算法。工作量证明算法要求节点通过解决数学难题来证明他们的工作量，并且获得新的区块奖励。而权益证明算法则要求节点持有一定数量的加密货币，作为参与共识的抵押品，以确保他们会遵守规则和保持诚实。共识算法的目的是确保区块链上的数据不可篡改性和安全性。只有在达成共识的情况下，新的数据才能被添加到区块链中，这使得区块链的数据变得极其安全，并且可以信任。

经济系统

元宇宙是数字经济发展到一定阶段的必然产物。在数字经济的背景下，尤其是数据流量的视角下，有必要深入讨论元宇宙的发展逻辑，以帮助市场明晰元宇宙发展思路，并在此基础上探讨元宇宙制度设计中的规制问题，以促进元宇宙的健康发展。

10.2.1 流量分发

元宇宙是基于数据而构建的数字经济新场景，只有围绕数据的生产、分配和价值利用，其价值才能得以实现。可见，数据作为元宇宙中基础性且占主导地位的生产要素，在元宇宙经济活动中产生根本性影响。

元宇宙的流量分发是指在元宇宙中，如何将内容分发给用户，以及如何吸引用户访问和使用内容。元宇宙的兴起为品牌提供了一个发掘新用户、探索潜在收入的机会。在元宇宙中，内容制作和分发是非常重要的一环，主要表现在两个突出的方面。

1. 元宇宙场景下巨大流量的获取

移动终端吸引了大量的注意力和流量。iPhone 手机作为具有全球竞争力的移动终端产品，是这个时代的流量入口，这也能解释苹果公司一度成为全球市值最高的公司。全球最大的社交平台"脸书"的总收入中 95%以上来自广告，稳定的用户群体和流量使其获得巨大的商业成功。但是，随着互联网的不断发展，其弊端逐渐显现。这主要体现在，垄断问题妨碍了市场公平竞争、损害了消费者利益等，这些问题不利于数字经济的健康发展。

元宇宙的创新性在于，其在维持时间维度的基础上，更扩充了空间维度。用户被赋予全新价值和体验。元宇宙创造了一种沉浸式、交互式、更多感官参与的全新体验，并以生成的新的内容形态打造更高维度的竞争力。

依托元宇宙，各互联网公司都在探索新的场景和商业模式，以期在新的数据流量竞争中占据优势地位。国内的三大通信运营商——中国联通、中国移动、中国电信也先后在元宇宙的棋盘上不断进行布局。运营商不仅为底层通信提供技术支持，还是连接前沿技术和广大消费者之间最重要的一环。一些专业机构提出：互联网公司将元宇宙视为未来更大的流量入口，通过对已有应用程序和社交模式的改进创造新的增量市场。预计在早期的布局阶段，互联网公司会创造出适合元宇宙的场景应用，如游戏、社交、会议、教育等，以实现提升用户体验的方式将已有用户吸引至新平台上。可以预见的是，在互联网上广泛使用的盈利模式会被照搬到元宇宙版本上，包括广告收入、直播平台打赏、知识付费等。数字资产、交易服务费、游戏、虚拟经济的手续费抽成、虚拟地产等将成为互联网公司布局元宇宙的增量市场。

2. 元宇宙去中心化模式下数据流通的加强

数据的流通反映了市场供需信号的传递，是数据价值实现和数字经济发展的内在要求。传统的互联网经济从生产资料的占有到生产力的构建，都是中心化的。依赖于区块链技术，用户在元宇宙中的数据是去中心化的，也就是说，用户所获得的虚拟资产将不会仅能应用于一个机构，而是可以根据需要随意进行交易、流通或其他处置，不会受到所谓中心化机构的制约。

元宇宙的流量分发主要有以下几种方式。

（1）社交媒体：通过社交媒体平台，如微信、微博、抖音等，将元宇宙中的内容分享给用户，吸引更多用户访问和使用。

（2）游戏平台：通过游戏平台，如 Steam、Epic Games 等，将元宇宙中的游戏推广给玩家，吸引更多玩家访问和使用。

（3）数字货币：在元宇宙中，数字货币是非常重要的一部分。通过数字货币的交易和使用，元宇宙可以吸引更多用户访问和使用。

（4）其他平台：除了上述几种方式外，还有其他一些平台可以用于元宇宙的流量分发，如虚拟现实设备、智能手机等。

总之，在元宇宙中，流量分发是非常重要的一个环节。通过合理的流量分发策略，可以吸引更多的用户访问和使用，并为品牌带来更多的收益。

10.2.2　支付结算

经济之于元宇宙,就如同心脏和血液之于人体,推动元宇宙向着健康、繁荣发展。在元宇宙中,支付结算是非常重要的一环。相较于传统移动支付和现金支付,元宇宙中的支付手段是更先进的,因为元宇宙中的经济活动仅存在于虚拟环境的商品中,这些商品通过纯粹的数字交易购买。目前,加密货币是元宇宙中最常用的支付手段之一。加密货币是一种数字货币,使用加密技术来保护交易和控制货币的发行。

通过去中心化的结构,元宇宙的金融网络将会以基础支付作为起点,逐渐发展到借贷、交易等各细分金融活动领域,并进一步向资产确权、社会组织等维度拓展。就目前而言,元宇宙金融发展迅猛,虽然与传统金融相比,其规模和体系相对较小,未来前景也有一定的不确定性。

在不使用现金的情况下,我们的交易需要一个很长的处理流程,包含支付发起、核心支付和增值业务。银行是其中最核心的参与者,因为银行不仅是商户收单的终点,也是使用银行卡支付的起点。一个完整的支付链包括了用户、账户、中断、网络、结算等多个程序。我们通过一段交易流程来更详细了解一下支付过程。在一个金额为 100 元人民币的支付过程中,可能需要 2% 的支付手续费用,其中包括发卡行 1.5%、卡组织 0.15%、收单银行 0.35%,最终商家只能获得 98 元。

在移动支付环节中,当用户支付时,我们要使用电子支付平台作为中转,从而实现支付的完成。移动网络的发展,又使得支付手段越来越丰富。数字钱包替代了真实的卡片,类似于虚拟信用卡,人们可以通过二维码、NFC(近场通信)等形式,进行直接支付或者点对点的转账。现在,生活中已经极少使用现金,地铁、商场、饭店,甚至是街边小摊,基本都已经实现了无现金化,这在几年前是不可想象的。

元宇宙支付是通过区块链技术来实现的,我们将元宇宙中用于支付结算的货币称为虚拟货币或者加密货币,如比特币和以太币。这种货币可以跳过银行或者支付宝等中间机构,直接进行用户和用户之间的交易。区块链重新定义了支付结算流程,让交易更便捷高效。

10.2.3　共识激励

共识，简而言之，就是不同群体所寻求的共同的认识、价值、想法等，在某一方面达成的一致意见。共识机制则是指达成某种共识以及维护共识的方式。区块链系统采用去中心化的设计，网络节点分散且相互独立，因此由不同节点组成的系统之间必须依赖一个制度来维护系统的数据一致性。同时，区块链会奖励提供区块链服务的节点，并惩罚恶意节点。根据分布式系统的 CAP 理论，一致性（Consistency）、可用性（Availability）和分区容错性（Partition Tolerance）三者之间，我们最多只能同时满足其中两个，因此我们需要结合不同类型区块链的特点，部署不同特点的共识算法。这个机制的建立需要依赖一套方法和规则，即由谁取得一个区块的打包权，如何获取该区块的奖励和怎样界定谁是恶意节点，以及应该受到怎样的惩罚等，这套方法和规则便是共识机制。现在有多种共识算法在区块链中使用，较为常用的有：工作量证明（Proof of Work，PoW）算法、权益证明（Proof of Stake，PoS）算法、股份授权证明（Delegated Proof of Stake，DPoS）算法、实用拜占庭容错（Practical Byzantine Fault Tolerance，PBFT）算法。这里，我们仅对其中的两种进行详细介绍。

工作量证明算法是一种应对拒绝服务攻击和其他服务滥用的经济对策。它要求发起者进行一定量的运算，这也就意味着需要消耗计算机一定的时间。这个概念由辛西娅·德沃克（Cynthia Dwork）和莫尼·瑙尔（Moni Naor）在 1993 年首次提出。而工作量证明（PoW）这个名词，则是在 1999 年由马库斯·雅各布森（Markus Jakobsson）和阿里·朱尔斯（Ari Juels）在文章中正式提出。

通俗来讲，PoW 提供出一份证明，这份证明使得区块链其他节点可以确认发起者的工作量。采用监测工作整个过程来证明工作量的模式效率过于低下，因此，PoW 选择只关注发起者的工作结果。通过结果来表示工作量，是一种更加高效的方式。实际上，不同的 PoW 共识的核心就是不同的哈希算法（或称为散列函数），每一个输入的 n，都会获取一个对应的 $H(n)$。截至目前，已经有很多散列函数被设计出来并得到广泛应用。我们常说的"挖矿"，其实就是产出比特币的途径，参与者通过"挖矿"这一行动，来获取收益，也就是获取对应的奖励——比特币，参与者也被称为"矿工"。

PoW 算法具有许多优点，但这并非代表着它在区块链领域无所不能，其机制存在着明显的弊端。一是算力的不公平问题，"矿场"（算力集群）的计算效益比单个节点大。伴随而来的风险是，随着计算机硬件的不断发展，其运算速度也越来越快，尤其是量子计算机的技术突破，散列函数可能很快就被破解。二是 PoW 算法能源消耗大，比特币网络每秒可完成数百万亿次散列函数计算，但这些计算除了使恶意攻击者不能轻易地破坏比特币网络之外，并没有太多实际价值。

权益证明算法于 2013 年被发明，一开始在 Peercoin 系统（一种流行的电子货币）中被实现。这种算法类似于我们熟悉的股东制度，拥有股份越多的人越容易获取记账权（同时越倾向于维护网络的正常工作）。

10.3 开发引擎

10.3.1 技术引擎

技术引擎是元宇宙的底层技术平台，它包括了多种不同的技术，例如区块链技术、人工智能技术、虚拟现实技术等。技术引擎为元宇宙提供了虚拟经济、智能合约、身份验证等重要功能。

1. 区块链技术

区块链是一组区块，通过哈希算法和密码学知识产生，每个区块会根据产生顺序进行连接，从而形成一个链式结构。区块链是元宇宙的底层架构，没有区块链就没有元宇宙。

2. 交互技术

虚拟现实技术：虚拟现实技术（Virtual Reality，VR）以计算机技术为基础，结合三维图形、多媒体、虚拟仿真、图像显示等多种前沿技术，通过计算机、投影仪等硬件设施产生一个逼真的三维世界，同时可以结合视觉、触觉、嗅觉等多种模态信息，使处于 VR 环境的用户有一种身临其境的感觉。

增强现实技术：增强现实技术（Augmented Reality，AR）通过计算机对人类的视觉、听觉、嗅觉等多种模态信息进行采集，并实时产生输出信息，这些信息通过显示设备等叠加到用户存在的真实世界中，从而增强人们对真实世界的感知。

混合现实技术：混合现实技术（Mixed Reality，MR）是在虚拟现实和增强现实之间存在的一种奇妙的过渡形态。其主要思想就是让计算机生成的虚拟物体与真实场景进行互动，而不是单纯依靠实体来完成交互任务。它通过把现实场景信息导入虚拟环境，架起虚拟世界、现实世界与用户交互反馈的信息桥梁，提高了用户体验的真实感。试着把 VR 技术理解为冰，AR 技术理解为水，MR 则是处于他们之间的冰水混合物。一言概之，MR 就是可交互的 AR。

全息影像技术：全息影像技术，也称为全息成像和幻影成像。其基本成像机制是利用光波干涉法同时记录物体光波的振幅和相位，然后利用衍射原理再现物体的光波信息。由于全息图再现的光波信息保留了原始物体光波的所有振幅和相位信息，因此重建的图像具有很强的三维感，并且具有与原始物体完全相同的三维特性。

脑机接口技术：大家所熟知的人机交互方法往往需要外围肌肉组织的参与。例如，在键盘上打字需要手指，而语音交互也需要口腔肌肉。但是脑机接口技术不依赖于肌肉组织，而是直接从大脑中提取神经信号来控制外部设备。目前的脑机接口技术分为两类：植入式脑机接口技术（如在大脑中植入芯片）、非植入式脑机接口技术（如戴上能接收脑电波的头盔或帽子）。

3. 传感技术

通信技术、计算机技术以及传感技术，是信息产业的三大支柱。近年来，随着互联网的不断发展，物联网概念越发火热，而随着元宇宙的兴起，传感技术也再度被推上热潮。

4. 电子游戏技术

游戏引擎：游戏引擎是一种软件框架，用于构建和开发电子游戏。它为开发者提供了一个完整的游戏开发环境，包括图形渲染、物理模拟、声音管理、动画制作等，后文我们将对游戏引擎进行系统介绍。

三维建模技术：在三维建模过程中，艺术家使用专业的三维建模软件来创建三维模型。这些软件通常具有丰富的工具集，例如，基本几何图形、曲面造型、雕刻、建模等工具，可以帮助艺术家创建几乎任何形状的物体。

实时渲染：实时渲染是一种即时呈现计算机图像的技术，通常用于视频游戏和虚拟现实应用中。与传统的离线渲染技术不同，实时渲染能够实时地展示动态的、交互式的三维图形，如场景、人物和物体等。

5. 人工智能技术

计算机视觉：计算机视觉是指使用计算机对数字图像和视频进行分析、处理和理解的技术。它包括了多个方面，如图像处理、模式识别、目标跟踪、三维重建等。计算机视觉和机器学习、深度学习等技术密切相关。

机器学习：旨在通过使用算法和统计模型来使计算机系统能够从经验数据中学习，并改善其执行特定任务的能力。

自然语言处理：自然语言处理（Natural Language Processing，NLP）是人工智能的一项细分领域，其研究方向是使计算机能够理解、处理和生成人类的语言。自然语言是人类最主要的交流方式之一，NLP 的目标是通过计算机技术，让计算机能够像人类一样理解、分析、处理和生成自然语言。

智能语音：智能语音（Intelligent Voice）是指利用人工智能技术实现语音交互的一种技术。它基于自然语言处理和语音识别技术，能够识别和理解人类语言，并对人类语言进行自然而流畅的回复。

6. 网络及运算技术

5G/6G：分别代表第五代和第六代移动通信技术。5G 是已经研发出来并应用的最新移动通信技术，而 6G 则是正在研究和开发中的下一代移动通信技术。

云计算：云计算（Cloud Computing）是一种基于网络和服务器存储的计算方式，它利用网络连接远程的服务器和资源，为用户提供计算能力、存储空间和应用服务等。

边缘计算：边缘计算（Edge Computing）是一种新型的计算模式，它将计算资源和存储数据尽可能地放置到接近数据产生的地方，从而减少数据传输导致的延迟，降低网络传输带宽压力，其最终目的是保证数据处理和分析的高效性和安全性。

物联网技术：物联网（Internet of Things）是一种互联技术，通过传感器、网络、云计算和人工智能等技术，将各种设备和仪器连接到互联网上，实现设备数据的实时采集和传输，并在云平台上进行数据分析和结果处理等，最终达到万物互联的目的。

10.3.2　设计引擎

设计引擎是用于创建和编辑元宇宙中虚拟场景和角色的工具，它包括多种不同的工具和平台，例如虚拟现实开发工具、建模工具、纹理工具等。现实生活是一个三维的世界，因此，元宇宙在设计的时候也多会使用三维引擎。三维引擎提供了一系列的工具和功能，例如模型导入、动画制作、碰撞检测、光照模拟、材质和纹理模拟等，使得开发人员可以更容易地创建和呈现三维场景。三维（Three-dimensional），是指三维图形。三维显示技术可以在计算机里显示三维图形，即在二维平面里显示三维图形。与真实世界所不同的是，三维显示技术并没有真实的三维空间和距离概念。在计算机中，利用人类的视觉错觉（人眼视觉特性就是近大远小，遵循此特性制作图形就会形成立体感），能让用户在二维平面上产生三维视觉。计算机屏幕是平面和二维的，我们之所以能够在二维平面上产生三维视觉，是因为在计算机屏幕上显示时，颜色灰度级的差异使人眼产生视觉错觉，二维图像被感知为三维图像。根据色度学的知识，三维物体边缘的凸起部分通常显示出高亮度的颜色，而凹陷部分由于被光线阻挡而显示出深色。在这里，我们介绍几种在世界上被广泛应用的设计引擎。

AutoCAD（Auto Computer Aided Design）是 Autodesk 公司于 1982 年首次推出的一种自动计算机辅助设计软件，用于二维绘图和详细绘制、设计文档以及基本三维设计。它现在已经成为国际上广泛流行的绘图工具，其使用的 dwg 文件格式已经成为二维绘图的标准格式。

SOLIDWORKS 具有功能强大、易学易用以及技术创新三大特点。这些特点帮助其成为主流的三维计算机辅助设计解决方案。针对不同的需求场景，SOLIDWORKS 可以提供不同的设计解决方案，同时最大程度减少设计错误，提高产品质量。SOLIDWORKS 不但功能强大，而且学习门槛很低，每个工程师和设计师都可以轻松操作、学习和使用。

3ds Max 是目前全世界销售量最大的三维建模软件，其主要应用于动画设计、三维建模以及渲染。除此之外，它也被广泛应用于视觉效果、角色动画和游戏设计领域。迄今为止，3ds Max 已经获得了 60 多项行业大奖。

Maya 是美国 Alias 公司研发的三维动画软件，主要服务于影视广告、角色动画、电影特技等多个领域。Maya 软件功能完善，操作灵活，便于学习，开发效率高，渲染真实感极强，是用于开发的专业软件，也是三维动画设计师梦寐以求的制作工具。对于设计师来说，灵活掌握 Maya，会大大地提高设计效率和产品品质。

10.3.3　游戏引擎

游戏引擎是用于游戏设计的制作平台或者系统，通过已经编写好的系统，或者一些交互式实时图像应用程序的核心组件来实现快速制作。游戏引擎为游戏设计者提供编写游戏所需的各种工具，快速制作出想要的游戏内容和效果，不用为实现某些效果而浪费大量的时间。

游戏引擎不仅带来了游戏制作速度上的突破，更带来了质量的飞跃。玩家们在从种类繁多的游戏中进行选择的时候，都会倾向于考虑那些画质精美的游戏。因此，对于游戏开发者而言，在进行三维动画游戏开发时，游戏画质的好坏，包括游戏动画的流畅度、游戏动画的质量，都会直接影响到游戏的售卖率。游戏引擎的应用，不仅能提高元宇宙动画流畅度，还能提高元宇宙场景的画面质量。目前，世界上的知名游戏引擎有虚幻引擎、Unity 等。

不管二维游戏还是三维游戏，优秀的游戏引擎可以大大地降低游戏的开发难度，起到良好的应用效果。近几年，游戏引擎已经得到游戏市场的普遍好评和广泛认可。游戏引擎在游戏开发过程中主要有以下重要功能。

（1）光影效果与动画效果：游戏场景中的人物模型，其光影的投射与反射等光学效果都依赖于游戏引擎软件实现。

（2）渲染：模型渲染，是计算机图形领域的一个重要的研究方向。通俗地讲，游戏开发者可以把渲染过程作为绘制过程，通过代码编写将动画、图像等融合到一起并输出到计算机中，从而提高游戏的画面质量。

以下是一些被广泛运用的游戏引擎。

Unity 是由 Unity Technologies 公司开发的一款多平台综合游戏开发工具，可以让用户快速创建三维视频、游戏、实时三维动画等内容，是一个完全集成的专业游戏引擎。据不完全统计，使用 Unity 开发的应用月均下载量高达 30 亿次，并且在 2019 年的下载量已超过 370 亿次。桌面端设备和移动端设备中的游戏，有 50%以上都是使用 Unity 开发的。对于元宇宙应用，开发者可以在 Unity 提供的平台上构建各种 AR 和 VR 互动体验，从而提高元宇宙相关应用的开发效率。

虚幻引擎是由游戏公司 Epic Games 开发的，面向多平台的专业游戏开发引擎，如图 10-7 所示。该引擎提供了游戏开发者需要的大量核心技术，包括数据生成工具和其他操作支持。其代表作，包括许多我们耳熟能详的游戏，如《绝地求生》《和平精英》《堡垒之夜》《战争机器》《质量效应 2》《无主之地》等。虚幻引擎在以下方面有着突出的表现。

（1）64 位色高精度动态渲染管线。Gamma 校正和线性颜色空间渲染器提供了较高的颜色精度。

（2）高级的动态阴影。用动态模板缓冲的阴影体积技术，能够完整支持动态光源，这样就能在场景中所有物体上精确地投射阴影。

（3）材质具有物理特性。所有可渲染的材质都具有物理特性，例如摩擦系数等参数。

（4）骨骼动画系统。每个顶点都可以最多受到 4 个骨骼的影响，同时支持复杂的骨骼结构。

图 10-7　虚幻引擎 Logo

 Cocos 引擎发布于 2010 年，核心产品包括开源引擎框架 Cocos2d-x、编辑器 Cocos Creator、游戏加速框架 Cocos Runtime、智能座舱解决方案 Cocos HMI、互动课件编辑器 Cocos ICE、XR 方向创作工具 Cocos Creator XR 等。Cocos 在游戏领域代表作有《开心消消乐》《欢乐斗地主》《梦幻西游》《智龙迷城》等多款游戏。针对元宇宙应用开发，Cocos 引擎做了大量准备工作。元宇宙作为一个融合 XR（扩展现实）、数字孪生、物联网、云计算等技术的概念，Cocos 已经拥有相关开发引擎的技术储备。Cocos 的目的是降低元宇宙应用门槛，使更多个人开发者或公司可以入局元宇宙市场。Cocos 引擎支持以源码的方式开发 XR 项目，未来还将帮助开发者快速完成从 3D 版本向 VR 版本的转化。比如在虚拟展会的场景下，Cocos 已经运用于 China Joy Plus 等多个线上展会。在虚拟数字人场景，Cocos 已经实现创造虚拟人所需的建模、口型算法、动作捕捉、渲染、AI 接入五项关键技术，帮助开发者创造逼真的三维形象。

本章参考文献

[1] 叶晓霞，陈桂鸿. 计算机操作系统中的问题与趋势展望[J]. 电子技术，2023, 52(2):40-42.

[2] 沈金萍，杨宇卓. 元宇宙在艺术和教育领域中的应用——以百度"希壤"元宇宙平台为例[J]. 传媒，2022(14):23-24.

[3] 梁俊斌，田凤森，蒋婵，等. 物联网中多设备多服务器的移动边缘计算任务卸载技术综述[J]. 计算机科学，2021, 48(1):16-25.

[4] Huang H, Kong W, Zhou S, et al. A Survey of State-of-the-Art on Blockchains: Theories, Modelings, and Tools[J]. ACM Computing Surveys, 2021, 54(2):44.

[5] 姚忠将，葛敬国. 关于区块链原理及应用的综述[J]. 科研信息化技术与应用，2017, 8(2):3-17.

[6] 刘征驰，周莎，李三希. 流量分发视阈下的社交媒体平台竞争——从"去中心化社交"到"中心化媒体"[J]. 北京：中国工业经济，2022(10):99-117.

[7] 张量，金益，刘媛霞，等. 虚拟现实（VR）技术与发展研究综述[J]. 北京：信息与电脑（理论版），2019, 31(17):126-128.

[8] 胡静，胡欣宇. 基于 Unity3D 引擎的游戏设计与开发[J]. 电子元器件与信息技术，2021, 5(2):138-140, 154.

第 **11** 章

元宇宙的应用及服务

元宇宙+游戏

元宇宙+购物

元宇宙+教育

元宇宙+医疗

元宇宙+营销

元宇宙+旅游

元宇宙+建筑

元宇宙+智能制造

元宇宙是一个基于虚拟现实技术构建的虚拟世界，其中包含了丰富多彩的应用。例如，在元宇宙中搭建的虚拟商城，用户可以在其中购买虚拟商品或享受服务，从而实现虚拟经济的发展。此外，元宇宙还可以提供各种娱乐服务，例如虚拟旅游、虚拟游戏、虚拟音乐会等，用户可以在虚拟世界中得到高质量的娱乐体验。本章将从游戏、购物、教育、医疗、营销、旅游、建筑、智能制造八个方面对元宇宙的应用及服务进行详细介绍。

11.1　元宇宙+游戏

每当我们谈起元宇宙的应用，游戏是最受关注的内容，也是现有商业模式下，最容易展现元宇宙成果的部分。在《头号玩家》《黑客帝国》《失控玩家》等影视作品的影响下，大众对于元宇宙世界游戏的期望也在不断提升，并基于这些作品对元宇宙世界进行想象与憧憬。

现如今，中国对元宇宙进行了各种政策上的支持。以上海市为例，上海市在《培育"元宇宙"新赛道行动方案（2022—2025 年）》中提出：要包容审慎、防范风险。把握元宇宙在发展中规范、在规范中发展的治理要求，营造包容开放环境，建立相关规则体系，防范安全风险和行业乱象。要对元宇宙的发展提供政策支持，并指出要支持元宇宙游戏的发展，我们应当支持并鼓励运用云渲染、人工智能、大语言模型等技术，研发制作可编程、可再开发的元宇宙游戏产品。同时，我们应该专注于培育那些具备国际竞争力、品牌号召力强的元宇宙游戏。

游戏是元宇宙的一个组成部分，也是元宇宙的热点部分。这些游戏可以是多人在线角色扮演游戏、竞技游戏、模拟游戏等。用户可以在元宇宙游戏中建立目标和发布任务，让用户在虚拟环境中产生更加真实的感觉。

例如,《我的世界》是一款流行的游戏,玩家可以在其中建造、探索和生存,这些都是元宇宙游戏中常见的活动。

如今,众多国外的元宇宙游戏蓬勃发展,其中涌现了许多优秀作品,例如 Roblox。Roblox 是目前世界最大的多人在线创作游戏平台。到 2022 年为止,全球有不少于 5600 万的开发者使用 Roblox 创建了包括 AR、VR 等形式的数字内容,吸引的月活跃玩家数量已经超过 2 亿。Roblox 是由 Roblox 公司开发的一个在线游戏平台和游戏创建系统,允许用户对游戏进行编程,同时也可以试玩其他用户创建的游戏。这些游戏均使用编程语言 Lua 编码。Roblox 允许玩家制作游戏关卡,例如闯关、解密、第一人称射击、赛车等。比起《我的世界》,Roblox 中的游戏拥有更多自由度和创意空间。

在 2017 年 Roblox 开发者大会期间,官方表示,截至 2017 年,游戏平台上的创作者约有 170 万,而 2017 年的总收入至少为 3000 万美元。iOS 版的 Roblox 在 2019 年 11 月实现了 10 亿美元的收入,2020 年 6 月收入达到 15 亿美元,2020 年 10 月收入达到 20 亿美元,这使其成为收入第二高的 iOS 应用。Roblox 上的几款个人游戏累计收入超过 1000 万美元,而平台上的开发者 2020 年的总收入预计为 2.5 亿美元。它以 22.9 亿美元的收入成为 2020 年收入第三高的游戏,仅次于腾讯游戏《和平精英》和《王者荣耀》。2021 年 11 月 9 日,其公司股价上涨接近 33%,在 2021 年的第三季度,玩家的总游戏时长就超过了 112 亿小时,如今仍在迅速发展。Roblox 游戏海报如图 11-1 所示。

图 11-1　Roblox 游戏海报

元宇宙和游戏之间联系紧密。元宇宙提供了更加开放、自由的环境,使用户可以更好地融入其中。游戏可以在元宇宙中实现更加丰富的功能和交互,使用户可以更好地享受游戏。例如,用户在元宇宙中玩游戏可以得到更多的虚拟奖励，激发了用户的兴趣和动力。元宇宙与游戏结合的另一个优点是，可以创造出更加丰富的社交体验。在传统游戏中，玩家通常是一个人或者和几个朋友玩，而在元宇宙中，玩家可以与全球数百万的玩家一起玩游戏。这种社交性不仅可以带来更多的乐趣，也可以让玩家结识新朋友。用户可以在元宇宙中与其他用户进行沟通和交流，分享自己的游戏经验和观点。游戏的社交元素可以更好地融入元宇宙的社交网络中，使得用户可以更加自由地表达自己的想法和情感。元宇宙中的社交游戏可以提供更加真实的社交体验，使用户可以更加自然地结交新朋友。在元宇宙游戏中，玩家可以在游戏中购买虚拟物品，并将其出售给其他玩家。这种交易形式可以使玩家在游戏中赚取真实货币，因此，有些人将其视为一种工作或副业。

基于元宇宙开发的游戏，会给用户带来强烈的真实感与临场感，从而更容易提升玩家的游戏体验，方便玩家接受游戏形式与内容。同时，对游戏公司来说，这也方便其对以往游戏进行迭代，开发不同版本，从而达到不停活化 IP、保持热度的作用。元宇宙与游戏的结合，方便游戏公司在游戏中引入经济模型，而经济模型的好坏直接影响用户的黏性与游戏的寿命。对于传统游戏来说，游戏中的经济数据只能在该游戏中流通，但元宇宙却可做到将游戏经济系统与元宇宙经济系统绑定。当一个游戏的数据与整个元宇宙中的其他应用联动时，可以明显延长产品周期，创造更多价值。例如，在 A 游戏中，游玩的用户获得某个虚拟货币或稀有物品，将其放在市场上进行交易，可以将其转换为 B 应用的一种付费服务，这就完成了一次价值的转移，而且这个过程是具有真实感的操作，不再只是操作一串冰冷的数字。

然而，元宇宙和游戏的结合也存在着一些缺点。首先，元宇宙建设需要庞大的技术基础和高昂的成本支持。建立一个完整的元宇宙需要大量的技术和资源投入，因此，对于一些小型的游戏公司或团队来说，承担前期投入成本的难度很大。其次，元宇宙中的虚拟环境可能会导致用户过度沉迷其中，影响其现实生活。因此，需要制定一些合理的管理和监管政策来保证用户的身心健康。

尽管如此，元宇宙仍然是游戏产业未来发展方向之一，潜力巨大。现在，已经有许多公司投资开发元宇宙，并推出了各种类型的游戏。其中，一些成功的例子包括《星战前夜：晨曦》《星际公民》《我的世界》《堡垒之夜》等。这些游戏都具有自己的特色，吸引了数百万玩家。此外，许多科技公司也在积极开发元宇宙项目，例如 Meta 的 Horizon Workrooms，Nvidia 的 Omniverse 等。

现在，我们将视角转回国内，看一下元宇宙游戏在国内的发展。目前，国内诸多以游戏业务为主的公司，开始布局元宇宙的领域。比如，做出《原神》《崩坏：星穹铁道》等大火作品的米哈游，成立了专门服务于元宇宙的品牌 HoYoverse。HoYoverse 将通过在洛杉矶、蒙特利尔、新加坡、东京和首尔的分公司开展研究与服务，吸取当地文化与技术，将前沿技术与元宇宙融合，探索元宇宙底层技术，并尝试赋能传统游戏。

与米哈游一样，巨人网络公司也明确表示将会开展元宇宙的相关规划工作，并将其作为长期工作的方向之一。另外，知名游戏公司完美世界将依托《诛仙世界》《幻塔》等手游推进其元宇宙业务，与其他国内外的游戏公司进行竞争。

元宇宙游戏的发展，同样离不开基础配套设施的发展与进步。元宇宙游戏不仅需要网络基础设施、云计算基础设施，更需要虚拟现实技术（VR）和增强现实技术（AR）提供更强的真实感，同时，还需要能规范行业发展的相关法律法规。随着我们国家基础设施的发展进步，网络基础设施已日渐成熟。云计算方面更有阿里云、华为云等掌握核心成熟技术的公司。VR设备方面，国外有 PSVR2、Meta Quest 等一系列成熟产品；在国内，字节跳动在 2021 年收购 Pico 之后，宣布进军 VR 游戏市场。但是，元宇宙还缺少一系列相关的法律法规对其进行规制。例如，2022 年，有用户在游玩元宇宙游戏时遭到其他用户侵犯，如何应对并阻止这类情况的发生，是建设一个良好的元宇宙游戏环境必须考虑的事情。

现阶段，游戏公司建设元宇宙游戏的最大难点在于移植与整合操作。开发者要思考如何将现有的游戏或理念转移到元宇宙平台之中，如何在探索中运用好元宇宙的特点，做出不同于以往的 3A（高成本、高体量、高质量）大作。如何在元宇宙游戏起步阶段整合产业链的上下游，从游戏内容到基础的软硬件，游戏公司面临着许多的挑战和机遇。

11.2 元宇宙+购物

伴随着元宇宙的发展,虚拟世界和现实世界的边界越来越模糊。元宇宙成为一个连接虚拟和现实的平台,其与购物场景的结合,形成了元宇宙商场的概念。这种应用模式,不仅能够充分发挥元宇宙特点,还是现在许多公司的努力方向。2022 年的"双十一",阿里旗下的天猫公司就率先上线了元宇宙购物,用户可以通过使用手机等设备来体验 AR 购物。用户可以通过三维模型探索商品,甚至对手表等商品进行试戴;而其他产品,如板凳、风扇等,也可直接与现实世界物品进行交互,形成近在身边的临场感。同时,天猫公司也表示,将来 VR 头显设备和 AR 眼镜将成为主要的流量入口,为整个元宇宙购物提供更好的体验。

通过引入元宇宙,传统的购物活动由原来的用户在物理环境与商品互动,变成了在线上的虚拟世界之中互动。从商业的发展方向来看,元宇宙与购物的结合也象征着新一代的消费理念,即数字化的消费。元宇宙购物会有更久的用户使用时间,可以打造具有更好用户体验的新型商业模式。元宇宙虚拟商城是一个在线虚拟商场。用户可以在其中购买虚拟商品和服务,与其他用户进行交互和社交。用户购买的可以是游戏道具、虚拟衣服、虚拟家具等虚拟商品,也可以是虚拟服务,如虚拟旅游、虚拟教育等。用户可以使用虚拟货币或真实货币进行支付。

随着技术的不断进步和人们对沉浸式体验需求的日益增长,元宇宙的概念变得越来越热门。元宇宙是一种结合了现实和虚拟的全新体验,用户可以虚拟身份进入虚拟世界,并享受沉浸式的体验。在未来,元宇宙将会颠覆传统的购物体验,为消费者提供全新的购物方式。

在购物领域中,元宇宙拥有颠覆传统购物链的潜力。通过创建 360 度全景的实时互动一站式体验平台,可以创造全新的"人货场"要素。所谓"人货场",是指在元宇宙中通过虚拟场景和虚拟身份来实现互动式购物,这三个要素分别是人、货、场。

(1)人:元宇宙中的虚拟试衣技术可以帮助品牌打造数字体,让消费者能够以数字身份进入虚拟试衣室进行试衣。通过三维虚拟试衣技术,消费者可以在元宇宙中试穿各种衣服,从而避免了在实体店中烦琐的试衣流程。同时，品牌可以利用虚拟数字代言人来建立品牌文化并实现可持续发展。

（2）货：使用 NFT 数字收藏品进行营销，是另一种在元宇宙中工作的创新方式。NFT 数字收藏品不仅可以在元宇宙中进行拍卖和交易，并且可以在虚拟现实世界中与其他数字收藏品进行互动。品牌可以利用这种方式进行激动人心的营销活动，以吸引更多消费者的关注。

（3）场：虚拟商店不仅可以降低商户的建设和运营管理成本，还可以提供丰富的互动体验，鼓励消费者在购物场所停留更长时间。在元宇宙中，虚拟商店可以通过各种方式来吸引消费者，例如，提供优惠券、举办限时特卖活动等。通过这种方式，消费者在虚拟商店中享受购物的同时，还可以和其他消费者进行互动，体验更多的社交元素。

总之元宇宙将会颠覆传统的购物体验，为消费者提供更为便捷和丰富的购物方式。未来，元宇宙将会成为购物行业的一个重要组成部分。

优点方面，元宇宙购物是融合了现实和虚拟的新型购物体验，可以为用户和商家带来许多便利和好处。首先，用户可以获得更加丰富和多样化的购物体验。相比于传统的线下和线上购物，元宇宙虚拟商城提供了更加沉浸式的购物环境。用户可以通过虚拟现实设备来更加真实地感受商品的质感和外观，并进行更加直观和自由的交互，例如，直观感受衣服的上身效果、尝试妆容的效果等。其次，元宇宙虚拟商城可以为用户提供更具性价比的商品和服务。由于虚拟商城没有实体店的租金和人工成本，相比于传统的线下实体商店和线上电商平台，虚拟商城可以大幅降低商品的成本和价格，为用户带来更加实惠的购物体验。最后，元宇宙虚拟商城可以为商家带来更加广阔、开放的市场和商机。虚拟商城可以不受地域限制地展示和销售商品，为商家带来了更多的销售机会。

缺点方面，元宇宙购物也存在一些问题和挑战。如何保证虚拟商品和服务的质量以及真实性是其中的一大难题，需要相关法律法规有效监管和控制。由于虚拟商品和服务的制造和销售成本较低，一些商家可能会存在虚假宣传和欺骗消费者的行为，这将对消费者权益造成威胁。因此，需要建立有效的监管机制和控制措施，确保虚拟商品和服务的质量和真实性得到有效的保障。另外，虚拟商品和服务的价值和意义相对较为模糊和主观，需要用户和市场逐步认可和接受。由于虚拟商品和服务，相比于实体商品和服务缺乏触感和实际体验，用户可能需要更长的时间来适应和接受这种新型购物方式，同时，市场也需要时间来逐步理解和认可这种新型商业模式。

目前，元宇宙虚拟商城的发展现状主要体现在几个方面。首先，已经有许多元宇宙平台开始涉足虚拟商城领域，例如 Roblox、Fortnite、Second Life 等。这些平台中的虚拟商城已经成为其中重要的收入来源和业绩增长点。其次，虚拟商城也逐渐成为一些在线零售商家的新兴渠道和业务方向。例如，知名的电商平台 Amazon 已经推出了 Amazon Sumerian 平台，为商家提供了一个构建元宇宙应用和虚拟商城的平台和工具，如图 11-2 所示。

图 11-2　Amazon Sumerian 商城平台宣传图

未来，元宇宙虚拟商城的发展前景非常广阔。随着 VR、AR 等技术的不断发展和成熟，虚拟商品和服务将会变得更加真实和丰富，元宇宙购物也将会成为一个更加重要和有影响力的消费市场。例如，用户不仅可以通过元宇宙购物购买虚拟商品和服务，还可以通过虚拟代购、虚拟广告等方式进行实物商品的购买和销售。此外，元宇宙购物还可以与区块链技术、人工智能技术等结合，为用户和商家带来更多的便利和创新。

然而，元宇宙购物也面临着一些挑战和问题。例如，虚拟商品和服务的版权和知识产权问题、虚拟货币的合法性和安全性问题、虚拟商城的监管和规范问题等。这些问题需要相关监管机构和部门进行调查和监管，保障用户和商家的权益。

11.3 元宇宙+教育

　　信息技术的进步为我们带来全新的身临其境的虚拟世界。教育学生和培养教师的方式也必须随之进步，以应对这些新机遇和新挑战。当教育落后于数字世界的飞跃时，技术可以领先于我们的教育从业人员，跳脱出教育的框架，提供摆脱当前技术条件限制的教育机会。这也是我们要把元宇宙与教育相结合的原因。学生只需一台手机或者平板电脑就可以接入元宇宙，获得更多的受教育机会。如今，元宇宙还正在发展中，新的技术和新的应用正在不断产生，研究人员、教育工作者也要去拥抱改变，去引领元宇宙与教育结合的潮流。

　　元宇宙为学生提供了一种身临其境的学习体验，是数字技术与教育结合的优秀案例。当然，这一切的前提是我们要先考虑到如何把科学知识正确地传授给学生。如果开发人员能够剖析各种可能性，那么元宇宙中的教育活动有望变被动为主动，而教育活动是否吸引学生则主要取决于开发人员的设计。

　　AR、VR 技术带来的三维虚拟世界，可以让学生探索他们从未体验过的新环境。学生们可以培养自己的批判性思维；能够参加制造商展览会，展示他们的产品，并且在更广泛的社区分享他们的成果；还可以在任意的时间段访问科学实验室，开展探索类似于有关夏朝文化的证据等科学研究，并在现实生活中应用从元宇宙世界学到的知识。

　　元宇宙和教育结合，可以获得许多超越传统教育的优势。首先，元宇宙可以提供全新的学习方式，让学生更加直观地理解和掌握知识。例如，在元宇宙中可以创建极具真实感的虚拟实验室,让学生进行各种实验操作，从而提高他们的实验能力和实践能力。此外，在虚拟环境中进行课堂教学，能够激发学生的学习兴趣，提高学习效果。

　　在元宇宙中，学生可以与来自世界各地的老师和行业专家进行互动，从而获得专业化的指导。这种与专业人士互动的机会是传统学校难以提供的资源。在元宇宙中，学生可以在虚拟现实中与其他人互动，甚至可以参加虚拟音乐节和虚拟艺术节等活动,展示自己的才华和作品。在元宇宙中，学生可以利用碎片化的信息进行学习。学生可以从互联网收集资料，在虚拟空间中构建自己的知识体系，激发想象力和创造力，更加主动地进行学习。教师在这个过程中可以发挥重要作用，引导学生进行沉浸式学习，通过在虚拟现实中模拟真实情境，帮助学生更好地理解和掌握知识。

教师在元宇宙教育活动中扮演重要的角色，他们可以根据学生的兴趣和需求选择合适的课程计划，在较为复杂的知识体系中对学生进行指导，例如建立粮食安全等知识结构。在虚拟世界中，教师可以通过虚拟角色进行指导和互动，帮助学生更好地理解和掌握知识。这种个性化的学习方法可以更好地满足不同学生的需求，使学习更加高效和有意义。

元宇宙中的社交环境也有助于学生的早期学习和大脑的发育。在虚拟世界中，学生可以相互互动，分享自己的想法和见解。这种社交互动可以促进学生的思维和语言发展，增强他们的社交能力和自信心。此外，虚拟社交还可以避免外貌差异和身体障碍等问题，使学生更容易融入社交环境中。

目前，元宇宙与教育的结合已经有了一些实践和尝试。例如，美国的 Metaverse Learning 项目旨在通过元宇宙技术进行教育改革；英国的一所学校使用元宇宙技术创建了一个虚拟校园，学生可以在其中进行学习和交流；日本的一所学校使用元宇宙技术创建了一个虚拟的语言学习环境，学生可以在其中进行外语学习。

不可否认，元宇宙与教育的结合也存在一些缺点。首先，元宇宙的技术并不是非常成熟，很多学校和教育机构可能没有能力使用元宇宙技术；其次，元宇宙的使用也需要一定的技术和设备支持，这也会增加一定的成本；最后，元宇宙中的信息和内容也需要严格管理和监管，避免学生接触到不良信息和内容。

虽然元宇宙为教育带来了很多新的机会和优势，但是也面临着一些挑战和问题。首先，目前元宇宙的技术还不够成熟，各种技术标准还在不断完善中，因此可能存在不稳定和兼容性问题。其次，元宇宙的发展需要大量的资金投入和技术支持，目前还有很多地方需要改进和完善。最后，虚拟环境中的安全性和隐私问题也需要得到解决，在教育领域，尤其需要考虑到学生的隐私和安全问题，避免虚拟环境中学生信息的泄露。

然而，随着技术的不断发展和应用的逐渐普及，元宇宙在未来教育领域的发展前景依旧广阔。预计未来元宇宙将与现实世界更加融合，成为一个全新的生态系统。在教育领域，元宇宙将会为学生带来更加多元化和丰富化的学习体验，同时也将会为教师提供更多的教学工具支持。例如，学生可以在元宇宙中参加虚拟实验、观看虚拟讲座、参与虚拟课堂等，教师则可以利用虚拟环境中的教学工具和平台，设计更加有趣、生动的课堂内容。

元宇宙作为一种新兴的技术和应用，具有广阔的应用前景和潜力，尤其在教育领域有着很大的发展空间。在未来的发展中，我们需要不断探索和创新，解决元宇宙中的技术、安全、隐私、法律等问题，实现元宇宙和教育的有机结合，为学生和教师带来更加多样化、创新化和个性化的学习和教学体验。

11.4 元宇宙+医疗

元宇宙可以与医疗相结合，为人们的健康提供更加高效、全面的服务。元宇宙与医疗的结合一直是一个备受关注的领域，它将人们从现实世界带入到一个虚拟的、交互式的世界中，为医疗领域带来了前所未有的机遇和挑战。

元宇宙为医疗领域带来了显著优势。虚拟世界的存在为医生和患者提供了一个全新的交互平台，使得医疗服务可以更加全面、高效、人性化地展开。例如，在虚拟现实技术的支持下，医生可以使用人体模型来展示和解释疾病的发生和治疗过程，帮助患者更好地理解病情，增强治疗的合作性和有效性。同时，元宇宙中还可以进行各种医疗演练、模拟和培训，加强医护人员的专业素养和技能水平。

远程医疗，又称为远程服务，是一种通过远程方式提供医疗服务的方式。受全球新冠疫情影响，远程医疗的需求急剧上升。如今，医生和护士发现，不需要进行身体检查或只需要进行简单目视检查的常规咨询工作占据了他们工作的绝大部分。借助元宇宙技术，这些工作现在变得更加轻松和简单，展现出了元宇宙与医疗结合的巨大潜力。现在，虚拟现实技术已经成为元宇宙的一部分，这为全新的远程医疗应用开辟了新的可能性。

远程医疗咨询，尤其是通过虚拟现实技术进行的咨询，使患者不会再受到地理位置的限制。例如，患者身在中国，而相应的专家在印度，那么患者只需通过虚拟现实设备，就可以获得针对病症的专业医疗服务。同时，如果需要更进一步的数据，患者可以用所在地的更高精度的设备进行检查，然后将数据发送给远在千里之外的专家，让他们进行诊断，从而解决地理位置对医疗资源的限制问题。在一些医疗专业人员严重短缺的地区，这种医疗模式对患者尤其有帮助，正常情况下他们需要长途跋涉才能获得这样的医疗服务。元宇宙与医疗的结合在治疗领域同样具有重要意义。如今，虚拟现实技术已经被心理学家和精神病学家用于厌恶疗法。而在元宇宙的环境中，医生可以针对每个病人进行个性化处理，病人可以在专属于他自己的安全的环境中与引起他们焦虑的情况进行互动，以用来解决他们的精神疾病。并且，在元宇宙中，病人治疗过程的每个细节都可以被密切监测和控制。

Latus Health 的首席执行官杰克·拉图斯（Jack Latus）认为，在如今，人类对于绘制和理解个体遗传学的能力不断增强，利用元宇宙构建的数字假人，已经可以作为患者在虚拟世界中的"数字孪生"，针对患者经历手术之后的整个恢复阶段，或者是服用了特定药物之后出现的生理反应，医生在元宇宙里可以对"数字孪生"进行预先的测试，以预测医疗过程中的结果。美国宾夕法尼亚大学医学中心开发了一种名为 BodyExplorer 的元宇宙医疗系统，可以通过全息投影和触摸屏幕等技术来显示人体器官和病变部位，帮助医生进行疾病诊断和治疗，如图 11-3 所示。

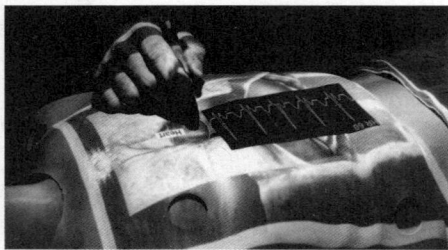

图 11-3　BodyExplorer 元宇宙医疗系统

不过元宇宙与医疗结合也存在一些问题和挑战。其中，最主要的问题是隐私和数据安全。在虚拟世界中，医生和患者的个人信息和医疗数据会被上传到云端，存在被黑客攻击或信息泄露的风险。随着区块链技术的发展，分散的社区可以通过智能合约进行民主管理。在以往，病人的数据保存在独立的服务器中，或者在医疗机构的大型服务器中，这种方式无法在保证数据安全的情况下与其他多个组织共享，这意味着正在治疗病人的专家想要获得这些数据需要经历一段漫长而费力的过程。区块链技术可以在保证安全性的前提下，降低医生获取数据的难度，完美适应这一现状。元宇宙与医疗结合还有其他的一些挑战，比如，元宇宙的应用需要依赖于高性能的计算机和设备，这将加大成本和维护难度，限制了元宇宙医疗的应用范围。

如今，医疗服务的许多方面都受到了元宇宙的影响。首先要克服的障碍就是人们对在线或远程接受治疗的态度——许多人仍将远程医疗视为备用选择。这不仅是观念的问题，更是成本问题。在现在的市场之下，虚拟现实设备的价格并不便宜，这为患者使用元宇宙远程医疗提供了成本门槛。新一代数字医疗服务提供商，如果能够成功地证明他们的创新将降低患者的成本，并改善患者接受的医疗效果，这些问题可能将来会得到解决。

目前，元宇宙与医疗的结合还处于起步阶段。许多大型医疗机构和科技公司都在进行相关的研究和开发。例如，日本的 Sony 公司推出了一款名为 Relax to Heal 的元宇宙应用，该应用可以通过音乐和声音疗法来缓解压力和焦虑等心理问题。美国的 Vivid Vision 公司使用虚拟现实技术进行眼科治疗，其产品可以在元宇宙平台 AltspaceVR 中使用。瑞士的 MindMaze 公司的产品使用虚拟现实技术来提供康复治疗服务，该公司正在与医疗机构合作，以将其产品纳入医疗流程中，如图 11-4 所示。

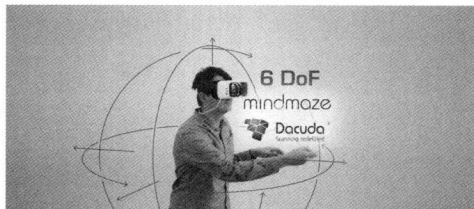

图 11-4　MindMaze 使用虚拟现实技术提供康复治疗服务

未来，元宇宙将为医疗带来更多的机遇。由于元宇宙的高度可定制性和互动性，它可以为患者提供更好的治疗和康复体验。现实中的专家与虚拟世界的机器人之间可以进行联动。例如，当一个位于中国的医生给一个远在印度的患者进行手术时，医生可以利用虚拟现实技术操控印度的机器人完成手术操作。而这些事情在以前都只是处于想象之中，元宇宙的出现让这些成为可能。虚拟现实互联和人机融合是元宇宙医学目前最重要和最有价值的研究方向。事实上，目前虚拟现实互连的技术已经相当成熟，而人机结合的技术尚待发展。只有元宇宙能够提供人机结合技术基础，远程医疗才能保证良好的诊断和治疗效果。人机互动主要涉及生理和心理方面的人机工程。从医学的角度来看，这种结合是指专家和机器人在解决医疗问题上的相互交流、共同努力，这部分的相关技术也是如今发展的重点。

在未来的发展前景中，元宇宙可以提供更广泛的医疗服务。随着技术的进步，越来越多的医疗服务可以通过远程方式提供，如在线诊断、远程监测和在线药房等技术。元宇宙可以为这些服务提供更好的平台和用户体验，进一步推动医疗行业的数字化转型。在未来，我们需要继续推动元宇宙技术的创新和标准的制定，以确保真正实现医疗行业的数字化转型，给人们带来更多的便捷和幸福。

11.5 元宇宙+营销

元宇宙与营销的结合，可以为营销行业带来更加真实和直观的营销体验。通过元宇宙技术，营销人员可以在虚拟世界中展示产品或服务，以便客户更加深入地了解产品或服务。例如，营销人员可以通过虚拟世界中的互动和社交功能，为客户提供更加个性化和定制化的营销服务。

如今，一些公司密切关注着元宇宙的发展，并希望它使公司能够以创新的方式与客户互动，从而从同类公司中脱颖而出。这些公司拥抱元宇宙的主要目的之一是吸引年轻用户。元宇宙允许公司创造独特的虚拟世界来代表其品牌，这是任何视频、文字或图像形式的广告都做不到的。每个虚拟世界都可以是独一无二的，旨在为客户打造沉浸式体验。元宇宙提供了比传统广告更身临其境的体验。例如，消费者可以在家中使用元宇宙查看产品的三维模型——例如宜家的 Place 应用可以查看房间内的家具。传统营销无法提供在家庭环境中虚拟试用产品的体验，而元宇宙就打破了这些物理边界的限制。

据行业专家预测，到 2030 年，元宇宙领域投资将超过 5 万亿美元。*Fortnite*、*Minecraft*、*Illuvium* 和 *Axie Infinity* 等游戏已经融入了元宇宙元素，并为用户提供身临其境的体验。如今，耐克、三星和可口可乐等品牌已经在通过元宇宙来接触消费者。毫不夸张地说，数字营销正在主导传统营销。随着元宇宙的加入，数字营销有望发展到一个新的水平，而传统营销则面临被淘汰的命运。预计到 2026 年，将有 25%的人每天至少花费一小时在元宇宙中进行工作、购物、教育、社交和娱乐等活动。元宇宙为营销人员提供了绝佳的机会与沉浸在虚拟世界中的用户们进行互动，融合虚拟现实和增强现实的数字体验。在元宇宙的帮助下，品牌可以创建自己的产品元宇宙，消费者可以在其中通过数字虚拟化身探索、互动和购买商品。例如，时尚品牌 Gucci 在元宇宙中建立了一个虚拟商店，消费者可以在虚拟世界中购买 Gucci 的产品，并与其他消费者进行互动和社交，如图 11-5 所示。

图 11-5　Gucci 元宇宙虚拟商店

元宇宙中，身临其境的体验是关键。元宇宙不同于任何其他营销策略。它允许公司专门为产品或服务创建一个世界，并让用户获得身临其境的体验。但是，同样需要注意的是，沉浸式营销活动需要投入时间、精力和大量资金。因此，元宇宙中的营销应侧重于创造适合品牌和目标细分市场的体验。同时，元宇宙利用区块链技术打造独一无二的数字收藏品，商家可以提供视频剪辑、数字艺术、数字交易卡等无法复制的数字产品。这些具有独特性和稀缺性的数字产品类似于现实世界的艺术品，具有唯一性、稀有性，可以为商家与用户带来巨大的价值。

当然，元宇宙中的营销不是要取代现实世界的营销，而是对营销策略的补充。结合现实营销经验，或者根据品牌在现实世界中已有的活动来设计元宇宙营销活动，可以带来更大的营销成功。如今，元宇宙营销还处于起步的阶段，许多概念仍待实现，但是当我们探索元宇宙营销时有以下五点注意事项。

（1）在元宇宙中建立品牌目标。

（2）确定元宇宙的目标受众。

（3）将其他的营销策略与元宇宙营销结合起来，共同使用。

（4）充分利用现有的元宇宙平台。

（5）不断尝试为品牌找到合适的元宇宙营销策略。

在未来，元宇宙与营销的结合有着广阔的发展前景。随着数字技术的不断发展和应用，元宇宙技术将会越来越成熟和完善，也将为营销行业带来更加真实和直观的营销体验。然而，元宇宙与营销的结合在发展过程中也会遇到一些问题和挑战。例如，如何确保虚拟世界中的模拟和展示结果的真实性和准确性，以保证营销效果的精准和高效；如何保护营销企业的商业机密和数据隐私，以避免信息泄露和安全风险。

综上所述，元宇宙与营销的结合是一种全新的营销方式，它可以为营销行业带来更多的创新和发展机会。虽然元宇宙在发展过程中会遇到一些问题和挑战，但是随着相关技术的不断进步和发展，元宇宙营销将会不断创新和完善，其也将会为营销行业带来更有创意的解决方案和更加宽广的市场平台。

11.6 元宇宙+旅游

对于那些旅行机会受到物理、经济或政治边界限制的人们来说，以数字方式探索世界具有变革性的意义——元宇宙可以将这些人聚集在一起，分享新体验。元宇宙是旅游业的下一个转折点，它是一个跨越数字增强世界、现实和商业模式的连续统一体。这一概念适用于整个世界，从消费者到商家，从现实到虚拟，从二维到三维，从云计算和人工智能到扩展现实、区块链、数字孪生、边缘计算等。元宇宙与旅游的结合可以重新定义体验旅行的方式。新型冠状病毒影响了人们的出行计划，当时由于许多国家和地区封锁入境航班、规定较长的隔离期，许多人放弃实际旅行并寻找替代方案，而元宇宙恰好填补了这部分的空缺。如今即使放宽了限制，感染病毒的风险也让人们重新审视传统旅行方式。

这种观念的转变催生了新的旅游趋势，人们对虚拟现实技术和虚拟世界旅游解决方案的兴趣日益增长。对于那些将旅行作为体验世界的一种方式的人来说，元宇宙旅行提供了一种更安全、成本更低的探索新地点的方式。对于在旅行过程中有工作或学习需求的旅行者来说，在线会议和在线课程越来越受欢迎。元宇宙旅行很可能在未来填补这一空白。尽管当前的技术还不能提供一个成熟的元宇宙旅游方案，但随着技术的发展，在未来几年内这一领域将迎来显著进步和发展。

目前，53%的旅游企业仍表示，元宇宙将对其产生积极影响，其中25%预计会产生突破性影响。即使现在是元宇宙发展的初期，业内人士仍普遍认为这个比例将会快速增长。

元宇宙与旅游的结合开创了一种全新的旅游体验，它能够将旅游与虚拟现实相结合，提供更加丰富、更加多样的旅游体验。在元宇宙中，游客可以体验全新的旅游景点，得到与现实完全不同的旅游体验。

元宇宙旅游的另一个显著优势在于，可以为用户提供了更多的旅行灵感。虚拟世界会弥补传统旅游业受地理位置限制的不足，为潜在的旅行者提供更丰富的场景或者服务。用户可以在预订前检查酒店房间，提前办理入住手续，可以进行虚拟游览，参观该地区的一些主要景点等。元宇宙可以激发他们想要亲身体验的欲望，并在他们决定前往之后提供建议，帮助用户制订更具性价比的行程方案。

同样，元宇宙旅行还可以优化整个预订流程。虽然如今越来越多的人在线预订酒店或者景点，但预订网站例如飞猪、美团等往往无法提供一定程度的参与度。相比之下，在虚拟世界中预订可能更像是访问一家实体旅行社。用户被允许以简单方便的方式向真实或虚拟的管理人员提问、协商交易、组合产品和付款。即使客户到达目的地后，他们仍然可以使用虚拟世界咨询问题、订购食物和服务。

如今，一些组织已经开始提供真实空间和位置的虚拟三维版本。例如，用户现在可以在虚拟现实设备中探索巴黎卢浮宫博物馆。虚拟参观者可以观看展览、欣赏音乐会，甚至可以在虚拟博物馆中与朋友会面。虚拟世界可以为那些无法进行实际旅行的人们提供一种探索世界的方式，既可以作为实地参观的替代品，也可以作为即将到来的旅行的前期准备。通过元宇宙提供虚拟旅游和短途旅行，是旅游公司可以从这项新技术中受益的一种方式。

与虚拟现实形式不同的是增强现实模式。增强现实不是沉浸在虚拟世界中，而是将虚拟元素覆盖在用户周围的真实世界中。例如，在 *Pokemon Go* 游戏中，用户可以通过手机的摄像头看到覆盖在现实世界中的虚拟的怪物形象。

在虚拟世界旅行时，用户可以通过增强现实技术，用户可以更方便地看到餐厅的价格、建筑物相关的历史信息、火车时间和车站换乘信息等。这些会鼓励用户更充分地参与虚拟世界的互动，商家也可以为用户提供更多的营销服务。

元宇宙旅行还提供了举办贸易展览和博览会的新方式。2022 年，艾斯普森大学旅游项目的学生就在元宇宙中设计并实现了一个博览会。活动管理专业的学生在博览会中开发了虚拟展位，来展示凯悦、希尔顿和喜达屋等旅游品牌。我们很容易发现，这种沉浸式在线体验对宣传旅游企业具有不同以往的积极作用。这种宣传方式可以传递给用户身临其境的感受，虚拟贸易展览和博览会则可以帮助旅游公司用全新的方式推销他们的服务。

如今，元宇宙旅行已经从五个方面改变了旅游公司。

（1）旅游企业如何与客户互动。千禧国际酒店集团开设的 M Social Decentraland 酒店成为第一家在元宇宙中开设的酒店。虚拟酒店旨在融合真实和虚拟体验，客人可以在元宇宙中使用虚拟身份参观这家真实存在的千禧国际酒店，如图 11-6 所示。

（2）旅游公司提供哪些产品和服务。作为旅游行业的虚拟现实先驱，阿联酋航空为客户推出了他们标志性的元宇宙体验服务。同时，阿联酋航空还在开发他们专属的 NFT，作为其承诺创新的一部分，该航空公司还将其 2020 年世博会的展馆改造成了一个专注于 NFT、元宇宙和 Web3.0 相关计划的创新中心。

图 11-6　M Social Decentraland 中的酒店

（3）旅游公司如何完成培训工作。荷兰航空公司为了缩短飞机周转时间，开始在 iPad 上为清洁人员提供虚拟机队之旅，使用虚拟现实设备可以让他们熟悉每个机舱。而使用身临其境的全景图像替代以往的标准二维渲染，不仅提高了清洁人员的整体效率，还使工作人员能够提前 15 分钟完成清洁并且没有以往的常见错误。在成功试运行该业务后，该航空公司现在正打算将这项技术用于培训所有机组人员和餐饮服务人员。

（4）旅游公司如何制作和分发产品和服务。目前，迪士尼已经进军元宇宙，并将其视为天然的"画布"，认为元宇宙对延续他们强大的背景故事有着与以往不同的效果。同时，元宇宙还为用户提供了一种体验他们的全球主题公园和度假酒店的全新方式。如今，迪士尼已经将元宇宙旅游的负责人任命为了他们的新总裁，希望他能够给用户提供全新的故事讲述方式和用户体验。

（5）旅游公司如何进行组织管理。美高梅国际酒店正在通过虚拟现实模拟技术提前对新员工进行培训，通过在虚拟场景中模拟多种不同的用户，来定制不同的服务。这种方式可以明显提高酒店的服务质量，并且提升该酒店在用户群体中的整体形象。

然而，元宇宙与旅游的结合在发展过程中也会遇到一些问题和挑战。首先，虚拟旅游体验可能会引发一些伦理和文化上的问题，例如，虚拟旅游可能会让游客误解或歪曲目的地的真实历史和文化。其次，虚拟旅游可能会让游客变得更加依赖虚拟世界，减少对现实世界的探索欲望。

元宇宙与旅游的结合带来了一种全新的旅游方式，它可以为游客提供更加安全、便捷和多样化的旅游体验，同时也可以为旅游业带来更多的商业机会和创新模式。虽然它的作用可能在未来几年会扩大，但元宇宙旅行不太可能真正取代真实旅行，元宇宙技术很可能会用来增强和补充传统旅游方式，提供与潜在客户互动的新方式。

11.7 元宇宙+建筑

随着元宇宙被应用到各个领域中，建筑业也开始尝试将元宇宙技术应用到建筑设计和建筑管理中，建筑师也为元宇宙中富有想象力的项目的实现做出了重大贡献。人们需要在元宇宙中拥有自己的一片空间，为此，需要建筑师和设计师来创造或增强这些空间。同时，因为建筑目标的转变，传统的建筑师会因为元宇宙的发展而发生一定程度的改变。多年以后，我们可能会看到建筑师和元宇宙建筑师头衔之间的区别。传统建筑在提供住所和促进我们的日常活动方面发挥着关键作用，但元宇宙建筑将纯粹致力于形式、几何等视觉效果。

为此，元宇宙建筑师需要掌握新的技能以便及时转型。在元宇宙的建设中，建筑师需要运用到多个领域的专业知识，包括但不限于三维建模、角色设计、内容设计、建筑风格设计、氛围感搭配和建筑游戏性设计等。一个全面的建筑团队需要各种各样的人才，不再像传统的建筑团队或游戏开发团队，只需要单个领域的人才。而且，元宇宙中的建筑也与传统建筑有了很大的不同，首先就是使用到的工具，以往使用的是各种建筑材料，如今则是各种数字化的工具。

元宇宙环境将为建筑师提供完全身临其境的体验，他们可以任意构建建筑，不需要参考真实的建筑，这将改善建筑专业教师对学生的授课效果。此外，元宇宙也会成为保护古建筑的重要工具。当一些建筑物因自然或人为灾难而倒塌时，元宇宙可以为我们的后代文明保存这些消失的建筑，让人们在虚拟世界中再次感受这些建筑的魅力。

元宇宙与建筑的结合为建筑设计和建筑管理带来许多优势。首先，元宇宙可以为建筑设计带来更加便捷和高效的设计过程。通过元宇宙技术，建筑师可以在虚拟世界中对建筑进行模拟和测试，以确保设计的准确性和可行性。其次，元宇宙可以为建筑管理带来更加精准和高效的管理过程。通过元宇宙技术，建筑管理者可以在虚拟世界中实时监控建筑的状态和运营情况，以便及时调整和优化管理策略。

即便如此，元宇宙建筑和真实建筑之间还是存在很大差异。最显著的区别是建筑的空间特征。实体建筑在自然环境中独立存在，而虚拟环境中的建筑具有特定的目的与要素。此外，当没有任何重力、结构稳定性、气候问题或物理定律等现实生活中的规则限制时，元宇宙的建筑将会更加天马行空，也会更加具有创造性。建筑师可以利用这些元宇宙建筑的独特优势，创造非凡的环境和真实的艺术品。另外，因为我们的感受无法在元宇宙建筑之中全部体现，因此，如何在有限的资源下传递气氛，更加强调视觉和听觉效果，这也正是元宇宙建筑师们展现创造力的领域。最后，传统建筑中，创建可视化的建筑模型只是为了在施工前向观众传达建筑的整体氛围和细节，而在元宇宙中，建筑师将几乎所有的时间和精力投入可视化设计中，以便于我们能见识到更多更美妙的建筑。

目前，元宇宙与建筑的结合已经开始应用于建筑设计和建筑管理中。例如，美国的建筑公司 Gensler 开始使用元宇宙技术进行建筑设计和模拟。他们的元宇宙项目可以让建筑师在虚拟世界中模拟和测试建筑设计，以便优化和完善设计方案。同时，该公司还可以在元宇宙中模拟和测试建筑的运营情况，以便及时调整和优化建筑管理策略。

现在，Somnium Space 和 Decentraland 等平台已经开始销售虚拟土地，允许人们拥有和建造属于自己的虚拟空间，这种行为导致了整个数字房地产领域的热度激增。这样的现状，也为更多的元宇宙建筑师们提供了广阔的就业前景和发展机会。此外，扎哈·哈迪德建筑事务所与《绝地求生》手游合作创建了一个虚拟建筑：医学中心。全球玩家都可以在其中得到互动娱乐体验，在这个旅游空间中，多达 100 位玩家能同台竞技，得到与以往不同的游玩体验。

"幻影"是一个以设计为导向的元宇宙场景，它融合了物理世界和虚拟世界，创造了独特的环境和体验。它的目标是将分散的虚拟现实业务整合为一个一体化平台，为企业、创意人员和个人提供完全身临其境的虚拟世界体验，如图 11-7 所示。

图 11-7 "幻影"元宇宙场景

未来，元宇宙与建筑的结合有着广阔的发展空间。随着数字技术的不断发展和应用，元宇宙技术将会越来越成熟和完善，可以为建筑设计和建筑管理带来更加高效和精准的解决方案。同时，元宇宙技术的应用还可以带来更多的商业机会和创新模式，如虚拟建筑物销售、虚拟建筑参观等。

11.8 元宇宙+智能制造

元宇宙技术可以将现实世界中的各种物体和场景模拟到虚拟世界中，而智能制造则是一种依托于物联网、云计算和人工智能等技术的数字化制造方式。它旨在实现制造过程的高度自动化和智能化，两者的融合可以称为最合适的搭档。在两者的融合下，制造企业可以在虚拟世界中进行产品设计、制造和测试，以便更加精准和高效地进行制造。

在工业界，元宇宙技术有更多的实际应用。企业通常会将其用于数字孪生，即现实世界中的实体在元宇宙世界中的虚拟副本。这些数字孪生代表了现有业务功能的虚拟存在。例如，企业能够虚拟评估不同场景中生产力、安全、外部环境和许多其他因素的影响，这些评估都不会影响实际生产和工人的安全。

　　尽管数字孪生对某些公司而言是个新概念，但在制造业领域，这一技术已被广泛使用，不仅证明了其有效性，还证明了其在竞争日益激烈的市场中推动创新的能力。如今，一些公司已经开始培训员工如何使用虚拟现实头戴设备来操作和维护设备，避免在培训过程中直接操作的危险或难以使用的实体设备，这样的进步也将大力推进整个制造生产线的自动化与智能化。

　　数字孪生技术在制造业中的主要用途之一就是采集和分析工厂运行的实时数据，并根据数据分析结果提出改进策略，然后使用此信息来构想新的工作流程、简化公司的流程。通过数字孪生从现实世界收集和分析数据，结合机器学习技术，制造流程将变得更加智能，而且能在风险最小的虚拟环境中测试可行性。为此，公司可以在保持生产力的同时促进整个组织的创新。企业相当于拥有两条生产线，一条在物理世界，一条在元宇宙世界，元宇宙世界的生产线用于调试与创新，为物理世界生产线的变动进行预演。

　　在汽车领域，已有多家公司开始使用元宇宙来优化工厂运营。在2022年国际消费电子展（CES）上，现代汽车公司和创建实时 3D 内容的平台 Unity 宣布了联合设计 Meta-Factory 的计划。该计划以实体工厂的数字孪生为特色，由元宇宙平台支持，旨在改善虚拟空间中的运营和故障排除问题。

　　元宇宙平台也是高技能行业工人的宝贵培训基地。虚拟环境为受训者和经验丰富的操作员提供了一种更真实的方法来练习他们的技能，同时降低了潜在的致命风险或代价高昂的试错成本。这对于操作重型机械的员工尤为有益，避免因操作不当，可能会给工人带来危险。例如，美国航空公司 JetBlue 与软件制造商 Strivr 合作部署了虚拟现实培训方案，旨在帮助技术人员以尽可能真实的方式模拟接触飞机，以降低物理环境的费用和风险。

　　那些多年来一直使用元宇宙技术的公司已经为行业铺平了道路。数字孪生是一种经过验证的工具，由该技术创建的虚拟世界已经为包括制造业在内的多个行业带来了好处。对于那些刚接触元宇宙的公司，他们需要确定如何最佳地应用该技术并使他们的投资回报最大化。

本章参考文献

[1] MIRZA-BABAEI P, ROBINSON R, MANDRYK R, et al. Games and the Metaverse[C]//Extended Abstracts of the 2022 Annual Symposium on Computer-Human Interaction in Play. New York, USA: ACM, 2022: 318-319.

[2] 胡安安，张湘忆.《上海市培育"元宇宙"新赛道行动方案（2022—2025年）》解析[J]. 上海信息化, 2022(10):13-18.

[3] HAMPEL F R. The Influence Curve and Its Role in Robust Estimation[J]. Journal of the American Statistical Association, 1974, 69(346):383-393.

[4] BRUBAKER J R, HAYES G R, DOURISH P. Beyond the Grave: Facebook as a Site for the Expansion of Death and Mourning[J]. The Information Society, 2013, 29(3):152-163.

[5] HUANG C Y. Analysis on Technology Framework of 3D Virtual Fitting Based on Network[J]. Applied Mechanics and Materials, 2014, 543: 2961-2964.

[6] ZHANG Y, ZHU J, XU Y, et al. Risk-based Two-stage Optimal Scheduling of Energy Storage System with Second-life Battery Units[J]. CSEE Journal of Power and Energy Systems, 2022, 9(2):529-538.

[7] MONTEIRO A M V, PFEIFFER T. Virtual Reality in Second Language Acquisition Research: A Case on Amazon Sumerian[C]//International Conference on Educational Technologies 2020 (ICEduTech 2020). Sao Paulo, Brazil: ACM, 2020:125-128.

[8] JEREMY KEMP. Putting a Second Life "Metaverse" Skin on Learning Management Systems[J].Second Life Education Workshop at the Second Life Community Convention, 2006:13-18.

[9] BARRY D M, KANEMATSU H, FUKUMURA Y, et al. International Comparison for Problem Based Learning in Metaverse[J]. The ICEE and ICEER, 2009, 6066-6674.

[10] SAMOSKY J T, NELSON D A, Wang B, et al. BodyExplorerAR: Enhancing a Mannequin Medical Simulator with Sensing and Projective Augmented Reality for Exploring Dynamic Anatomy and Physiology[C]// Proceedings of the Sixth International Conference on Tangible, Embedded and Embodied Interaction. Kingston, Canada: ACM, 2012: 263-270.

[11] BEN F, SHOSHANA L , RALPH N. The Social Metaverse: Battle for Privacy[J]. IEEE Technology & Society Magazine, 2018, 37(2):52-61.

[12] ZHAO W, XU L, QI B, et al. Vivid: Augmenting Vision-based Indoor Navigation System with Edge Computing[J]. IEEE Access, 2020, 8: 42909-42923.

[13] LEVIN M F, DEMERS M. Motor Learning in Neurological Rehabilitation[J]. Disability and Rehabilitation, 2021, 43(24):3445-3453.

[14] HENNIG-THURAU T, OGNIBENI B. Metaverse Marketing[J]. NIM Marketing Intelligence Review, 2022, 14(2):43-47.

[15] DWIVEDI Y K, HUGHES L, WANG Y, et al. Metaverse Marketing: How the Metaverse Will Shape the Future of Consumer Research and Practice[J]. Psychology & Marketing, 2023, 40(4):750-776.

[16] HARE R, TANG Y. Hierarchical Deep Reinforcement Learning with Experience Sharing for Metaverse in Education[J]. IEEE Transactions on Systems, Man, and Cybernetics: Systems, 2022, 53(4):2047-2055.

[17] ZAMAN U, KOO I, ABBASI S, et al. Meet Your Digital Twin in Space? Profiling International Expat'S Readiness for Metaverse Space Travel, Tech-savviness, COVID-19 Travel Anxiety, and Travel Fear of Missing Out[J]. Sustainability, 2022, 14(11):6441-6454.

[18] GUIDI B, MICHIENZI A. Social Games and Blockchain: Exploring the Metaverse of Decentraland[C]//2022 IEEE 42nd International Conference on Distributed Computing Systems Workshops (ICDCSW). Bologna, Italy: IEEE, 2022:199-204.

[19]   SABOUNE F M F. Virtual Reality in Social Media Marketing Will Be the New Model of Advertising and Monetization[C]//2022 Ninth International Conference on Social Networks Analysis, Management and Security (SNAMS). Milan, Italy: IEEE, 2022:1-7.

[20]   CHENG A S, FLEISCHMANN K R. Developing a Meta-inventory of Human Values[J]. Proceedings of the American Society for Information Science and Technology, 2010, 47(1):1-10.

[21]   LIN H, WAN S, GAN W, et al. Metaverse in Education: Vision, Opportunities, and Challenges[C]//2022 IEEE International Conference on Big Data (Big Data). Osaka, Japan: IEEE, 2022: 2857-2866.

元宇宙展望

12.1 充满机遇的元宇宙创新

每一项新兴科学技术的迭代与革新，都意味着一个新契机、新挑战，同时也是一个新机遇。当前，人类信息社会与新一代互联网发展的主要瓶颈，是内卷化的平台形态在内容载体、传播方式、交互方式、参与度和互动性等方面长期缺乏变革与突破，导致增长动力不足。技术渴望新突破、资本寻找新出口、用户期待新体验。在这样的背景下，元宇宙的概念应运而生。元宇宙则如同一个具身性的互联网，在元宇宙中，用户不再简单地浏览内容，而是身处在内容之中。从 Web1.0、Web2.0 再到移动互联网，元宇宙有望成为继移动互联网之后的下一个新互联网形态。

元宇宙百人会执委、清华大学新媒体研究中心执行主任沈阳认为，元宇宙是整合多种新技术而产生的、新型虚实相融的互联网应用和社会形态。它基于扩展现实技术提供沉浸式体验，基于数字孪生技术生成现实世界的镜像，通过区块链技术搭建经济体系，将虚拟世界与现实世界在经济系统、社交系统、身份系统上密切融合，并且允许每个用户进行内容生产和编辑。元宇宙本身不是一种技术，而是一个新框架，一个具有完备性的创新托盘。它通过整合 5G、人工智能、大数据等新技术，实现虚实相融。中国社会科学院数量经济与技术经济研究所副研究员左鹏飞认为，元宇宙热背后有着深刻的经济社会原因——移动互联网红利已经到顶并开始消退，元宇宙作为虚拟世界和现实世界融合的载体，蕴含着社交、内容、游戏、办公等场景变革的巨大机遇，传统数字科技企业和新兴初创企业都想抓住未来赛道机遇。Meta 公司首席执行官扎克伯格认为，用户可以在元宇宙中创造一个虚拟的"家"，邀请熟悉的人开展社交，戴上设备就可以进入一个虚拟的工作空间与同事一起工作，甚至可以创造一个虚拟世界。由此可见，元宇宙时代会产生全新的产业链、消费力，对各行各业来说，这都是一个全新的机遇期。

元宇宙的到来正在改变各行业领域中客户和员工的体验。根据调研机构 Gartner 公司发布的报告预测，到 2026 年，全球 30%的组织将采用元宇宙产品和服务。随着 AR、VR 和 AI 等新技术的融合应用，企业不仅能够简化业务流程和提升决策质量，还能彻底改变客户互动、体验产品和服务的方式。在服务业中，元宇宙将会为以下六个关键行业带来新机遇。

（1）制造业：高端制造商和供货商可以使用增强现实和计算机视觉等技术，提供真实的设计视图和全感官展示。顾客可以将产品以三维形式直观展现，并关注他们感兴趣的家具和用品。在制造业领域，企业可以从工厂、设施设计和布局的虚拟模型中受益。工厂的虚拟模型有助于通过模拟实现生产自动化和设施优化，而无须实际的物理改造，并允许工人在不在场的情况下了解生产过程的进展。

（2）银行业：银行将很快适应由数据驱动的交互式体验和由人工智能驱动的货币投放决策，以重塑客户体验，优化业务运营流程，提高货币流动性及投资回报率。这些数字平台能够在没有人工监督的情况下提供财务建议并管理投资，使银行工作人员能够优先处理客户关系，智能自助柜台则可以执行大多数日常交易。数字平台的应用满足了客户对自助服务技术的需求，这些技术具有低成本、易于访问和基于网络的特点。

（3）投资：元宇宙可以根据投资者的风险状况、收益目标、投资组合的多样性和财务实力，帮助建模和模拟投资组合和回报。由于个人投资者的投资组合不同，元宇宙可以为投资者提供关于一级和二级市场工具的各种投资视角，并允许投资者在做出决策之前进行模拟操作。

（4）建筑业：元宇宙正在促进建筑行业的协作，并使沉浸式开发和设计成为可能。通过整合触觉技术、三维建模技术和虚拟化技术，企业可以在世界任何地方开发创新设计，探索新的产品开发和功能。这种创新的开发和设计方式允许设计师和供货商直观地审视其设计的三维模型，并能够依托数据轻松进行更改。在建筑业领域，建筑师、施工团队和用户能通过沉浸式设计体验更深入地了解房间布局和家居装修，进而提高创造力和参与度。企业通过实时向用户提供不同的装修选项，并进行即时调整，最终提高效率，并赢得客户的支持。

（5）房地产交易：在房地产领域，元宇宙可以展现房屋的细节，并允许买家预览，不受地理位置的限制。买家能够通过元宇宙与住宅、酒店、餐厅和办公室的三维设计进行互动。这种准确而真实的体验对那些计划迁移到另一个城市或在网上租赁公寓的客户尤为实用。虽然大多数租赁网站与房屋设计软件有三维交互功能，但在大多情况下只是基本的视觉展示。元宇宙在房地产市场中的应用正在推动技术发展，使人们能够想象住在理想的房子里的情景。

（6）教育培训：元宇宙的另一个创新领域是教育培训。沉浸式体验学习组装家具、使用电子产品和其他机械产品将是吸引用户的好方法，尤其是在 DIY 项目中。用户可以通过沉浸式学习掌握排除故障和解决问题的技能。现场工程师可以在元宇宙中接受培训，积累故障排除和现场服务的实践经验。通过模拟多样化应用场景，工程师们能够经历快速而密集的学习体验，使他们能处理各种问题，减少对培训师和支持文档的依赖。同样，元宇宙可以加快新员工的入职和培训，尤其是在零售业和其他行业的高峰期，它能更高效地提供教育培训能力支持。总体来看，元宇宙的应用最终将会越来越广泛。元宇宙开创了未来的行业，帮助企业简化运营，提高效率，为用户和企业员工提供以前难以想象的新体验。鉴于元宇宙无限的可能性，全球各地的企业需要尽早接受和采用元宇宙技术。AR、VR 和 AI 等元宇宙相关技术不仅可以让企业适应未来的变化，还可以在当今不断变化的环境中保持竞争力。

元宇宙的关键技术及硬件支撑，主要包括以下六个方面。

（1）网络和算力技术：空间定位算法、实时网络传输、GPU 服务器、边缘计算、先进通信技术、信息传播技术等基础技术和设备解决了参与者的实时同步、运行成本、网络拥堵等问题。虚拟场景拟合技术、数字孪生技术能够生成现实世界的镜像，并通过实时渲染技术实现数据更新和图形可视化。

（2）人工智能：实现深度学习、内容生成、决策支持和人机互动。在"人工智能+"的战略构想之下，人工智能将作为元宇宙创新托盘中的一个重要而活跃的板块，为各个行业领域的升级与再造提供服务。

（3）电子游戏技术：如支持游戏运行的程序代码、资源（图像、声音、动画）和游戏引擎等。

（4）交互、扩展现实技术：如 VR、AR、MR、XR、云原生等，这些技术持续迭代升级，深化元宇宙感知和沉浸式体验。

（5）区块链技术：通过智能合约搭建经济体系，区块链技术将虚拟世界与现实世界在经济、社交、身份系统上密切融合。

（6）物联网技术：让数字全面嵌入人的日常生活，促进物物相连及感知，并形成广泛的交互接口，直接导致信息流的通畅接入与输出。

从产业链的角度看，元宇宙的发展将带来六大机遇。

（1）与元宇宙应用场景（实现）直接相关的技术产业，如人工智能、XR、显示设备、数字孪生、空间地图等。

（2）支持元宇宙场景运行的底层技术产业，需要实现区块链、云计算、大数据、多模态技术、未来网络、先进通信、芯片等大量底层技术的深度融合。

（3）虚拟现实连接技术产业，即连接虚拟世界与现实世界的相关技术，如可穿戴设备、脑机接口、微传感器等。

（4）元宇宙应用场景中的多元化产业，如娱乐、购物、学习、社交网络、办公等。

（5）视觉模拟下的创意产业和未来媒体产业。

（6）有助于元宇宙系统健康有序运行的虚拟货币支付、信息安全等辅助产业。

数字化产业和产业的数字化，是元宇宙赋能的重要产业创新领域。数字化产业正在重塑传统的产业格局，新兴产业的兴起往往带来新的经济增长模式。目前，许多国际知名咨询机构对元宇宙的市场前景表示乐观。只要各行业与元宇宙的发展紧密结合，就有机会抓住新的财富增长机遇。元宇宙将给我们的生活和社会经济发展带来五个方面的巨大变化。

（1）从技术创新与集成的角度大大提高生产效率，提供高质量发展新引擎。

（2）催生一系列新技术、新业态、新模式，推动传统产业变革。

（3）促进文化创意产业跨界衍生，极大地刺激了信息消费与数字经济发展。

（4）重构工作和生活方式，很多工作和消费将发生在虚拟世界中。

（5）推进智慧城市建设，创新社会治理模式，构建新型生活方式及文明形态。

随着元宇宙的发展，未来有可能形成一个高度互动的虚拟世界和现实世界的融合体，并在此基础上衍生出一种在观念、习惯、技术、思维等方面互补平衡的双重世界文明形态。

长期以来，信息技术的应用和教育信息化的推广，推动了全世界教育事业的发展。但在全球数字化发展进程中，由于信息化技术水平的差异，不同的国家、地区、行业、企业、社区在信息网络技术的拥有程度、应用程度和创新方面，都存在显著差异，并因此造成信息不对称，产生了所谓的"数字鸿沟"。元宇宙会极大地消除"数字鸿沟"，充分挖掘受教育者的潜力，提升受教育者和被培训者的学习兴趣，促进教育朝着公平的方向迈进。

12.2 元宇宙促生的人类生命创新与文明形态迭代

2024 年全国两会期间，政府工作报告提出要开辟生命科学与量子技术等新赛道。人类对个体生命的理解与诠释，以及个体构成的社会群体所呈现出的文明形态，正在当前的元宇宙创新体系之下，由数字技术的社会化运用和持续创新出发，产生无限新的可能。

在中国式创新语境之下，元宇宙是一个根植于现实、服务于现实、同时又超越现实的数实共生新世界。我们通过 VR、AR、脑机接口等设备进入了一个几乎完全真实的虚拟世界中。与平面的电子游戏不同，元宇宙基于 AR 技术，给用户带来身临其境的体验。在这个由数字技术构建的新世界中，用户可以定制自己的外貌形象，并且还能够获得真实的触觉、听觉、嗅觉、味觉等，仿佛在这个虚拟世界中开辟了第二人生。

在数字技术的赋能下，元宇宙可以满足用户在社交、工作、娱乐等方面的需求，让用户在元宇宙中获得现实中不存在的技能，如飞天遁地、瞬间移动、力大无穷等超能力。用户只需要一个大脑相连的头盔就可以实现现实生活不能实现的梦想。元宇宙的应用场景远不止于游戏，在体育运动领域，篮球、足球等体育运动不再有身体素质限制，每个人都可以定制自身属性。但是就像电影《超级玩家》一样，元宇宙同样遵循规则和交易机制。

作为当前生命科学与智能科学交叉领域内的一个前沿而活跃的学科门类，脑科学正处于非常活跃的持续创新阶段。随着轻量化、高可用的脑机接口技术的显著进步，人类思维信息有望实现灵活的存储，人类的杰出思想和顶尖智慧就可以在元宇宙中永久保存，从而可能引发人类个体的生命意义以及文明传承发展机制的深刻变革。

未来愿景是无限美好的。但从技术现实层面上看，理想意义上的元宇宙不仅在技术上短时间内无法实现，并且即便实现后，或许还将面临一个不断矫正、不断完善、不断迭代的持续创新进程。因此，我们不应低估元宇宙带给人类文明的影响作用力，但也不应高估短期内元宇宙引发的颠覆性效果。

作为一个完整的创新平台体系，在当前的视角之下，元宇宙以人和人类社会为中心和出发点，涵盖了与人类数实共生文明形态有关的全部科学技术领域。在这一体系中，人工智能、机器人、先进制造等领域融合发展，将为人类实现新的赋能。赛博格，即机械化有机体，是科幻领域中广为人知的概念。在经典漫画《攻壳机动队》中，遭受空难的主角草薙素子，除大脑和一部分脊髓外，身体完全由机械义肢组成。这使得她成为赛博格的典型代表。如今，赛博格已经不再是小说与荧幕中的科学幻想，它已经步入现实，成为人类的一种新的生命形态。2017 年，科学家彼得·斯科特·摩根不幸确诊为渐冻症。面对这种几近绝症的疾病，这位毕业于帝国理工的博士却并未选择屈服，而是将希望托付给了自己为之付诸一生的机器人技术。他决定将自己改造为半生物体、半机械的电子人，为渐冻症患者找到一种全新的、有尊严的生存方式。彼得·斯科特·摩根先通过三重造口术解决了日常起居问题；再借助面部捕捉和人工智能学习重获语言沟通能力；然后使用眼动追踪技术操控机械替身。历时数月的实验与手术之后，彼得·斯科特·摩根终于化身成为现实意义的赛博格人。在这些技术的帮助下，彼得·斯科特·摩根的寿命超出了医生们的预期。遗憾的是，2022年6月，这位勇敢的赛博格先驱不幸去世。他的伟大尝试不仅为人类攻克渐冻症提供了宝贵的经验，也让我们看到，用赛博格技术实现生命延续的可行性。

世纪之交，信息革命的到来改变了我们的生活，也点燃了我们的想象力。《黑客帝国》中通过人体接口自由穿梭于"母体"和现实的尼奥；《贝克街的亡灵》中将自己的意识编为程序的天才弘树等，这些都代表了人们对于未来人机关系的无限畅想。如今，埃隆·马斯克在社交媒体上的一条推文，让这一畅想照进了现实。"如果你能够将大脑上传到云端再和自己的虚拟版本交谈，你们会成为朋友吗？"在这条推文下，埃隆·马斯克回复道："我已经做过了。"埃隆·马斯克的留言并非空谈，他的神经技术公司Neuralink，一直致力于开发一种脑机接口。该公司曾在实验中给一只名为Pager的猕猴植入了两个脑机接口设备，使它能在经过训练后，用大脑控制光标在屏幕上移动。马斯克相信，这项技术能够让瘫痪患者用意念使用智能手机。（前文提到的彼得·斯科特·摩根尝试过脑机接口，但他最终选择了更稳定的眼动追踪技术。）更重要的是，在他看来，Neuralink脑机接口将是人们进入元宇宙的最佳途径，因为"没人愿意整天把脸贴在一块屏幕上"。尽管很多人质疑Neuralink只是马斯克吸引投资的噱头。但不可否认的是，倘若我们真能通过脑机接口把自己的意识上传云端，那么在元宇宙中永生可能不再只是白日做梦。

随着VR人物复原、机械义肢、脑机接口等技术的发展，我们开始尝试跨越人类生命面临的限制。尽管这一切听起来依然遥不可及，但我们已经在这条探索的道路上迈出了第一步。将来，我们的衣食住行、生老病死，都会有一套对应的数字化解决方案。数字生命可能成为这条道路上的一个里程碑。

数智人，是由人工智能技术加持和赋能的数字人。数智人不同于传统的机器人，它由一系列算法组成，并且能够学习人类的行为和思考方式。数智人构建起我们从虚拟世界到现实世界的桥梁。数智人可以成为我们的分身，承担一些社会性的服务功能。根据奇点大学创始人兼校长、谷歌技术总监雷·库兹韦尔（Ray Kurzweil）的预测，2045年前后，我们有可能实现人类的终极进化，即将人类意识转化为数字形式，实现人类生命形态和文明形态的创新与发展。数智人在这个领域的作用将非常关键，数智人可以成为人类思想、情感和价值观的载体。在拥有数智人的情况下，人类可以进行虚拟世界中的旅游、冒险，体验所有想象中的场景。相信未来有一天，我们可以选择将意识移植到数智人中，延续更长久的人类精神和思想。

12.3 元宇宙环境下智能科技催生的新物种

区块链、人机交互、游戏化、社交网络、人工智能、网络通信等技术构成了万物互联的元宇宙，它以人类社会在数字信息时代的发展愿景为出发点，提供了一种新的创新视野、创新思维与创新路径。在当前视角下，智能科学和人工智能技术尤其活跃且具有决定性。

党的二十大报告明确提出，"构建新一代信息技术、人工智能、生物技术、新能源、新材料、高端装备、绿色环保等一批新的增长引擎"；2024年，全国两会政府工作报告首提"人工智能+"行动，这预示着作为元宇宙关键创新领域技术的人工智能，已经全面步入了中国式创新的核心主流赛道。智能科技将不再是一个令人叹为观止的前沿领域，而是实实在在同各领域深度融合，推动信息社会"物种创新"的重要动力。

从无人机到自动驾驶，从语音识别到虚拟数字人，人工智能的应用随处可见，并且正在悄然改变着我们的生活。人工智能的进步得益于计算能力的显著提升和传感网获得的多维度数据。如果没有算力和数据的井喷式涌现，基因测序就不可能成为现实。同理，没有人工智能，高级机器人就无从谈起。大数据分析技术与人工智能技术的结合催生出许多在科幻小说中才能看到的创新成果。

新技术是推动新物种形成的先导因素。新技术并非特指单一技术，也可能是一系列技术的集成。新技术如何被赋予生物属性，从而演化为新物种？物联网、大数据、边缘计算和云计算等一系列技术如何连接、发展并形成新物种？

在信息社会的发展背景下，新物种的形成首先需要提取应用场景，之后才是构建技术模式。需求与应用场景为新技术向新物种转化提供动力，新的应用场景会释放出新可能性，最终促成新物种的诞生。例如，共享单车作为互联网时代的新物种，不仅推动市民的便捷通勤需求，在元宇宙世界也能与周边的生活、娱乐及工作场景有效结合。京东、淘宝等电子商务，正是凭借物联网技术和人工智能技术构建的购物新模式。电子试衣等新业态将进一步延伸价值链。新物种关乎新事物和新生命的创造，每一个新物种都是新技术和新解决方案的结合。新物种的生命基因必然源于超出技术范畴的事物，特别是交叉融合技术的应用场景。新物种爆炸时代，绝大多数应用场景源于新技术，这些新技术为新物种的产生提供了解决方案与机会。

软体机器人是一种新型柔软机器人，能够适应各种非结构化环境，与人类的交互也更安全。传统的刚性机器人的应用情景有限，因此科学家们将目光转向软体动物，从它们的运动特性上汲取灵感，制造出具有更大自由度和变形能力的软体机器人。机器人本体采用柔软材料制成，通常使用杨氏模量低于人类肌肉的材料。与依靠电机驱动的传统机器人不同，软体机器人的驱动方式主要取决于所使用的智能材料，一般有介电弹性体、离子聚合物金属复合材料、形状记忆合金、形状记忆聚合物等。这些材料根据响应的物理量分为如下几类：电场、压力、磁场、化学反应、光、温度。科学家依此设计了各种各样的软体机器人，大多数软体机器人的设计是模仿自然界各种生物，如蚯蚓、章鱼、水母等。作为一种全新的机器人，软体机器人的优点很明显，如质量轻、对目标形状的适应能力强、与环境接触碰撞力小等，它可以变形、挤压，甚至缩成一个小团后再恢复原形，能够钻进非常狭小的空间里，还可以在粗糙的表面上移动，能够绕过不规则的障碍物，能够沿着绳子爬行等。种种强大的本领使得软体机器人在应用过程中具有天然的低风险性，特别适宜在无人空间环境中使用。在医疗救援领域，软体机器人的应用前景很广阔，它们可以帮助救援人员在狭小的空间找寻伤者。目前，研究人员还在探寻软体机器人在更多领域的应用可能，如在太空中的应用，科学家们希望利用软体机器人捕获空间碎片、废弃卫星等空间目标，发挥其在狭窄空间操作的优势，协助解决航天器内部设备维护、空间站舱内操作等任务中的难题，并考虑使用大尺寸软体机器人进行空间站设施的长距离搬运。

在智能科技的赋能下，新能源智能网联汽车领域正在形成一种集新终端、新空间、新模式、新生态"四位一体"的新能源智能网联全新生态模式。在这一技术生态模式下，作为新物种的智能网联汽车建立了"人—车—家—公司"的全生态价值链服务体系，并通过数据收集、数据分析、数据服务等，构建以出行场景为依托，涵盖"感知、智能、服务、以人为中心"的新终端。同时，依托新终端通过运用智能网联打造"信息物理空间"和"互联网+空间"，让智能终端真正成为生活伴侣、娱乐助手和工作助理。此外，在互联网产业基础上，各个新能源智能网联汽车企业开展技术合作，一个涵盖新技术、新产品、新供应链的全新商业模式也在逐渐形成。未来的智能车企将和生态伙伴强强联手，创建以汽车为核心，连接生活、娱乐、社交等全场景、立体式、开放式的智慧生态。不久，汽车还会装载 AR-HUD（Augmented Reality Headup Display）。AR-HUD 通过智能驾驶传感器对前方的路况进行解析建模，获取对象的位置、距离、大小等信息，并将信息精准地投影到对应的位置。AR-HUD 可将投射信息与交通环境进行高度融合，例如，行驶过程中的车道线贴合、前方障碍物贴合、车道偏离预警等。

外骨骼系统是智能科技催生出的一种创新技术设备，是对人类生命体验具有重大影响的"物种级创新"。例如，以色列 ReWalk 公司推出的外骨骼系统产品致力于帮助下肢瘫痪患者重新站起来。ReWalk 为外骨骼系统配备了功能强大的中央处理器和高精度的传感器，它可以根据使用者的身体状况自动调整，模拟使用者的自然步伐，让肢体瘫痪的患者在外骨骼系统的帮助下实现自主行走。Rewalk Robotics 产品线有 ReWalk Personal 个人版外骨骼以及 Rewalk Rehablitation 临床医用版本。Rewalk Robotics 已经推出了第六代个人版产品 ReWalk Personal 6.0，在其前代产品的基础上更加贴合用户需求，同时体积更轻便，速度更快，适合在家庭、工作和社交环境中使用。通过传感器和驱动器，该产品使患者实现站立、行走和爬楼等功能。ReWalk Personal 6.0 采用外穿方式固定在使用者躯体上，通过传感器检测使用者的重心和上身躯干运动变化，计算生成对应的下身动作，并以腿部关节马达驱动躯体运动。新版产品采用了更精确的定制式贴合系统，能够根据使用者的身体数据，精确地贴合躯干。同时，新产品改进了动力系统，现在使用者能够以 2.6km/h 的速度行走。

无论是《X 战警》里那个操控人心的教授，还是《阿凡达》中士兵意念操控人造阿凡达，或许，"意念控制"一直以来都是人类最大的执念。如今，"意念操控"不再是导演的空想，科学家们找到了一条新的路径，通过脑机接口技术读取大脑中的特定神经信号，建立感知和行动的相关连接，从而实现大脑的"意念操作"。脑机接口是一种连接人脑与机器的设备。将名为"犹他电极阵列"的微电极阵列植入大脑运动皮层，这些被植入的微电极可以对大脑神经元进行监测，当被植入者在大脑意识中尝试移动手臂时，被监测的神经元会产生大脑电信号，这些电信号通过植入的电极传输至外部解码器，并转换成控制信号，以驱动如移动光标或肢体控制等动作。美国匹兹堡大学康复神经工程实验室的研究团队提到，通过增强对大脑触觉神经的刺激，可以提高大脑控制机械手臂的效率。在实验中，研究团队通过人工触觉来辅助视觉，将机械手臂抓取和移动物品的中值时间从 20.9s 减少至 10.2s，相比无刺激情况下，效率提升一倍以上。内森·科普兰德是首个参与临床试验的志愿者，一场车祸导致他手臂残疾。为了测试运动微电极脑机接口，研究团队在他大脑中植入由贝莱德微系统公司开发的四个微电极阵列，并结合触觉反馈刺激，志愿者完成任务动作的速度相比没有增加刺激的测试快了两倍。实验植入的微电极阵列不仅在他的大脑运动皮层中，并且在他的体感皮层中，后者主要负责处理来自身体感觉区域的信号。该列阵使得他不仅能够用自己的思想控制机械手臂，还能接收到触觉反馈，这与人的脊髓神经回路运作方式类似。日常中，当我们拿起一杯热茶或捧起一碗热汤时，我们可以感觉到手中的温度和重量，并据此调整握力，以免发生意外。手部和手臂健康的人可以通过自己的感觉和控制抬起或放下物体。但是，对于操作假肢的患者来说，这种控制并非易事，更不说用意念来控制了。大脑神经是人类身体最复杂、脆弱的部分。这也是脑机接口普及的主要障碍。自 20 世纪 70 年代以来，科学家们一直在研究脑机接口，希望通过对大脑神经元的研究，实现人用意识操控假肢，其目的就是帮助那些瘫痪或截肢患者，改善患者的运动功能。理论上，当大脑神经元与脑机接口可以完美连接时，人类将不用动手，甚至不用说话，只需通过自己大脑的意念便能自如地操控物品。"未来，人类意识能无线连接并控制任何物联网设备。"这是美国华盛顿大学神经技术中心副主任拉杰什·拉奥（Rajesh Rao）对脑机接口未来发展的判断。

手术机器人是一种集多项现代高科技手段于一体的综合性平台，在临床外科领域有广泛的应用。外科医生可以远离手术台操纵机器人进行手术，这与传统的手术概念完全不同，在世界微创外科领域是当之无愧的革命性外科手术工具。达芬奇外科手术机器人是现代实践中的一个典型例子。达芬奇外科手术机器人是一种高级机器人平台，旨在通过使用微创的方法，实施复杂的外科手术。达芬奇外科手术机器人由三部分组成：外科医生控制台、床旁机械臂系统、成像系统。主刀医生坐在位于手术室无菌区之外的控制台中，使用双手（操作两个主控制器）和脚（操作脚踏板）来控制手术器械和一个三维高清内窥镜。正如在立体目镜中看到的那样，手术器械尖端与外科医生的双手同步运动。床旁机械臂系统是外科手术机器人的操作部件，其主要功能是为器械臂和摄像臂提供支撑。助手医生在无菌区内的床旁机械臂系统旁工作，负责更换器械和内窥镜，协助主刀医生完成手术。为了确保患者安全，助手医生对床旁机械臂系统的运动具有优先控制权。成像系统内置了外科手术机器人的核心处理器和图像处理设备，在手术过程中位于无菌区外，可由巡回护士操作，并可放置各类辅助手术设备。外科手术机器人的内窥镜为高分辨率三维镜头，对手术视野具有 10 倍以上的放大倍数，能为主刀医生带来患者体腔内三维立体高清影像，使主刀医生在操作距离把握和解剖结构的辨认上比传统腹腔镜手术更为精确，提升了手术精确度。

英国和西班牙研究人员合作的一项小规模临床试验显示，利用 VR 技术进行的试验性治疗有助于缓解抑郁症患者的症状。研究人员让 15 名年龄在 23 岁至 61 岁的抑郁症患者戴上虚拟现实头盔，并通过与虚拟现实场景中的虚拟人物互动开展相关治疗。研究人员引导患者与一个情绪低落的虚拟儿童交流，学会如何表达同情心。在程序设定下，该儿童还会对患者的话语产生积极反应，逐渐停止哭泣。随后，研究人员引导患者从儿童的视角来观察整个交流过程。每名患者接受三次这样的虚拟现实治疗。结果显示，完成疗程的一个月后，有 9 名患者的症状出现缓解迹象，其中 4 人的抑郁症症状减轻十分明显。研究人员表示，VR 技术已经趋于成熟，普通家庭也可以接受，且与传统药物治疗相比，对人体的伤害比较小。更为重要的是，此类治疗可以深入患者内心深处，疗效持久性优于传统治疗方法。使用 VR 技术治疗抑郁症等心理疾病的一个优点是能节省大量人力物力，传统心理治疗耗时且成本高昂，VR 技术能有效降低成本。

ChatGPT 是由美国 OpenAI 公司研发的聊天机器人程序，于 2022 年 11 月 30 日发布。ChatGPT 是人工智能技术驱动的自然语言处理工具，它能够通过理解和学习人类的语言进行对话，还能根据聊天的上下文进行互动，真正像人类一样聊天交流，甚至能完成写邮件、写视频脚本、写文案、翻译、编写代码，写论文等任务。ChatGPT 基于语言模型思想实现。语言模型是自然语言处理领域中一项关键技术，它根据语言的规则和上下文信息计算文本序列的概率分布模型。简而言之，在给定一个单词序列的情况下，该模型可以计算出下一个单词出现的概率，因此可以根据前面的单词序列预测下一个单词。ChatGPT 采用了一种较新的语言模型——Transformer 模型。Transformer 模型是由 Google 公司提出的，它采用自注意力机制计算词与词之间的相关性。这一机制可以在不需要序列化的情况下，计算序列中的每个位置与其他位置的相关性。因此，比起以前的模型，Transformer 模型的计算效率更高，模型结构更简洁。1972 年 8 月，诺贝尔物理学奖得主菲利普·安德森（Philip Anderson）发表了著名文章 *More is Different*，提出"数量变化可以引起性质变化和出乎意料的现象"。在人工智能领域，神经网络是涌现现象最典型的例子。随着数据量、算力和网络参数的不断增加，神经网络在深度学习中表现出与过去有限资源条件下完全不同的强大能力。大模型的涌现能力是指仅在大模型中出现而在小模型中没有的能力。涌现能力无法通过小模型的扩展规律预测，只有当模型规模超过某一临界值时才会出现。大模型规模扩大主要体现在数据、算力、参数量三个方面。实验证明，当大模型规模超过某一临界值后，准确度、小样本学习能力和推理能力都会出现大幅提升。ChatGPT 模型的训练使用了大量的无监督数据，尤其是来自互联网的数据。通过这些未标注的数据，ChatGPT 学习到大量的语言知识，包括单词的词性、单词之间的关系、语法规则及常见的表达方式等。这些知识通过大型神经网络的训练，最终生成了一个可以预测文本中下一个单词的概率分布的模型，展现出强大的涌现能力。

Sora 是由 OpenAI 公司于 2024 年 2 月 15 日发布的人工智能文生视频大模型。该模型一经发布，随即在全世界范围内引起广泛关注和巨大震动。Sora 的核心技术基于 OpenAI 公司的文生图像模型——DALL-E，并在 DALL-E 的基础上发展了动态图像、声音、3D 空间计算能力，使其真正成为可生成具有叙事性和情节性、符合人类视频信息需求和审美特性的较长视频内容的技术工具。其名称对应于日文"天空"一词，体现出其创造潜力的无限延伸。截至本书成稿时，Sora 已经能够根据用户的文本提示词汇生成时长超过 60s 的、具有高度逼真感的视频作品。在面向全球互联网的、基于开放式大模型的提示学习机制的帮助下，Sora 能够理解用户提示文本中对应事物在现实世界中的形成，并在此基础上对提示文本所涉及的现实事物进行深度模拟，同时，用户可以设定多样化的复杂场景、镜头视角运动轨迹、故事逻辑、叙事情感和虚拟角色，真正意义上使元宇宙领域描绘和探索的虚实共生视觉媒体体验成为技术现实。目前看来，在 DALL-E 3 基于提示命令的高品质虚拟图像生成能力基础之上，Sora 模型能够理解不同文化背景下的用户通过提示词所提出的视频内容设定与相关要求，成为一种有效的专业视频生成工具。

Sora 的横空出世首先对传统影视与视频制作行业产生了冲击。从前期创意到后期制作，几乎所有创作流程中的工种，均面临着被 Sora 和其他人工智能视频生成工具颠覆和替代的风险。在元宇宙时代，传统影视与视频行业如何转型升级，传统影视与视频从业人员怎样实现能力再造和角色重构，已经成为亟待解决的现实问题。事实上，新技术对传统领域的颠覆式影响是一个持续存在的趋势，以 Sora 为代表的文生视频技术只是人工智能参与视觉媒体内容创作与传播的一个起点和里程碑。在当前的创新态势下，积极探索人工智能条件下人类能力的提升与增强途径，充分运用人工智能生成工具，积极推动传统影视与视频行业人员的角色转变与重新定位，激发该领域内的人类潜能，是符合中国式元宇宙"以人为本、以虚补实"的创新思维和技术途径。

综上所述，元宇宙时代正在发生的各类新技术的不断迭代和突破、机器的智能化水平和认知能力的不断提升，正是智能科技新物种涌现的第一推动力。应用和消费生态持续迭代、进化与异化，场景多样性成为新常态，新物种爆发的时代已经到来。

12.4 未来的开放型网络社区

国务院新闻办公室于 2022 年 11 月 7 日发布了《携手构建网络空间命运共同体》白皮书。白皮书介绍了中国在新时代的互联网发展和治理愿景及其行动，分享了中国在推动建设网络空间命运共同体方面的成就，并概述了国际合作的前景。白皮书说，互联网已经把世界变成了一个地球村，国际社会的相互联系正变得越来越密切，共同的未来发展目标变得更加清晰。白皮书称，发展、使用和管理好互联网，使其更好地造福人类，是国际社会的共同责任。作为世界上最大的发展中国家和互联网用户最多的国家，中国顺应信息时代的基本趋势，坚持以人民为中心的发展思想，秉持共商、共建、共享的全球治理观。白皮书说，在新的发展阶段，在新的发展理念的指导下，中国正在建立新的发展动力。中国将加强在网络空间和数字技术方面的实力，在促进数字经济、建设清洁健康的网络环境，防范网络空间安全风险方面不断取得新进展。根据白皮书，中国积极发展数字公共产品，扩大数字公共服务合作。白皮书指出，互联网是全人类的共同家园，让这个家园更清洁、更安全、更繁荣是国际社会的共同责任，中国愿与其他国家共同努力，建设一个开放包容、充满活力、公平合理、安全稳定的网络空间，并呼吁各方共同努力，共建网络空间命运共同体，创造一个更加美好的世界。

2016 年 1 月，联合国开发计划署通过可持续发展目标（SDGs）。该目标旨在通过协同行动消除贫困，保护地球，并确保人类的和平与繁荣。可持续发展目标第 11 条介绍了可持续发展社区的目标：建设包容、安全、有韧性和可持续的城市及人类住区。同年 10 月，联合国住房和可持续城市发展大会通过了 *New Urban Agenda*。该议程的具体内容可归纳为三个方面：城市生活场景（公共服务、公共空间、生态环境、社会文化、安全建设）；场景设计应该遵循的原则（平等、包容、参与、可持续）；空间品质的要求

（便利、健康、安全、韧性、公正）。

物理社区的本质是塑造人与空间的关系，新的生活场景意味着新的连接方式。网络社区关注的是人与信息间的连接方式，未来网络社区将更加注重塑造人—物—信息三者之间的互联关系。要建成包容、共享、开放的未来网络社区，首先要解决的是不同年龄、不同职业、不同户籍的人与人连接的问题，以数字化应用搭建社交沟通平台，拉近不同区域的人之间的距离，满足各种类型的社交需求。近年来，随着 5G、物联网、人工智能技术的发展，万物互联得到快速发展，人与物的互联将成为促进社会发展的新动能。万物互联将搭建人与生活资源、工作环境等模块的三维连接，实现更为便捷、体验感更好的社会生活。未来网络社区将包含多种信息的共享及利用，通过自动调度或推荐算法，达到个体与资源的匹配，建立共享、便捷、智能的生活模式。未来网络社区以物联网、大数据和人工智能等先进技术为依托，对自然资源、基础设施、行为数据进行发掘应用，以人的需求为核心构建数据应用模型，实现数据向智能化的价值转换。

未来网络社区将是一个全面贯彻共建、共治、共享、共创理念的虚拟世界。其结构包括后端基建、底层技术架构、经济机制、前端和应用场景的全面开发与升级。其应用包括虚拟形象、虚拟场景、文字与艺术创造、数字藏品的存证与流转等。网络社区用户的个人文字作品或相关知识产权均可一键生成链上数字藏品，并通过法律法规许可的方式实现流转。未来网络社区将包括七大元素。

身份——可信身份关联数字钱包以保护新生态中的个人数字资产，用户头像可嵌入具有唯一性及独特外观的虚拟人形象。

朋友——社交体系全面升维，游戏化社交场景更加丰富，用户间的互动与连接增强，数字内容可转赠或交易，使得社交更具内涵。

低延迟——底层技术升维，去中心化的区块链技术使用户间的访问、交互更高效。

随时随地——移动端技术全面升级，用户能随时随地接入未来网络社区，摆脱时间和空间的限制。

多元化——机制多元化、产品多元化、内容多元化、接入多元化。

文明——实现共建、共治、共享、共创的未来网络社区文化空间。

经济系统——绑定个人内容，实现数据合规流通。

总之，未来开放型网络社区将是一个能够快速接入的具备元宇宙内涵和生态的超级网络平台，每个人都能在这里获得新的人生体验，实现人类个体与群体的新的价值目标与前进愿景。

12.5 元宇宙面临的局限和问题

作为一种充满活力且持续创新的新兴产业，元宇宙具有强大的发展潜力。然而，我们需要清醒地意识到，当前的元宇宙距离成熟应用仍有较大差距，元宇宙的落地仍有很多现实瓶颈需要突破，我们应高度重视其面临的不确定性和各类现实问题。

第一，元宇宙体系架构设计问题。基于 Web3.0 和区块链的元宇宙是一个全新的经济社会系统，它是现实经济社会的数字化场景模拟，涉及数据访问及共享机制、虚拟货币的法定地位、隐私保护和政府监管等一系列基本框架的设计。

第二，系统安全问题。随着经济社会生活全面转移到元宇宙空间，个体对智能感知的需求日益增长，个人工作和生活相关数据的收集规模将呈指数级增加。确保整个系统的数据安全访问与共享成为首要任务，同时必须警惕元宇宙基础设施可能遭受的攻击。未来，元宇宙将演化成为一个超大规模、高度开放、动态优化的复杂系统，这一系统将由庞大的数字基础设施和传统基础设施共同支撑。由于元宇宙将更深度地融入人们的日常工作和生活，一旦元宇宙相关基础设施受到攻击、侵入、干扰或破坏，将对正常经济社会发展产生严重冲击。

第三，个人隐私保护问题。在元宇宙中，用户以虚拟形象参与活动，该过程会涉及大量个人隐私信息，这些隐私信息的保护需要法律的明确支持，并制定出侵权行为清单。

第四，能效问题。支持元宇宙运行的泛在网络、数据中心、算力中心等新型基础设施需要大量的能源供给。在全球气候整体变暖的背景下，提高能效、降低碳排放刻不容缓。

第五，元宇宙垄断问题。成熟的元宇宙体系需要实现超大规模用户的连接交互，海量标准规范的对接统一，以及大规模基础设施的投入运营。因此，在前期建设过程中需要有实力的企业投入巨大的人力和物力资源，这也导致了元宇宙具有一种内在垄断基因。此外，生成式人工智能需要大模型支撑，而海量数据的获取及模型训练都将造成技术鸿沟。因此，如何避免元宇宙产业形成高度垄断将是一个严峻的挑战。

第六，数字成瘾问题。伴随元宇宙的深入发展，其"双刃剑"特征将更加突出。一方面，元宇宙将打破人们所习惯的现实世界物理规则，在虚拟世界重新定义绝大部分的生产生活方式，对宏观社会、中观产业和微观个体三个不同层面产生显著影响，以全新的生产方式和合作方式提高全社会的生产效率。另一方面，在大量算法的加持下，元宇宙可能会让更多人沉浸在虚拟世界中不能自拔。如何维系现实世界和元宇宙之间的正面互动关系，发挥元宇宙的积极作用，抑制消极影响，妥善解决数字成瘾问题，也是元宇宙未来将要面临的一大挑战。

当前元宇宙的发展还存在以下限制。首先，元宇宙面临技术突破的瓶颈，虚拟现实、区块链、人工智能等技术仍处于不断发展和完善中，难以实现完美的集成。其次，元宇宙需要大量的算力中心和数据中心，这也是目前技术难以承载的问题之一。再次，经济收益是元宇宙发展的痛点之一。目前，元宇宙尚未形成一个成熟的商业模式，也尚未形成可持续的盈利模式，而元宇宙的建设和运营确实需要大量的人力和物力。最后，元宇宙是一个政策盲区。由于元宇宙跨越了地理边界，涉及去中心化和虚拟货币等新型概念，其需要全新的法律体系和监管体系支撑和规范。

综上所述，元宇宙的发展还需要解决许多问题和限制，其中技术突破、经济体系建设和政策制定是最为突出的问题。解决这些问题需要各方共同努力，政府和企业需要合作共建开放、透明的元宇宙生态，企业需要加大创新和投入，为元宇宙发展提供更多的技术和服务，吸引更多的用户接入，政府需要积极推动相关政策和法规的制定，为元宇宙的健康发展提供有力保障。

我们相信，通过不断推动技术的创新和进步，可以解决技术方面的问题，包括虚拟现实技术的改进、区块链技术的发展、人工智能技术的完善等。同时，加强技术的融合和协同，打破不同技术之间的壁垒，实现更加完美的集成。

通过建立可持续的商业模式，可以建立新的经济体系。目前，一些面向元宇宙的数字经济生态企业已经开始尝试通过虚拟商品、广告和会员等多种方式实现盈利，但仍需要进一步完善商业模式，以吸引更多的用户和投资者。另外，也需要降低元宇宙建设和运营的成本，以提高其商业可行性。

通过推动相关法律框架和监管体系的建立和不断完善，当前元宇宙所面临的政策与治理问题可以得到解决。建立类似于国际电信联盟的国际组织和类似于世界贸易组织的多边协调机制，共同制定适用于元宇宙的法规和监管体系，以保障运营方和参与用户的合法权益和信息安全。在中国，2023 年由工业和信息化部、教育部、文化和旅游部、国务院国有资产监管管理委员会、国家广播电视总局联合印发的《元宇宙产业创新发展三年行动计划（2023—2025 年）》，正是对元宇宙产业促进政策和协同治理机制的积极探索。

12.6　对元宇宙持续发展的未来展望

根据科技创新的规律，随着发展进程的持续推进，元宇宙热度或许会逐渐消退，其产业发展也终将趋于理性和稳态化，然而，从总体趋势上看，元宇宙所代表的完备创新体系将在较长时间内逐渐发展完善，其中的若干科技创新领域最终将形成人类社会的共性支撑力量。这一点也将成为科技创新领域相关各方的广泛共识。扎克伯格也表示，元宇宙是一个时间概念，是一个"奇点时刻"，只有各方面条件全部具备后，才能够将人类带入前所未有的虚实交互梦幻世界。在元宇宙成熟之前，更多的是各种相关软硬件、行业应用场景与产品形态的持续迭代、更新和演进。产业报告和资本市场分析表明，元宇宙大赛场已渐成规模，一些短期内具备实际应用场景，长期具备体验扩张与功能扩展的赛道将快速成长。未来，可能会孕育出一批"小巨人"企业和专精特新企业，同时也会诞生少量代表性行业巨头。在各级政府和各类资本的有力加持下，产业巨头们的资本支持也将为消费元宇宙、工业元宇宙、教育元宇宙、文旅元宇宙、视听元宇宙等社会经济业态的发展提升信心，极大地推动元宇宙的健康发展。

从科学技术发展的角度来看，元宇宙的发展可以分为四个阶段：孕育期、启动期、突破期和爆发期。

回顾信息科学技术、智能科学技术及相关领域发展的脉络，我们可以看到，过去几十年信息技术及机器学习技术的发展为元宇宙的孕育期奠定了基础，也为元宇宙的蓬勃发展提供了必要的能量。

目前，元宇宙正处于启动阶段，其主流创新赛道的地位正在逐渐被确立。元宇宙的各种基础设施建设正在如火如荼地进行，不断发展完善。无论是以 Web3.0、区块链为主的网络底层框架，还是 5G、6G、物联网和边缘计算等技术，抑或是 AR、VR 等显示技术，都是在为元宇宙的未来发展奠定基础。元宇宙是一个融合了大量互联网技术的概念，它依赖于区块链技术的去中心化网络环境、高效率低延迟的数据传输、高沉浸感的图像渲染、灵活互动的人工智能、处理海量数据的云计算和边缘计算等技术。在元宇宙应用方面，一些相对容易实现的领域开始与元宇宙融合，如数字艺术、游戏、音乐、数字办公等领域，成为当前元宇宙场景应用最为广泛的行业。

当前，在虚实融合、数实共生的蓝图指引下，各种元宇宙技术也将快速发展。第一，是各类三维化能力及相关硬件，如图形处理器的迭代演进、三维建模、图形渲染、虚拟物品制作生成、数字仿真模拟、体积视频等领域有望迎来黄金发展期。特别是物理实体数字化和数字模型物理化技术涉及领域多、应用领域广，未来数字仿真技术将会在强调专业性的同时兼顾能力的易用化发展。第二，XR（Extended Reality）设备作为事实上的"元宇宙入口"，也将迎来快速发展期。消费级 XR 设备的成长也将带动产业链茁壮成长，XR 设备本身需要芯片、光学器件、眼球捕捉等基础产业发展，全方位的交互体验则需要视觉、动作、手势、语音、听觉等的全方位配合，带动空间音频、触觉手套、肢体捕捉等更多软硬件技术的发展。可以预见的是，XR 设备突破所造就的价值空间将不逊于智能手机所带来的市场价值，相当于再造一个移动互联网时代。第三，各类元宇宙的需求必将带动网络、算力、人工智能等技术的发展，如算力网络、人工智能生成内容

（AIGC）、人工智能芯片，这些领域的发展将助力元宇宙的规模化突破。

元宇宙是一个虚拟与现实交融、数字技术赋能现实应用的新世界。而元宇宙下的数实共生应用场景渗透到各行各业当中之后，需要有一个合理的经济系统来支撑其运行。区块链凭借其构建可信任、有保障的经济模型的能力，作为元宇宙的底层技术，为打造经济系统提供了极大的便利。如今，十分火热的 NFT 被许多人视为元宇宙中的经济通证，它使数据的价值能够交易和流通。NFT 是基于区块链的一种全新的数字资产，具有独一无二、不可分割的特性。NFT 通过人为制造的稀缺性，让数据的价值能够直观展现出来。元宇宙的数字空间也会与现实世界开始更深入地融合。元宇宙并非是一个纯粹的虚拟世界，它还会通过数字经济带动实体产业增长，比如与工业、教育、医疗等行业融合，以全息影像、数字模拟等方式改写传统的业务模式。

长远来看，元宇宙有望成为未来人类文明形态和数字社会的共性支撑领域，如同今天的水、电、云、网一样，成为与人们生活和工作密切相关的一种常态化技术支撑环境。这将是元宇宙发展的终极形态，而在这一终极形态到来之前，元宇宙的发展或许会迎来一个可被明显感知的爆发期。随着通信基础设施和算力网络不断完善，产业发展的成熟，软硬件产品质量的提升，交互系统的友好易用，元宇宙将迎来一次产业大爆发。届时，无论是场景应用还是用户参与度，都将得到井喷式增长。当元宇宙入口无处不在时，元宇宙和现实世界高度融合，人们的生产生活方式也将迎来重大的改变，我们将在数字空间实现生活、娱乐、工作等活动。

在众多消费元宇宙应用中，虚拟数字人和三维空间是当前最符合企业和个人期待的两个领域。虚拟数字人应用将逐步从影视、动漫、游戏等泛文娱领域向主持人、直播带货、教育、医疗、金融及保险等方向发展，并在已确立的"人工智能+""数据要素×"等创新战略之下，带动"元宇宙+"行业赋能加速。三维空间在交互性、参与感、沉浸感等方面都强于二维平面，特别是在会展、培训、大型活动等领域，三维空间能够突破空间束缚，最大程度还原一部分线下体验。

在产业元宇宙领域，我们已经能够清晰地感知到，工业元宇宙正在开始形成新的强劲动能，逐渐整合既有的数字化转型、工业互联网发展基础，其系统性、可视性不断获得提升。其成效已经在航空、制造、能源等典型领域得到初步验证。在今天的数字经济时代下，由于种种挑战、瓶颈和不确定性的存在，我们的社会经济系统并非完美。在宏观经济低迷、消费需求欠活力、自然因素多方位挑战、社会系统复杂等因素的挑战和冲击下，未来社会对于数字技术提质增效的需求将更加旺盛，元宇宙所涵括的数字技术在未来能够提供的赋能作用将更为重要，元宇宙产业的蓬勃发展也必将以一种无与伦比的姿态，在人类文明发展时空中最适宜、最自然、最合理的节点上崛起，成为一座新的里程碑。

本章参考文献

[1] 马晓澄. 元宇宙到底是个啥，离我们还有多远？[N]. 新华每日电讯，2021-11-03(6).

[2] 李冰雁. 从"赛博格身体"到"元宇宙"：科幻电影的后人类视角[J]. 广州大学学报（社会科学版），2022, 21(3):119-127.

[3] 朱惠盈，杨海乐，林星羽. 外骨骼穿戴式助力助行机器人技术综述[J]. 计量与测试技术，2019, 46(7):6.

[4] 杜祥民，张永寿. 达芬奇手术机器人系统介绍及应用进展[J]. 中国医学装备，2011, 8(5):4.

[5] 刘德建，刘晓琳，张琰，等. 虚拟现实技术教育应用的潜力、进展与挑战[J]. 开放教育研究，2016, 22(4):25-31.

[6] 朱光辉，王喜文. ChatGPT 的运行模式、关键技术及未来图景[J]. 新疆师范大学学报，2023, 44(4):113-122.

[7] 何静怡. 轻橙时代牟露：抢跑智能化下半场 开启"车联万物"新时代[J]. 科技与金融，2022, (12):53-56.

[8] 于淑月，李想，于功敬，等. 脑机接口技术的发展与展望[J]. 计算机测量与控制，2019, 27(10):5-12.

[9] 李保艳，刘永谋. 元宇宙的本质、面临的风险与应对之策[J]. 科学·经济·社会，2022, 40(1):15-26.

[10] 王文喜，周芳，万月亮，等. 元宇宙技术综述[J]. 工程科学学报，2022, 44(4):744-756.

跋

随着时代的洪流滚滚向前，我们站在历史的新拐点，目睹着科技力量所孕育的一场宏大叙事——元宇宙的崛起。这本《元宇宙通论》，正是在这股科技潮流中诞生，试图以系统而深入的视角，揭开元宇宙的神秘面纱，探寻其背后的科学原理、技术构造、社会影响以及未来可能。

全书以其独特的笔触和扎实的研究，详尽诠释了元宇宙的起源、概念及其核心构成要素，从虚拟现实、增强现实、混合现实技术的融汇共生，到区块链、人工智能、云计算、数字孪生等前沿科技的交互作用，构筑起元宇宙的技术基石。作者通过对多元学科的整合研究，展示了元宇宙如何跨越物理世界的边界，开启全新的沉浸式体验和交互模式，赋予人类生活、工作、娱乐前所未有的可能性。

在理论探索之外，《元宇宙通论》亦不忽视实践层面的审视。它深度剖析了元宇宙在游戏、社交、教育、商务等众多领域的应用场景，以及由此引发的社会伦理、法律规范、数据安全等一系列挑战与问题。作者用鲜明的实例，生动地描绘了元宇宙正如何逐步渗透并改变我们的现实世界，也警示我们必须在追求技术进步的同时，时刻坚守道德伦理底线，建立完善的规则体系，确保元宇宙的健康有序发展。

回首全书，我们看到的不仅仅是一份有关元宇宙的全景图谱，更是对未来生活方式、社会结构，甚至人类文明形态的预见与思索。《元宇宙通论》以其富有洞见的观点和翔实的论据，激发我们对元宇宙无限潜能的热情，同时也提醒我们面对未知挑战时要审慎与冷静。

诚然，元宇宙是人类科技树上的璀璨明珠，它的出现让我们重新审视人与自然、人与人、人与技术之间的关系。而《元宇宙通论》作为一部探求元宇宙本质与走向的力作，其价值不仅在于为我们铺就理解元宇宙的道路，更在于启发我们共同思考如何在拥抱新技术浪潮的同时，秉持以人为本的价值理念，以智慧和勇气去构建一个既充满活力又和谐有序的元宇宙世界。

最后，愿读者在阅读《元宇宙通论》的过程中，不仅能领略科技之光，更能洞察人性之深，共同擘画属于我们这个时代的宏伟蓝图，携手迈进那片无垠的虚拟与现实交织的新天地。

数字经济与元宇宙知识体系丛书
《元宇宙通论》编委会
2024 年 2 月 27 日